1 MONTH OF
FREE
READING

at
www.ForgottenBooks.com

By purchasing this book you are eligible for one month membership to ForgottenBooks.com, giving you unlimited access to our entire collection of over 700,000 titles via our web site and mobile apps.

To claim your free month visit:

www.forgottenbooks.com/free412263

ISBN 978-0-267-94499-6
PIBN 10412263

OBRAS DE CARLOS CAMBRONERO

Isabel II, íntima.—Apuntes histórico-anecdóticos de su vida y de su época.

El Rey intruso.—Apuntes históricos referentes á José Bonaparte y á su gobierno en España.

LAS CORTES

DE LA

REVOLUCIÓN

POR

CARLOS CAMBRONERO

Contienen la reseña de las discusiones borrascosas, de los discursos
notables y de los incidentes curiosos
ocurridos en el Congreso de los Diputados desde el 11 de Febrero de 1869
hasta el 3 de Enero de 1874.

———————

MADRID

LA ESPAÑA MODERNA

Lópe z Hoyos, 6

Imp. y encuad. de V. Tordesillas, Tutor, 16, Madrid.—Teléfono 2.042.

AL EXCMO. SR. D. ALBERTO AGUILERA Y VELASCO

EX-MINISTRO DE LA GOBERNACIÓN Y EX-ALCALDE DE MADRID

Por deber, por gratitud y por cariño, le dedica estas Crónicas

Su antiguo y viejo amigo,

El Autor.

ÍNDICE

LAS CORTES DE LA REVOLUCIÓN

CRÓNICAS PARLAMENTARIAS

Apertura y primeras discusiones de las Constituyentes de 1869.—De cómo se hacían las elecciones en aquella época.—El compromiso parlamentario del General Pierrad.

Cuando el 11 de Febrero de 1869 se verificó la apertura de las Cortes Constituyentes, ya estaban deslindados los campos entre republicanos y monárquicos, y, por lo tanto, el entusiasmo no era unánime y armónico, tanto más, cuanto que los últimos no tenían, al parecer, elegida la persona que había de colocarse en el trono.

Asistió el Gobierno á esta sesión inaugural, acompañado de la Diputación provincial y del Ayuntamiento de Madrid.

Componían el Ministerio, formado por D. Francisco Serrano y Domínguez, Duque de la Torre, en uso de las facultades que le había conferido la Junta Revolucionaria de Madrid, las personas siguientes: Presidencia, el mismo Serrano; Estado, D. Juan Alvarez Lorenzana; Gracia y Justicia, D. Antonio Romero Ortiz; Hacienda, D. Laureano Figuerola; Guerra, D. Juan Prim, Conde de Reus; Marina, D. Juan Bautista Topete; Gobernación, D. Práxedes Mateo Sagasta; Fomento,

D. Manuel Ruiz Zorrilla, y Ultramar, D. Adelardo López de Ayala.

Presidió la sesión interinamente, por ser el diputado de más edad, D. Francisco Santa Cruz.

Serrano subió á la tribuna y leyó un discurso muy sensato dando á conocer los deseos del Gobierno, que no eran otros sino los de reorganizar el país sobre bases esencialmente liberales. Como se había jaleado tanto en la prensa, en tertulias y en cafés, el tema de las economías en los gastos del Estado, Serrano abordó la cuestión en su discurso; pero recogiendo velas, porque ya dentro del Ministerio veía la imposibilidad de llevar á la práctica lo que se aconsejaba en la oposición, y dijo que las economías reclamadas por la opinión se realizarían *hasta tocar los últimos límites de lo razonable y lo posible,* pues no podían desatenderse ni la Deuda, ni los gastos del Ejército y de la Marina.

El 20 de Febrero quedó constituído el Congreso, habiendo sido elegido Presidente D. Nicolás María Rivero, por 167 votos de 227 diputados que tomaron parte en la votación. Para Vicepresidentes se nombró á Cantero, Martos, Valera (don Cristóbal) y el Marqués de la Vega de Armijo; y para Secretarios, Celestino Olózaga, Llano y Persi, el Marqués de Sardoal y Sánchez Ruano.

Rivero, en su discurso de gracias al Congreso por haberle elevado al sillón presidencial, no hay que decir si anatematizó la dinastía de los Borbones, si ensalzó la Revolución, haciendo concebir á todos grandes esperanzas; pero dió un toquecito de independencia de carácter que quizá disgustase á Prim, Serrano y Topete. «Yo os pregunto una cosa—decía:—¿Quién ha hecho la Revolución de Septiembre? ¿Qué partido, qué colectividad, qué hombre puede atribuirse la gloria ni la responsabilidad del gran movimiento revolucionario? Nadie, absolutamente nadie: es la nación entera, son todas las clases, todos los que aman la libertad.»

Este era el concepto que de la Revolución teníamos forma-

do nosotros, y que hemos expuesto francamente en otro libro (1).

En aquella sesión se acordó que rigiera el Reglamento de
sesiones de 1854, y que se suprimiese la fórmula del juramento
al tomar posesión los diputados.

Sardoal, como Secretario, leyó una comunicación del Presidente del Gobierno provisional, resignando en las Cortes los
poderes que la Revolución le había conferido, y que ejercía
desde 8 de Octubre último.

Después de cuatro frases de Serrano, que, sin ser un buen
orador, se expresaba con cierta facilidad, se levantó Prim, y
con aquella voz sonora, vibrante, en el tono declamatorio que
le era característico, hizo la apoteosis de la Revolución, y rec-
tificando, en cierto modo, á Rivero, exclamó: «Nosotros, en
primer término, ayudados por nuestros compañeros, prepara-
mos la mina revolucionaria.» Después se aventuró á decir que
la dinastía de los Borbones quedaba hecha trizas, y que había
desaparecido para *siempre* de España; y aunque es indiscreto
aplicar el adverbio *siempre* tratándose de acontecimientos políticos, siempre inseguros y mudables, en aquel caso especial
tenía la convicción de que los Borbones no volverían *jamás,
jamás, jamás:* frase que produjo un efecto sorprendente, que se
recordó cientos de veces, y que hasta dió nombre á la sesión en
que fué pronunciada, pues se la designó en aquella época por
la sesión de los jamases.

Ocurrió un incidente, que entonces tuvo gracia y que luego
la ha tenido en mayor grado. Como Prim hablaba después de
haberlo hecho el General Serrano, dijo que en la marcha del
Gobierno estaba de acuerdo con el Duque de Valencia (2),
cambiando distraídamente el título por el del Duque de la
Torre; el asombro que demostraron los diputados ante esta

---

(1) *Isabel II, íntima.* Apuntes histórico-anecdóticos de su vida y de su
época.

(2) Político reaccionario, fallecido en el año anterior.

afirmación, le hizo recordar lo que había dicho, rectificándos espontáneamente con aplauso de todos. Sin embargo, su infle xible carácter, su indomable voluntad, sus actos de gobierno no siempre dúctiles á las imposiciones de la multitud, hacei recordar en Prim, como ministro de la Guerra, los tempera mentos políticos del Duque de Valencia.

Propúsose la mayoría dar un voto de gracias al Gobiern y encargar otra vez la formación del Ministerio al General Se rrano, acto á que se opusieron abiertamente los republicanos, como Figueras, que pronunció un buen discurso, aunque poco práctico; Castelar, que entusiasmó al auditorio con su oratoria sublime; Pi y Margall, que sorprendió á todos por su lógica incontestable; y Orense, que, si bien no dijo nada en sustancia, distrajo á la Cámara con sus genialidades y humorismos.

Lamentándose este último de que la Revolución de 1854 no había realizado ninguna reforma, exclamaba en aquel tono zumbón que le distinguía: *Ni aun siquiera se suprimió el cuarto del cartero.*

No solamente no se suprimió, sino que sufrió el aumento de dos céntimos, pues hoy se abonan cinco por cada carta al recibir la correspondencia de fuera de Madrid en el domicilio.

Dijo el General Izquierdo, en una reunión popular, que había *nacido* á la vida política el 19 de Setiembre de 1868, fecha del alzamiento de la escuadra en Cádiz, y Orense aprovechó la frase para dar á su autor una broma de buen género en su discurso, consiguiendo hacer reir á los diputados, de tal suerte, que el aludido se vió obligado á pedir la palabra y explicar lo del *nacimiento*, que la prensa también tomó á chacota, denominando al General el *niño de la Revolución* (1).

Con los discursos de unos y de otros llegó el 23 de Febrero, sin que se aprobara la proposición, causa del debate, y á las siete menos cuarto de la tarde se suspendió la sesión para con-

---

(1) El General D. Rafael Izquierdo era de regular estatura, grueso, con grandes bigotes canosos y prolongada perilla.

tinuarla á las nueve, con el fin de que aquella misma noche se tomase un acuerdo definitivo.

Sagasta se hallaba enfermo, tenía fiebre, y, á pesar de todo, tuvo que abandonar el lecho y acudir á las Cortes, porque sólo él, con su oratoria peculiar, con su influencia personal, podía conseguir que se terminara aquella discusión. Así fué; por 180 votos contra 62 se encargó á Serrano la formación del Ministerio, que quedó constituído en la misma forma; el Presidente del Gobierno dió las gracias en un sentido discurso, y se levantó la sesión á las dos y media de la madrugada.

***

Las elecciones verificadas para la formación de las Cortes Constituyentes parece que no se efectuaron por parte del Gobierno con toda aquella imparcialidad que reclamaba el nuevo orden de cosas; y decían que el ministro de la Gobernación (Sagasta) hubo de echar mano de los recursos que tanto había anatematizado él mismo en tiempo de los moderados. Orense, que si no hablaba pulido, hablaba claro (1), con ocasión de la discusión de las actas de los diputados elegidos por la provincia de Santander, le puso de oro y azul al Gobernador respectivo, manifestando, entre otros extremos, que algunos Gobernadores habían faltado á su deber, haciendo todo género de intrigas y maniobras.

«Verificadas unas elecciones—añadía,—viene aquí la mayoría que ha de juzgarlas; y éste es un vicio digno de estudio, que necesita corregirse, y que realmente yo no acierto á encontrar el medio de evitarlo. En esas elecciones se cometen mil fraudes y amaños; pero como la mayoría que, á consecuencia de ellos, viene á las Cortes, es la misma que ha de fallar sobre la legalidad de la elección, el resultado es que las actas son aprobadas y que ningun diputado se decide á impugnarlas,

(1) 6 Marzo 1869.

por consideración á sus compañeros y en cambio de la que éstos le han guardado. De modo que en semejantes casos se suele ver lo blanco negro, y resultan aprobadas las actas, por más
protestas que tengan, porque casi nunca se prueban.»

El argumento, desgraciadamente, vuelve á tener hoy apli-
cación después de los años transcurridos.

*
* *

El incidente ocurrido en la sesión de 15 de Marzo es sumamente curioso, y merece mencionarse.

D. José Abascal dirigió al Gobierno una pregunta, al parecer sencilla, sobre lo acontecido en una manifestación republicana, verificada en el día anterior. Sin duda lo de la pregunta era plan convenido para promover un debate, y Sagasta se
apresuró á contestar, diciendo que sólo tenía noticias extraofi-
ciales, de las cuales resultaba que un diputado había predicado poco menos que la rebelión contra los acuerdos de las Cortes, y que un General (1), también diputado, había dicho «que
no habrá quintas, y que el país, cualesquiera que sean las resoluciones del Gobierno, apoyado siempre en el acuerdo de las
Cortes Constituyentes, *no debe dar ni hombres ni dinero.*»

Orense, que era el diputado aludido, se defendió con su
cháchara casi festiva, quitándole importancia al acto.

«La libertad, señores, es ruidosa—decía,—y eso de creer
que por cualquier cosa peligra la libertad, es una tontería.
Hay que habituarse á la libertad, no ser tan susceptibles, y
considerar que mientras unos están muy contentos con la situación, porque para ellos ha sido muy buena, el pueblo y
otras clases que no son el pueblo no están tan contentos, y, por
lo tanto, han de manifestarlo de mil maneras. Y así como el
público tolera las ventajas que han tenido ciertos señores, así
también estos señores deben acostumbrarse á que el pueblo no

_____

(1) Pierrad.

les trate con toda la consideración debida, y todos deberán tener paciencia, unos por otros.

»La libertad es como los niños. Es muy agradable tener familia, y aunque todos los que la tienen saben que los muchachos son, naturalmente, revoltosos, no por eso reniegan de haberse casado y haberlos tenido.»

Y como Orense eludiese, con vaguedades y chuscadas, concretar la cuestión, Topete la provocó de lleno, manifestando:

«Su señoría dijo que el ejército nunca debe ir contra el pueblo, fuese como fuese; que nunca debía hacer armas contra el pueblo, mandáraselo quien se lo mandase, bajo pretexto de mantener el orden. Esto es subversivo. El Sr. General Pierrad dijo que los soldados no debían obedecer á sus jefes; que él no necesitaba soldados, y que los Generales querían los soldados para lucirse y para sus fines particulares.»

Sagasta y Prim, en tonos levantados y enérgicos, acusaron á Pierrad por las palabras pronunciadas en la manifestación, retándole á que las explicase, para dar con ello una satisfacción á la Cámara; pero fuese que el General, algo tardo de oído, no se dió cuenta exacta de los cargos que le imputaban, fuese, y es lo más probable, que no supiese qué contestar, se negó á dar explicaciones de sus actos fuera del Parlamento. Prim y Sagasta la tomaron contra el pobre General, que, cohibido y contrariado, pretendía resolver el conflicto con desplantes impropios del Parlamento.

Hubo confusión, vocerío, murmullos; el Presidente no conseguía restablecer el orden á fuerza de campanillazos, y ya tenía el sombrero cogido para marcharse, cuando Figueras, que había terciado en el debate, logró, en breves párrafos, con habilidad exquisita, convencer á todos de que Pierrad había dado las explicaciones necesarias, de que el Gobierno no podía exigir más, y de que la dignidad del Congreso estaba en su puesto. Y así quedó el incidente, si no resuelto, terminado.

El empréstito de 100 millones de escudos.—Los bienes del Patrimonio.
Cambio de criterio del General Prim.

Encontrándose el Gobierno frente á frente de descubiertos
de épocas anteriores, resultado de la desnivelación de los presupuestos y de otros débitos no menos apremiantes, nacidos
en el ejercicio de 1868-69, presentó un proyecto de ley para
contratar un empréstito de 100 millones de escudos, 250 millones de pesetas en moneda corriente (1).

Combatió el proyecto Tutau, quien, como banquero, puso
de relieve los grandes conocimientos financieros que poseía, y
demostró que la precaria situación del Tesoro público no era
la más oportuna para hacer un empréstito en buenas condiciones. Esto era cierto; pero no dió otra solución para cubrir el
déficit, puesto que desde luego no se mostró partidario de recar-
gar las contribuciones. También estuvo desacertado en decir
que el presupuesto de la nación en aquel año se podía castigar
con cientos de millones de economía.

Consumió un turno en contra D. Francisco Pi y Margall,
cuyos estudios económicos superaban, sin duda alguna, á los
del banquero Tutau, y se aventuró, con próspera fortuna, á
hacer alarde de ellos, consiguiendo que la Cámara le escuchase
con visibles muestras de interés. Estuvo muy oportuno cuando decía:

«Después de la Revolución de Setiembre, el señor ministro
de Hacienda empieza por presentar un empréstito de 2.000 millones de reales; luego emprende otro con la Casa Rostchild,
por valor de 400 millones; luego emprende otro con la Casa
Bichosffeim, de 75.000 francos, y ahora tiene que ir buscando
hasta los restos de lo que se nos debe como indemnización de
la guerra marroquí. De manera que, lejos de detenerse en la
vía de los empréstitos, los va sin cesar reproduciendo, y como

_____

(1)   24 Marzo.

si esto no bastara, viene ahora diciéndonos que es preciso otro empréstito de 1.000 millones de reales.»

A esto le contestó D. Gabriel Rodríguez, que, bien estudiado el asunto, no resultaban tres empréstitos, sino uno solo dividido en tres partes; que el ministro de Hacienda tenía que acudir al crédito por la cantidad de 3.400 millones de reales, y que, no queriéndolo hacer de una vez, por las circunstancias del país, lo fué realizando paulatinamente, según la mayor ó menor urgencia de las atenciones que necesitaba cubrir. Esto era una salida, pero no una justificación.

Pi y Margall, más político que hacendista, aprovechó su discurso para tratar ciertas cuestiones que tenían dudosa ó relativa conexión con el empréstito, lamentándose de la organización de nuestro ejército, mezclado en las discordias de los partidos; y condoliéndose de que de la Revolución no hubiera salido la libertad de cultos y la completa separación de la Iglesia y el Estado. Defendió con sólidos argumentos el impuesto sobre la renta y valores del Estado.

«Para mí, señores,—decía—la renta es lo mejor que puede imponerse, porque la renta representa siempre un beneficio, la renta representa siempre algo líquido, y casi generalmente la renta representa un beneficio adquirido sobre el trabajo neto.

»Yo sostengo que dondequiera que esa renta se presente, hay necesidad de imponerla. ¿Cómo? ¿Qué razón hay para que yo, rentista, no pague al Estado lo que un propietario, ya sea de fincas rústicas, ya sea de fincas urbanas? Yo tengo, por ejemplo, 100.000 duros de capital, que los empleo en la agricultura, en la industria ó en el comercio, que los empleo en los diversos ramos de la riqueza pública, y después que he fomentado de este modo la riqueza nacional, se me viene á decir: «es preciso que pagues el 15 por 100 de la renta, es preciso que pagues contribución por la industria que ejerces, es preciso que pagues contribución por los productos comerciales que has tenido»; y cuando yo, por el contrario, llevado de un egoísmo incalificable, en lugar de aplicar ese capital á los diversos ramos de la riqueza pública, lo llevo á ese mar sin fondo de la Bolsa, y voy á decirle al Estado: «dame una renta para que yo viva tranquilamente sobre ella, sin estar expuesto á las contingencias de los demás productores», ¿soy yo el que debo estar privilegiado y el que no debo pagar un céntimo de mi renta?

»A esta teoría se presenta un verdadero sofisma. Se dice que los rentistas han celebrado un contrato con el Estado, que el Estado no tiene derecho para imponerles contribución, que el Estado faltaría á la fe de los contratos; y esto es completamente inexacto, completamente sofístico. Aunque yo sea contratista del Estado, esto no me quita nunca el carácter de contribuyente, y como tal deberé dar el tanto por ciento de los beneficios que obtenga; no por ser contratista he dejado yo de ser un ciudadano que contribuye al sostén de las cargas públicas.»

Hizo Pi y Margall atinadas observaciones contra todo género de empréstitos; pero no dió solución concreta al caso presente, y propuso el aumento de las contribuciones, medio que Figuerola, con buen juicio, desechó valientemente.

D. Gabriel Rodríguez, como de la Comisión, defendió el proyecto del ministro de Hacienda, y declaró, con ruda franqueza que, respetando, pues no había más remedio, las obligaciones contraídas hasta el momento, era preciso facilitar al Poder Ejecutivo 1.000 millones de reales, pedidos al crédito, ó al país por medio de la contribución. Desechó la teoría de que las minorías deben limitarse á censurar los actos del Gobierno sin presentar soluciones propias; y demostró que las reformas de carácter económico necesitan soluciones serias y bien pensadas. «El año 21—decía,—las Cortes decretaron los dos desestancos, el de la sal y el del tabaco; el año 22, las mismas Cortes decretaron de nuevo el estanco de la sal y del tabaco. El año 54, las Cortes suprimieron la contribución de Consumos; el año 57, hubo que volverla á restablecer. De modo que al hacer esas reformas es necesario hacerlas de manera que subsistan, y para esto, que no dejen un vacío en el Tesoro; es preciso, pues, hacerlas pensando las ventajas ó inconvenientes, y viendo cómo ha de llenarse el vacío que las reformas dejan siempre en los primeros tiempos.»

Orense habló de muchas cosas y distrajo alegremente á la Cámara. Remachando lo dicho por Pi y Margall, referente al impuesto de la renta, exclamaba: «Un fabricante que vende su fábrica con todos sus enseres, queda libre de contribución si emplea después el producto en rentas públicas. Sofisma más completo no lo he oído en mi vida, y eso que toda la he pasado oyendo sofismas. Pues qué, si ese sujeto compra tierras, ¿no pagará la contribución por ellas? Sí; y además pagará el derecho de hipoteca, que es otra de las plagas que hay que quitar aquí.

Recogiendo una frase de Rodríguez (D. Gabriel) en que confesaba que el Gobierno provisional había perdido su popularidad, decía: «No, Sr. Rodríguez, no es que la haya perdido; es que nunca la ha tenido. No la ha perdido, como nosotros no podemos perder nuestro crédito, porque nadie pierde lo que no tiene.» Estas bromas hacían reir á la Cámara.

Serrano tuvo que tomar parte en el debate para defender al Ejército, y declaró ingenuamente que éste nunca se había sublevado, nunca había conspirado, pues los que habían realizado estos actos eran los Generales. «Y los Generales, señores—decía,—lo hicimos respondiendo á nuestras cualidades civiles y políticas, porque es imposible que un Estado liberal se conforme con tener Generales que no sepan decir más que ¡apunten, fuego! Los Generales tienen y deben tener ideas políticas, sirviendo á la patria de todas maneras; los Generales forman parte de las asambleas parlamentarias, y dentro y fuera del Parlamento tienen ocasion de hacerse hombres de partido y de ocuparse de la vida pública. Los Generales que llegan á este sitio no han venido porque sepan batirse y ser soldados; vienen llamados por sus servicios en la política, por sus sacrificios de todo género en aras del bien público.» Teoría eminentemente liberal y con la que nosotros, modestos cronistas, estamos conformes, llamando sobre ella la atención del lector para que no la olvide.

Figuerola defendió bien su proyecto de empréstito, porque en aquel trance, apurado para el Tesoro, no había otra solución, y fué aprobado por 168 votos contra 49 (1).

*
* *

El 20 de Marzo, preguntó el diputado Arquiaga, por qué no se habían puesto á la venta los bienes que constituyeron el Patrimonio de la Corona, y el ministro de Hacienda, Figuerola, le contestó que se habían vendido ya los que estaban en condiciones para ello, reservándose otros para época y sazón oportuna. Del inventario que se ha hecho de los inmuebles—añadió,—resulta que hay una masa de bienes, cuyo valor asciende próximamente á 640 millones de reales, que pueden venderse con gran ventaja para el Tesoro. «Hay otros cuyo valor es inmenso y que no pueden enajenarse: el Palacio de la Plaza de Oriente, que costó más de 300 millones, ¿cómo se vende? ¿Cómo se venden esos bienes que son una inmensa riqueza de España, que atraen un gran número de viajeros y que están en el Museo del Prado? ¿Cómo se venden los célebres tapices, cuando en Dresde, Berlín y París se enseñan copias de los tapices que España tiene originales, y que el ministro de Hacienda (él mismo) va á disponer se trasladen al Museo del Prado, para que sean la admiración de España, porque esa colección de tapices es más completa que la que existe en la Capilla Sixtina? Pues han venido extranjeros para adquirirlos, bien ó mal, que de todas maneras se ha buscado el adquirirlos. Hay, por lo tanto, bienes que fuera una mengua para España ponerlos en venta.»

Arquiaga fué el intérprete de las vulgares aspiraciones de

---

(1) 30 Marzo.

mucha gente que, falta de sentido común, opinaba de la misma manera. La sensatez de Figuerola que, arrostrando la impopularidad, se opuso á la venta total de los bienes del Patrimonio, pudo evitar que la Revolución realizase aquel desatino.

En su discurso hizo constar el ministro que D. Nicolás María Rivero, «salvando dificultades de todo género el 29 de Setiembre de 1868, fué el que impidió que ni el menor desastre manchase la Revolución que aquel día se verificaba en Madrid, *y se salvasen todas las riquezas artísticas, todas las preciosidades de diversos órdenes que encerraba el Palacio de Oriente*». Abandonado éste á las iras populares, se hubieran sacado de sus habitaciones, cuadros, muebles y tapices, para hacerlos pasto de las llamas, como se había quemado en 1854 el mueblaje del Marqués de Salamanca, del Conde de San Luis y de la ex-Reina Gobernadora D.ª María Cristina; pero sin cercenar prestigios á Rivero, debemos hacer constar que la cordura del pueblo fué la mejor garantía del orden en aquellos momentos. Veamos cómo describe el caso D. Pascual Madoz, contestando á una alusion de Figuerola, en 8 de Mayo:

«Fueron á Palacio y se apoderaron de Palacio casi voluntariamente más de 200 paisanos, sin organización, y dicho sea en honra suya, salvaron la propiedad; no faltó nada, absolutamente nada de las grandes riquezas que aquel palacio contenía. ¡Gloria á aquella Revolución! Pero, señores, y aquí está mi único servicio, pequeño; ciertamente: llegó la mañana, no recuerdo si del 2 ó del 3 (1); aquí en Madrid había una gran colección de alarmistas que procuraban llevar el sobresalto á todas partes. Estaba reunida la Junta, y se dijo: *Palacio está invadido, Palacio se está saqueando; hay 47 estuches que están vacíos, porque se han llevado las alhajas.* Cuál fué, recuérdelo el Sr. Rivero, cuál la impresión que causó aquella noticia. Entonces dejé la presidencia, y con los Sres. Sorní, Ortiz de Pinedo y Labrador fuí á Palacio. Declaro que iba con luto en el

(1) De Octubre: el levantamiento había sido el 29 de Setiembre.

corazón, porque para mí hubiera sido muy sensible que hubiéramos hecho una Revolución los hombres comprometidos en la causa constitucional, y que esa Revolución se hubiera manchado, como venía á significarlo el haber sido asaltado Palacio y robadas las alhajas. Cómo iba yo, mis compañeros lo saben, enfermo y muy enfermo. Subimos, señores, por la escalera principal. ¿Cómo se entró en Palacio? Con toda clase de formalidades, llamando á los empleados, haciendo venir dos escribanos, y se vió, señores, bien dicho sea para satisfacción de los que tenían parte en la Revolución, que no faltaba nada, absolutamente nada; que todos los empleados de Palacio decían: *Esto está lo mismo que cuando lo ocupaba D.ª Isabel de Borbón.*»

Con estas palabras queda demostrado que si el pueblo no hubiera sido sensato, la intervención de Madoz, de Sorní, de Labrador y de Rivero habría llegado tarde.

Al verificarse las elecciones de diputados á Cortes de 1850, con motivo de ciertas diferencias ocurridas entre los candidatos de oposición y el Gobierno, hubo D. José María Orense, Marqués de Albaida, de dirigir á Narváez, Presidente del Consejo de ministros, una carta que el destinatario conceptuó ofensiva, y la entregó á los tribunales de justicia. Sabiendo que D. Ramón María Narváez no era hombre que se achicase, ni por escritos, ni por palabras incorrectas, bien se deja traslucir que su determinación fué un ardid político para impedir que Orense tomase asiento en el Congreso. Prim, siempre batallador, lo mismo como militar que como político, defendió valientemente al Marqués, diciendo entre otras cosas:

«En Palencia, señores, para inutilizar al candidato de oposición, Sr. Marqués de Albaida, se tomó por pretexto una carta escrita al Sr. Presidente del Consejo de ministros, y se le condenó á cuatro años de prisión; se le borró de la lista de los ciudadanos, como si hubiera cometido algún crimen de lesa majestad. La carta es dura, es algo petulante, es descortés, si se quiere; pero hasta hoy no habíamos visto que una descortesía se castigase como un crimen.»

D. José María Orense, que era esencialmente festivo, á veces chabacano, en su palabra y en sus escritos, intercalaría, al Duque de Valencia, en la carta á que nos referimos, alguna chuscada que al otro le sirvió de motivo legal para procesarle, sin que fueran parte á mover su benevolencia las argumentaciones de Prim.

Sucedió más adelante, en Diciembre de 1868, que los republicanos de Cádiz, mal avenidos con las ideas monárquicas del Gobierno revolucionario, se alzaron en armas contra las autoridades constituidas, dando ocasión á tristes escenas, que ensangrentaron las calles de la población. Mandaba D. Fermín Salvoechea uno de los batallones de la fuerza ciudadana de Cádiz, y, por lo tanto, tomó parte activa en el motín, acto que le ocasionó el consiguiente proceso; pero se verificaron las elecciones de diputados á Cortes, la ciudad de Cadiz le dió mayoría de votos (17.000), y Salvoechea presentó su acta en el Congreso con todos los requisitos: sin embargo, la Comisión emitió dictámen declarándole incapacitado para ejercer el cargo de diputado, conforme al párrafo segundo del art. 2.º del decreto sobre el ejercicio del Sufragio universal, porque *al verificarse las elecciones se hallaba procesado criminalmente y había recaído contra él auto de prisión.* De nada sirvieron los razonamientos de los diputados republicanos Benot, Figueras y Cala; Prim, acordándose, sin duda, de la entereza de Narváez cuando el procesamiento del Marqués de Albaida, en un caso que tenía puntos de semejanza en la forma, ya que no en el fondo, se mantuvo inflexible, y Fermín Salvoechea no fué diputado de las Constituyentes de la Revolución.

Esta discrepancia de criterio entre Prim, como diputado de oposición en 1850, y Prim ministro de la Guerra en 1869, viene á demostrar la evolución que en su inteligencia tuvieron las ideas políticas en el transcurso de diez y nueve años. «Yo soy hombre de gobierno—decía una vez á Narváez en el Congreso,—y de buen Gobierno. Digo esto para desvanecer la idea vertida por algunos de que yo no sirvo más que para asaltar una brecha ó una muralla.»

Era Prim, en efecto, hombre de Gobierno, y nos convenció de ello cuando, en 1869, supo encauzar la Revolución por el camino que, acertado ó no, él se había propuesto.

Los Consumos.—La abolición de las quintas y el incidente de la manifestación popular.

Los diputados republicanos D. Ramón Castejón, D. Juan Pablo Soler, D. Eduardo Benot, el Marqués de Albaida (1) y otros, presentaron una proposición pidiendo que quedase definitivamente suprimida la contribución de Consumos, y que cesara inmediatamente el cobro del *impuesto personal* decretado por el Gobierno en sustitución de aquélla.

El pueblo de todas las provincias de España, al realizar el alzamiento de 29 de Setiembre de 1868, pidió, como conquista práctica de la Revolución, la supresión de los Consumos, y el Gobierno provisional no tuvo otro remedio sino acceder á lo que le pedían los que le habían dado el poder; pero el ministro de Hacienda, D. Laureano Figuerola, se vió en la necesidad imprescindible de buscar otro ingreso que compensara el suprimido, echando mano para ello, de un *impuesto personal* tan odioso ó más que los Consumos, y cuya cobranza ofrecía dificultades insuperables.

Los Consumos era una contribución que, en una ó en otra forma, venía cobrándose desde fines del siglo xv, pues las *sisas*, como entonces se los llamaba, tenían por objeto rebajar ó *sisar* los pesos y medidas que servían para expender los géneros, á fin de hacer efectivo en el consumidor el pago del dere-

_____

(1)   Marzo 1869.

cho que devengaban á su introducción en la localidad las especies de consumo.

Más adelante se suprimieron las medidas *sisadas*, y abolida la *tasa*, se dejó á los vendedores que recargasen á su antojo el precio de los artículos para resarcirse del abono del impuesto de *Consumos*, todo esto ajustándose á las leyes de la economía política.

Castejón defendió su proposición con exuberancia de argumentos, que merecieron, desde luego, la aprobación de los concurrentes á la tribuna pública; pero sin presentar proyecto alguno que pudiera compensar la aminoración de ingresos en el presupuesto; así es que Figuerola (1), con su competencia en el asunto, y con su facilidad de palabra, pudo rebatirle los principales cargos, no consiguiendo igual fortuna en la defensa del *Impuesto personal,* tan odioso ó más que el suprimido, y de difícil cobranza, como queda expuesto.

Vamos á demostrar que el *impuesto personal* era odioso.

Preguntó el 31 de Marzo Maisonnave si el ministro de Hacienda tenía conocimiento de una circular pasada á los Ayuntamientos por el Administrador de Hacienda pública de la provincia de Alicante, haciéndoles saber que se hallaba autorizado por el Poder Ejecutivo para valerse de los medios coercitivos que estuvieran á su alcance á fin de cobrar el *impuesto de capitación,* y añadiendo que el Capitán general estaba facultado también por el mismo Poder Ejecutivo para poner á su disposición la fuerza necesaria con objeto de llevar á cabo la recaudación de aquel impuesto.

Figuerola, con entereza de ánimo, contestó que, en efecto, se habían pasado las órdenes más terminantes para que se cobrasen las contribuciones, y que había pedido auxilio al ministro de la Guerra para que, en caso necesario, la fuerza armada coadyuvase á la acción de la Hacienda pública. Añadiendo que si la circular á que se había referido Maisonnave estaba

_____

(1) 10 de Marzo.

⁓redactada dentro del espíritu indicado, el Administrador de Hacienda de Alicante había cumplido con su deber. Así estaban las cosas.

Penetrado el Gobierno de la grave responsabilidad que sobre sí tenía; recientes las sublevaciones republicanas de Andalucía, y ante los fundados temores de otras en Cuba por los elementos separatistas, y en las Provincias Vascongadas por los partidarios de Carlos VII, se vió en el duro é impopular trance de llamar al servicio de las armas, para el reemplazo de aquel año, 25.000 hombres, presentando en el Congreso el consiguiente proyecto de ley.

D. Juan Pablo Soler, en nombre de la minoría republicana (1), combatió el proyecto, dirigiendo á los individuos del Gobierno atinadas censuras por su inconsecuencia, por la falta de armonía entre lo que prometieron en la oposición y lo que realizaban una vez sentados en el banco azul.

En el proyecto se autorizaba á las Diputaciones provinciales y Ayuntamientos para llenar el cupo con los mozos de veinte á treinta años que sentasen plaza, y con los de treinta á cuarenta que hubieran servido ya en el Ejército y se alistasen voluntariamente; unos y otros, en virtud del convenio con la provincia ó el Municipio, ó bien entregando estas corporaciones 600 escudos (1.500 pesetas) por cada hombre con que la provincia ó el pueblo hubieran de contribuir por el cupo correspondiente.

El sistema no produjo el resultado que los optimismos ministeriales se proponían, y causó perturbaciones y disgustos sin cuento, pues al fin y al cabo, hubo que dar el soldado ó el dinero.

D. Gabriel Rodríguez defendió el procedimiento, sin con-

---

(1) 22 de Marzo.

seguir, como es natural, convencer á la minoría, que veía en este juego burladas sus iniciativas.

Castelar (1) pronunció un discurso mesurado, pero de ruda oposición al Gobierno, declarando que las candidaturas para diputados á Cortes de Prim y de Topete iban encabezadas con el lema «no más quintas», y que luego dichos señores habían olvidado sus promesas.

Terminó diciendo:

«La caída de la dinastía no significa de ninguna suerte el desahogo de antiguos rencores; la caída de la dinastía significa la caída de la centralización, la abolición de las quintas, la caída de las mayorías intolerantes, la caída de las minorías cómplices, la caida de los gobiernos arbitrarios; pero si todos estos errores y todos estos males se conservan, podríamos decir que sólo habíamos roto el espejo en que mirábamos nuestras deformidades; podríamos decir que la tiranía no estaba en la dinastía caída, sino que estaba en el tuétano de nuestros huesos y en el fondo de nuestras conciencias; y el día en que el pueblo se convenciera de esto, una compañía del Ejército ó de Voluntarios de la libertad podría venir aquí y arrojarnos, y decirnos: «Idos del templo, mercaderes de la libertad; vosotros sois falsos sacerdotes de la justicia.»

Transigiendo por el momento los republicanos, presentaron una enmienda, en la que autorizaban al Gobierno para contratar un empréstito, consagrado exclusivamente á llenar por medio de enganches el cupo fijado.

Defendió la enmienda García López, secundando con certera puntería los ataques que al Ministerio había dirigido Soler, cuando de pronto suspendió su discurso por haber notado en la Cámara una mal disimulada agitación; vió entrar y salir á los ujieres, oyó al ministro de la Guerra (Prim) dar órdenes, y comprendió que algo extraño acontecía fuera del Parlamento. En efecto, Prim y Ruiz Zorrilla (ministro de Fomen-

----

(1) 16 Marzo.

to) declararon que había estallado un motín á las mismas puertas del Palacio de la Representación nacional, pero que, gracias á la intervención de Castelar, Sorní y Luis Blanc, el tumulto se había apaciguado.

Lo que Prim calificó de motín era sencillamente una manifestación de mujeres, obreros y estudiantes, en que pedíamos á grito pelado, y con la espontaneidad alarmante de los pocos años, la *abolición de las quintas*. Nosotros, testigos presenciales, y unidos en cuerpo y en espíritu á los manifestantes, podemos asegurar que el núcleo de la manifestación no pasaría de 600 personas, engrosado por doble número de curiosos que contribuían inconscientemente á dar importancia al acto.

Vimos á Castelar en lo alto de la escalinata del pórtico, con la capa terciada para dejar libre la acción del brazo derecho, hablar á la multitud recomendando la prudencia, á fin de hacernos dignos de las conquistas de la Revolución; muletilla que empleaban todos para calmar los ánimos. También nos dirigió la palabra un señor, que luego supimos era Adolfo Joarizti, cuyas frases más bien enardecían que calmaban la excitación, al punto de que Castelar y otros diputados le agarraron de un brazo y le entraron á viva fuerza en el Congreso. A Castelar únicamente se debió que la manifestación se disolviese, habiendo logrado convencer á los de las primeras filas, que son los que oyen bien á los oradores, y los que, por lo tanto, deciden el éxito, arrastrando, en bueno ó en mal sentido, á los que van detrás.

Tranquilizada la Cámara, García López reanudó su discurso abogando por la abolición de las quintas.

«Así atenderemos—decia—á esas sentidas quejas del país; porque esos, ¿qué representan? Representan el verdadero país; no son el centenar de personas que en cada población se agitan con cuestiones políticas; es el pueblo, el verdadero pueblo, y no como quiera; son todos los vivientes de ambos sexos; son los padres, las madres, los jóvenes, los ancianos, las mujeres, que, en la excursión que he hecho por las provincias para dar las gracias por los votos con que nos han favorecido, salían á los caminos á leer en nuestros semblantes la suerte de sus hijos. En mi peregrinación, señores, ha habido pueblo en que he visto salir 600 y 700 mujeres que conmovían con sus súplicas; y mientras sus maridos, sus hermanos y los Ayuntamientos vitoreaban los derechos individuales y el sufragio universal, aquellas infelices gritaban: ¡Abajo las quintas! El señor ministro de la Guerra nos decía elocuentemente, días pasados, que había afligido *(con este motivo)* á su dignísima esposa. Y yo le digo: puesto que de madres hablamos, S. S., que sostiene el proyecto, que conceptúe cuál no sería la aflicción de su tiernísima esposa si el hijo que el cielo les ha concedido, si ese hijo predilecto y querido se viera en la necesidad de ingresar en los batallones que luego han de ir á Cuba porque el Sr. Conde de Reus no tuviera recursos para redimirle de la suerte. ¿Tendria entonces valor S. S. para negarse á los ruegos de su noble esposa? ¿Se identificaria con el Gobierno que le arrebatara á su hijo?»

La enmienda de la minoría republicana no prosperó, y fué desechada por 162 votos contra 48.

Ruiz Zorrilla habíase quejado, en la sesión, de que Joarizti incitara á los manifestantes en vez de calmar los ánimos, y el aludido intentó al día siguiente (1) sincerarse ante la Cámara, con tan escasa fortuna, que si Castelar no hubiera tomado por su cuenta la explicación del hecho, habría quedado en mal lugar su amigo el diputado republicano.

Ese día continuó discutiéndose el proyecto de la quinta de 25.000 hombres, hablando en contra Gil Berges, Castelar y Serraclara, que se declararon, sobre todo los últimos, en favor del ejército de voluntarios. Era pronto para pensar en la única solución: el servicio obligatorio. La discusión fué sosegada, haciendo alarde los oradores de vasta erudición, y dando motivo á Castelar para que pronunciara una de aquellas peroraciones grandilocuentes en que revelaba la supremacía de su genio.

---

(1)   23 Marzo.

«Salen de su casa los jóvenes—decía—en el momento en que son más necesarios á sus padres y en el momento en que las primeras pasiones del corazón se arraigan en la tierra, por lo cual sufren más tarde una nostalgia que suele matar á muchos soldados en toda España. Continuemos por la injusticia irritantísima que aquí hay, en esa contribución antihumanitaria, y por eso decimos que es una contribución inicua la injusticia de que la paga el pobre y no la paga el rico, cuando el pobre necesita más de sus hijos que el rico, porque los ha criado para que empapen con el sudor de su frente el campo y le den sus frutos; para que trabajen en el taller y le den su sustento en el momento mismo en que las fuerzas de su alma, como las de su cuerpo, decaen.»

Nada pudo hacer desistir al Gobierno de su propósito. Prim, dotado de un sentido práctico que los muchachos de la época no le reconocíamos, impuso su criterio á la Asamblea, y la quinta de 25.000 hombres se aprobó por las Cortes Constituyentes, el 23 de Marzo de 1869, á las tres de la madrugada.

Según dijo la Prensa de aquellos días, la manifestación dió motivo á la Comisión de Constitución, para añadir un párrafo al art. 55, prohibiendo este género de reuniones en los alrededores del Congreso ó del Senado.

Los *montpansieristas.*—Encauzando la labor de las Cortes.—Los desórdenes de Jerez.—Fallecimiento de D. Celestino Olózaga.

El diputado Sr. Caro explanó una interpelación (1) manifestando que, á pesar de haberse hecho la Revolución al grito de ¡Abajo los Borbones!, seguía considerándose como Capitán general al Duque de Montpensier, casado con una hermana de Doña Isabel de Borbón, reina destronada, y pagándose los sueldos de los ayudantes que aquél tenía.

_____

(1)   8 Marzo.

Contestó Prim, como ministro de la Guerra, defendiendo, á su manera, la legalidad del hecho. Dijo que el Gobierno y la Revolución encontraron al Duque de Montpensier en el destierro, expatriado de España, porque el Gobierno anterior lo había tenido así por conveniente. Yo no entraré—añadió,—ni debo entrar en el porqué de aquel destierro; sin embargo, *si yo pudiera decir todo lo que sé, algo había de decir que aminorara tal vez la disposición que el Sr. Caro y que los señores de la oposición puedan tener respecto al Sr. Duque de Montpensier.* Es Capitán general del Ejército, y como tal Capitán general de Ejército, en cuanto se constituyó el Gobierno provisional se apresuró á reconocerle, que fué lo mismo que reconocer la Revolución.

Castelar tercia en el debate y pronuncia un discurso brillante, diciendo, entre otras cosas, que «El Duque de Montpensier vino á España por matrimonio; como hermano *(político)* de la Reina Isabel se le concedieron sus grados, sus títulos, sus condecoraciones. Jamás ha mandado, jamás, un soldado español; jamás ha estado al frente de ningún Ejército español; puede decirse que no ha dirigido lo que dirige el último cabo del Ejército; no ha dirigido en su vida cinco soldados siquiera. Por consecuencia, el Duque de Montpensier no tiene el grado de Capitán general por servicios prestados al país, sino por los titulos que le ligaban á la familia de Borbón.» «La espada del Duque de Montpensier—decía también—es una espada de familia, que aquél hubiera hecho bien ofreciéndosela á la ex-Reina que se la dió, y no á la Revolución que debía arrancársela de las manos.»

Topete, que tenía poco dominio sobre sí, confesó que Montpensier habia estado el 28 de Septiembre á bordo de la fragata *Zaragoza*; pero se le dijo que el alzamiento no se había hecho para proclamar un nuevo rey, sino para que el país eligiera el que quisiese, acabando por declarar que entre Montpensier y la República, estaba por el Duque de Montpensier, lo que produjo un alboroto tremendo en el Congreso.

Como Topete se había clareado en demasía, aprovechó la ocasión Figueras, y puso de relieve el dualismo que existía en el Gabinete, pues mientras el ministro de Marina se declaraba abiertamente por Montpensier, Prim dirigía sus miradas por otro lado.

El 7 de Julio de 1868 había desterrado, en efecto, la Reina Isabel, por conspiradores, á los Duques de Montpensier, y aunque algunos entonces consideraron temeraria la determinación, las declaraciones de Prim y de Topete la justifican plenamente; los recelos de la opinión pública no eran, pues, infundados, al sospechar que Montpensier, el hermano político de Isabel II, había contribuido á la Revolución y pretendía la Corona de España.

En la sesión que reseñamos no se acordó nada en definitiva, teniendo necesidad Serrano de *echar un capote*, con un discurso *habilidoso*, según la frase de Estanislao Figueras.

Con fecha 12 de Marzo presentóse al Congreso, firmada por D. Gabriel Rodríguez, Balaguer, Moncasi, Ozuriaga, Godinez de Paz, Martos y D. Cristóbal Martin de Herrera, la siguiente proposición:

«Las Cortes acuerdan el nombramiento de una Comisión de organización municipal y provincial, de otra de ley electoral, de otra de legislación general y de otra de orden público. Estas Comisiones constarán de nueve individuos, y su nombramiento se hará directamente por las Cortes.»

No sabemos quién fuera el autor de esta idea, pero desde luego podemos asegurar que tuvo un tacto político de grandes vuelos, organizando discretamente el trabajo que tenían que realizar las Cortes Constituyentes. La administración local, el sufragio universal, la legislación civil y criminal y el orden público, eran los cuatro puntos cardinales sobre que tenía que girar el Gobierno de la Revolución, y necesitaba dejarlos establecidos de una manera decisiva, con cordura y sensatez, libre de las exageraciones de los partidos extremos. Contando con la mayoría, el nombramiento de las personas que formasen las Comisiones resultaría favorable al Gobierno, y, por lo tanto, éste influiría poderosa y directamente en los proyectos de leyes que se sometieran á la Asamblea.

La minoría republicana lo comprendió así, y desde el primer momento mostró su desagrado, alegando que se infringía el Reglamento; éste exigía que las proposiciones pasasen á las Secciones para nombramiento de la Comisión mediante un sorteo, y, en efecto, con la proposición presentada se falseaba el Reglamento, pero se encauzaba la labor de las Cortes. Prim, que era el *Deus ex machina* de aquel Parlamento, no quería que se repitiese el desbarajuste de las Constituyentes de 1854.

En sesión de 17 de Marzo dió cuenta el ministro de la Gobernación (Sagasta) de que en la provincia de Jerez se había alterado gravemente el orden público, por turbas de gentes del pueblo, cometiendo algunos asesinatos, por lo cual el Gobierno presentó á las Cortes, en aquel mismo momento, la proposición siguiente:

«Las Cortes Constituyentes, en vista de los graves sucesos de que acaba de dar cuenta el Poder Ejecutivo, y del estado de profunda agitación que revelan en el país, declaran que el Poder Ejecutivo tiene todo su apoyo para restablecer y mantener el orden público, para hacer guardar y cumplir cuantas resoluciones dicten las mismas en uso de su soberanía, y para salvar las libertades y derechos proclamados por la gloriosa Revolución de Setiembre.»

La apoyaron brevemente Moret y el General Serrano, y fué aprobada por 252 votos, contando los de la minoría republicana, que dió con este acto un gran ejemplo de patriotismo.

El diputado republicano Ramón Cala explanó una interpelación sobre las ocurrencias de Jerez, cargando toda la culpa á los desaciertos del Gobierno y á las provocaciones de las
autoridades de Jerez. Contó que la Guardia municipal nombrada por la Junta revolucionaria, había sido reemplazada
por la que había en tiempo de González Brabo; que la Milicia
nacional fué desarmada, sustituyéndola por otra de vecinos
asalariados; que los tres clubs que había en la población fueron disueltos, á pretexto de utilizar los locales para otro objeto, y que la Guardia civil, alejada de Jerez por enemistades
con los vecinos, volvió reforzada á la población, causando disgusto general.

Describiendo el principio de aquellos tristes acontecimientos, contaba Cala que habiéndose fijado en las esquinas de las
calles el bando sobre las quintas, un muchacho hubo de arrancar uno de éstos, como travesura de la edad; que con tal motivo fué detenido; que protestaron de la detención las personas que la habían presenciado, y que los alardes de fuerza y
de represión de las autoridades ocasionaron el conflicto, resultando 40 heridos y 30 muertos en el paisanaje.

Sagasta, con su habilidad oratoria, rebatió los cargos del
diputado republicano, manifestando que el Alcalde de Jerez,
Pedro López Ruiz, era un consecuente liberal; que la Guardia
municipal á que se refería Cala, fué nombrada, en tiempo de
González Brabo, por un Ayuntamiento progresista, como lo
habian sido todos los de Jerez durante los últimos años de la
dinastía caída; que la Milicia nacional de aquella población no
estaba asalariada, sino que, como la mayor parte de sus individuos eran jornaleros, el Ayuntamiento les abonaba el jornal
consiguiente; que los citados clubs se reunían en edificios públicos; pero que habiéndose hecho cargo de éstos el Ayuntamiento, se los utilizó para diferentes usos, sin prohibir de manera alguna á los jerezanos que ejercitasen libérrimamente el
derecho de reunión.

Añadió Sagasta que las autoridades de Jerez tuvieron co-

nocimiento de que en la Plaza de Toros se reunían á media noche centenares de personas armadas, con el objeto de prender,
á las altas horas, á los individuos del Ayuntamiento, sorpren-
diéndolos á cada cual en su casa cuando estuvieran entregados
al descanso y al sosiego; por esto se disolvió la reunión y se
hicieron 30 detenciones.

Respecto á la versión de cómo se inició el alzamiento de
Jerez, dijo el ministro de la Gobernación que no fué un chico
el que desgarró, de la esquina donde estaba pegado, el bando
del Alcalde; fueron varios amotinados, dando la voz de: «¡Abajo las quintas!» «¡Viva la República federal!», en actitud hostil
y amenazadora, y que cuando la tropa salió de sus cuarteles
ya estaban formadas las barricadas. En descargo de los jerezanos, dice que los instigadores al desorden eran forasteros y
gente extraña á la localidad, como sucedía en la mayoría de los
motines que entonces tuvieron lugar, citando, como ejemplo,
el de Paterna, en el que figuraba comprometido un secretario
particular de Meneses, personaje afecto á la dinastía derrocada;
el de Chiclana, donde aparecía complicado un carlista; el de San
Fernando, dirigido por un moderado en unión de un sacerdote, y el de Béjar, por un hermano de Sor Patrocinio. Sagasta
trató de demostrar que en Jerez habia una conspiración contra el poder constituído; que la conspiración produjo un levantamiento de armas, y que el Gobierno se vió en la necesidad de reprimirlo por la fuerza: esta es la conclusión que se
desprende de los discursos de los oradores. Posible es que antes, y durante la lucha, se empleasen por parte de las autoridades algunos medios más en armonía con las prácticas de
González Brabo que con el criterio de la Revolución; es muy
difícil en tales circunstancias apreciar los grados de tem-
planza que debe tener la represión.

Habló también Paul y Angulo en defensa de los republicanos de Jerez, y con motivo de cierta noticia que corrió entonces, referente á que un soldado del batallón de cazadores de
Reus había atravesado con una bayoneta á un niño de tres

años, durante los sucesos de que se trataba, noticia desmentida por algunos, modificada por el mismo Paul y Angulo, y calificada de sueño por el ministro de la Guerra, hubo de decir el batallador diputado que ciertas manifestaciones de aquél podrían denominarse «cosas del General Prim». La oratoria de Paul y Angulo era insidiosa, mortificante, audaz, provocativa, y esta vez consiguió excitar el sistema nervioso de su contrincante, quien protestó con energía de la calificación de *cosas del General Prim.* «Yo no tengo cosas, Sr. Paul—exclamó;—yo tengo razones, que alego aquí, mejor ó peor, y nada más. Eso se dice de otra especie de hombres; pero hablando del hombre que ha llegado á la altura en que yo estoy, á fuerza de años, á fuerza de sacrificios y á fuerza de servicios á mi patria, es irrespetuoso; no es cortés tratarme con la ligereza con que S. S. me ha tratado.»

La discusión fué larga; tomó parte Moreno Rodríguez abogando por los republicanos; hubo rectificaciones, no cortas, y quedó la cuestión en los términos en que la habían planteado: para los unos, el Gobierno era el responsable de la sangre derramada; para otros, el Gobierno había cumplido con su deber.

Paul y Angulo, después de haber hablado Sagasta, sólo pronunció estas frases: «Todas las bases de todos los argumentos que ha empleado el Sr. Sagasta en el discurso que acaba de de pronunciar, son falsas.

—Supongo, señor diputado—interrumpió el Presidente (Rivero),—que S. S. ha querido decir equivocadas.

—Se puede decir—contestó Paul—que una base es falsa, no teniendo intención de atribuir al orador la falsedad.

—Se dice errónea, hablando parlamentariamente.

—Será, Sr. Presidente; pero yo entiendo...

—Ruego á S. S. que no discuta con la Presidencia. La Presidencia quiere advertir á S. S. que la palabra *falsa* puede ser injuriosa, y que en tales casos, en el lenguaje parlamentario se emplea la palabra *errónea.*

—No he querido yo inferir injuria al indicar...

—Pues yo he querido interrumpir á S. S. para explicar su intención de no ofender.

—Pues bien; es *erróneo* el creer ó el decir...

—Señor diputado, S. S. no tiene la palabra para deshacer los errores del señor ministro, sino para deshacer los errores que haya atribuido á S. S. el señor ministro: es un sistema inverso.

Paul y Angulo era enérgico, pero Rivero no se quedaba atrás.

*
* *

Habiendo fallecido en la madrugada del 17 de Marzo el diputado Secretario D. Celestino Olózaga (1), las Cortes acordaron el orden siguiente para la comitiva que había de formar el entierro:

1.º   Fuerza del Ejército y de Voluntarios, seguida de Peones camineros.

2.º   Todos los convidados.

3.º   Una Comisión de las Cortes, compuesta de 15 señores diputados.

4.º   El féretro, rodeado de los porteros de las Cortes.

5.º   Los maceros.

6.º   El Presidente de las Cortes, los Vicepresidentes, el ministro de Fomento, el Inspector general del Cuerpo de Caminos y un representante de la familia del finado.

7.º   Coche de gala de la Presidencia.

8.º   El de los Secretarios.

9.º   Los de la Comisión.

10.   El del Inspector general y el de la familia.

11.   Los carruajes de los invitados.

Un piquete de infantería y caballería del Ejército y de Voluntarios.

---

(1)   Sobrino de D. Salustiano.

Celestino Olózaga era Ingeniero de Caminos, y tenia veintiséis años de edad. Nosotros tuvimos ocasión de tratarle, por la amistad que unía á nuestras respectivas familias, y recordamos que era de buena estatura, rubio, de rostro agraciado, pero varonil, de modales distinguidos, de trato amable y correcto en el vestir.

Se dijo que la muerte de Celestino Olózaga había tenido por causa un lance de honor con un título de la nobleza, como triste epílogo de una aventura galante; pero la investigación de este episodio nos está vedada, porque, habiendo ocurrido fuera del Congreso, por cuestiones ajenas á la política, traspasa el límite de las crónicas parlamentarias.

El matrimonio civil.—Los maestros de escuela.—Debate sobre la totalidad del proyecto de Constitución.

Parece ser que en algunas localidades se habian celebrado matrimonios civiles, autorizados por las Juntas revolucionarias ó por los alcaldes en representación de aquéllas, y habiendo hecho una pregunta sobre el caso (1) D. Cruz Ochoa, diputado tradicionalista, ó clerical, como diríamos hoy, le contestó Romero Ortíz, ministro de Gracia y Justicia, manifestando que contra esas autoridades anormales no encontraba en el Código penal disposición alguna que les fuera aplicable. Dijo también que el alcalde de una población importante de Galicia había publicado un bando, hacía pocas semanas, disponiendo el establecimiento del matrimonio civil; pero que en el momento en que la autoridad superior de la provincia tuvo conocimiento del hecho, anuló la disposición tomada por el alcalde.

El Gobierno tenía en este asunto un criterio muy radical, pero no quiso tomar ninguna determinación sin el concurso de las Cortes.

***

(1)   31 Marzo 1869.

D. Víctor Balaguer (1) dirigió una excitación al ministro
de Fomento (Ruiz Zorrilla), en favor de los maestros de instrucción primaria, reconociendo desde luego las buenas disposiciones que respecto del asunto tenía el interpelado.

«Los maestros de primeras letras—decia Balaguer—son
verdaderos sacerdotes; pero también son verdaderos mártires.
¡Gran vocación se necesita, en los tiempos que corremos, para
ser maestro, en medio de las grandes penalidades que sufren,
en medio de las grandes amarguras que tienen que soportar; y
yo confieso francamente que soy el primero en admirar, como
puede admirarse á un héroe, al que hoy se dedique á ser maestro de primera enseñanza en los pueblos.

»El cuadro que ofrece el magisterio de primera enseñanza
en las actuales circunstancias es tristísimo y desconsolador, á
pesar de lo mucho, de lo mucho, de lo mucho, y lo repito tres
veces, que ha hecho el señor ministro de Fomento, para real-
ce, para esplendor, para seguridad de esa clase, bajo todos
conceptos dignísima; pero los esfuerzos del señor ministro de
Fomento tropiezan y se estrellan, como ante una barrera
inexpugnable, ante la incuria, por no decir malevolencia, de
ciertos pueblos, y ante la ignorancia crasa de ciertos municipios. Yo puedo decir á S. S., por si no lo sabe, y es dato digno
de tenerse en cuenta, que en la provincia de Barcelona, por
ejemplo, hay dos terceras partes de maestros que no han co-
brado aún sus haberes desde el mes de Julio próximo pasado.»

«Voy á presentar—contestó Ruiz Zorrilla,—dentro de pocos días al Congreso, la ley general de instrucción primaria;
y da la casualidad de que, en uno de sus artículos, uno de los
medios que yo he creído encontrar á la incuria de los Ayuntamientos y á la ignorancia de ciertos pueblos, es precisamente
el que me propone el Sr. Balaguer; que los maestros no vuel-
van á ser pagados por los municipios, y, si fuera posible, sin
hacer ofensa á las otras corporaciones populares que están por

_____

(1) 1.º Abril 1869.

encima de los municipios, pero que tienen ciertos compromisos con ellos, y que no tiene el Estado, yo los llevaría más allá, y haría que fuesen pagados por el Estado mismo. La única cuestión en que yo no soy liberal ni descentralizador, es la cuestión de instrucción primaria: creo que en ella es necesario un período de dictadura, más ó menos largo, si los españoles han de aprender pronto y bien á leer y á escribir.»

*
* *

El proyecto de Constitución de 1869 era esencialmente liberal; pero fué muy combatido por los republicanos, á causa de dos puntos principales que figuraban en ella y definían su carácter: el art. 20, por el que la nación se obligaba á mantener el culto y los ministros de la religión católica, y el 33, en que se establecía la monarquía como forma de gobierno.

Formaron la Comisión para redactar el proyecto: Olózaga, presidente; Ríos y Rosas, D. Joaquín Aguirre, D. Manuel Becerra, Posada Herrera, D. Manuel Silvela, Godínez de Paz, D. Augusto Ulloa, D. Pedro Mata, Vega de Armijo, Martos, Montero Ríos, y, como secretarios, Moret y Romero Girón (1).

Tocó al primero de estos dos señores dar lectura del documento, al finalizar la sesión del 30 de Marzo, y los que conozcan al Sr. Moret ya podrán suponer que la Constitución quedó bien leída.

El 6 de Abril comenzó su discusión, y excusado parece manifestar que en este debate se tocaron asuntos de todo género,

(1) En la Comisión había, como se ve, hombres de tendencias poco afines y hasta contrarias; así es que, según manifestación de Olózaga, presidente de la Comisión, hubo en ella momentos en que la unión estuvo á pique de naufragar; contando aquel ilustre orador el caso de un filósofo á quien encargaron el epitafio de un ciudadano que fué en vida notable por su virtud, y escribió lo siguiente: *Aquí yace uno que tuvo la fortuna de morir un día antes de pecar.* «Yo temí—declaró Olózaga—que el último día mereciésemos anticipadamente ese epitafio.»

y hasta sacóse á relucir la conducta política personal de los individuos del Ministerio, de la Comisión respectiva y de la mayoria, pues la ocasión ofrecía campo adecuado á las disquisiciones de este linaje.

Comenzóse por discutir la totalidad del proyecto, rompiendo la primera lanza en contra Sánchez Ruano, republicano unitario, joven de fácil palabra y de fundada ilustración, pero neófito en las lides parlamentarias; así es que pronunció un discurso de alto vuelo, de ingenua oposición, sin malicia y, por lo tanto, sin resultado práctico. Terminó diciendo que, en vista del espíritu reaccionario que informaba la Constitución, debía el país erigir una estatua al Gobierno, poniendo en el pedestal la siguiente inscripción: «A los eminentes reconstructores del doctrinarismo en la España de 1869, la reacción agradecida.»

Figueras pronunció un discurso de tonos mesurados, pero de franca oposición republicana, y Castelar (1) tomó la palabra para fustigar al Gobierno, por el espíritu reaccionario que habia inspirado al proyecto de Constitución, y por la situación anómala en que había puesto á la mayoría de la Cámara, haciéndola declararse monárquica sin tener persona en quien pudiera encarnar sus ideas.

«Y la confusión es mayor—exclamaba,—conforme nos acercamos á la cúspide de la cuestión. El señor ministro de Marina *(Topete)* dice una fórmula que es muy trascendental: *Antes Montpensier que la República;* y el señor ministro de la Gobernación (Sagasta), si no en este sitio, en otro, que es su verdadera tribuna, en *La Iberia* (2), dice: *Antes la República que Montpensier.* Y ¡cosa grave, caso extraordinario! Como quiera que D. Fernando de Coburgo no quiere la corona de España, que tantos le ofrecen, nosotros vamos á tener que abrir nuestras filas, después de habernos visto por espacio de siete meses

---

(1) 7 Abril.
(2) Periódico dirigido por Sagasta.

impíamente combatidos por el señor ministro de la Gobernación, vamos á tener la dicha de contarle entre nuestros correligionarios.»

Hizo la historia del partido *progresista,* que podríamos llamar *monárquico liberal,* y tuvo para él frases de censura, quizá
un tanto apasionadas, olvidando lo mucho que aquellos hombres habían hecho por la libertad en el reinado de Isabel II; y
refiriéndose al caso concreto de andar buscando Rey sin en-
contrarle, decía:

«¿Qué ha sucedido ahora? ¿Qué ha sucedido ayer, señores
diputados? Vergüenza da decirlo. Un Coburgo ha dado un bo-
fetón en la mejilla á la nación española. ¡Despreciar la corona
de España! ¿Quién se la ha ofrecido? ¿Por qué no se pone un
telegrama diciendo: qué tiene V. M. que despreciar una corona que nadie le ha ofrecido? España tiene una corona demasiado grande para una cabeza tan chica. Nosotros somos la na
ción que engarzó el mar como una esmeralda en sus sandalias
y el sol como un diamante en su corona (1).

»En vez de andar por el mundo buscando un amo, y un
amo al cual nosotros tenemos que pagarle, busquemos todos
aqui, de buena fe, de completa buena fe, lo que todos debemos
buscar: la libertad, la prosperidad de la patria, la condenación
de todos los desórdenes que puedan enflaquecernos, la energía
suficiente para hacer comprender al pueblo, al mismo tiempo
que sus derechos, sus deberes; y entonces no necesitaremos de
ningún amo que nos guarde nuestra patria, que harto sabe

---

(1) Lo de la renuncia de D. Fernando de Coburgo era cierto. El 17 de
Abril, dijo Lorenzana, ministro de Estado, que aquel señor había escrito
una carta al Conde de Alte, representante de Portugal en Madrid, con el
encargo de presentarla al Presidente del Poder Ejecutivo. En aquella carta, al mismo tiempo que reiteraba el firme propósito de no aceptar la corona de España, en el caso de que se le ofreciera, daba sus excusas por la
ligereza que había cometido. El Gobierno le había hecho, bajo cuerda, la
proposición, y el buen hombre lo publicó para darse esta satisfacción ante
Europa. Nuestros ministros fueron los que quedaron en ridículo.

guardarse á sí misma la noble nación española. ¡Ah! Por eso
decia yo que lo más conservador en estos momentos, lo que
más conduce á que todas las fuerzas de la Revolución sean pro-
vechosas, á que se salve esta situación, es no malgastar nuestras fuerzas buscando Rey, y aliarnos todos para ver si hay
una manera de fundar la libertad y la dignidad de la patria.

....

»Los *enciclopedistas* murieron creyendo que sus ideas no
iban á atravesar la masa de ignorancia del pueblo, y al mismo
tiempo, Pío VII iba á Viena, y con las leyes josefinas y el re-
galismo, le mostraba al Rey de Austria la Revolución francesa
antes que apareciera levantándose por el horizonte. Todo lo
que sucedió aquí ha sido también previsto por un hombre extraordinario, á quien yo puedo admirar, tanto más, cuanto que
jamás he participado de ninguna de sus ideas: hablo del ilustre
marqués de Valdegamas (1).

»Pues bien; él decía estas proféticas palabras: Hoy, para
los Reyes, todos los caminos conducen á la perdición; unos se
pierden por resistir, otros se pierden por ceder; donde el talento ha de ser causa de ruina, allí pone Dios un príncipe sabio, y donde la debilidad ha de ser causa de ruina, allí pone
Dios príncipes débiles. Para salvar las viejas instituciones, no
hay un hombre eminente en toda Europa; y si le hay, Dios di-
suelve para él, con su dedo inmortal, un poco de veneno en
los aires.

»Más tarde, en otro elocuentísimo discurso decia: El destino
de la casa de Borbón era fomentar las revoluciones y morir á
sus manos. Y en aquel momento sonó una carcajada; y entonces, volviéndose al banco azul, que ocupaban los Sres. Narváez
y Sartorius, les dijo: Ministros de Isabel II, librad, si podéis,
á vuestra Reina y á mi Reina, del anatema que pesa sobre su
raza. Y entonces se rieron más los ministros; soltaron más la
carcajada los progresistas, y ellos no sabían que eran los en-

_____

(1) Donoso Cortés.

cargados de cumplir el anatema, como acaso son hoy los demócratas que se han ido de nuestro lado, los encargados de fundar aquí, quieran ó no quieran, la República.»

Olózaga, que habia sido muy querido del pueblo durante los últimos años del reinado de Isabel II, se dedicó á hacer propaganda monárquica, coadyuvando al propósito de Prim, y perdió por esto su popularidad. Castelar contaba el caso del modo siguiente:

«El Sr. Olózaga, el primero, sin ofender á nadie, de nuestros oradores parlamentarios; el Sr. Olózaga, jefe civil del partido progresista, se vió derrotado en casi todos los colegios electorales. Madrid no le quiso; á Barcelona mandó un parte el general Prim pidiendo que le pusieran en candidatura, pues no se habían acordado de su nombre; en Manresa fué vencido por Robert y por Joaristi; en Valencia fué derrotado por Cervera, por Sorní y por Orense; y todos los distritos le arrojaron, siendo necesario que el general Espartero le abriera sus brazos y le condujera por los campos de Logroño.

«Hubo más: el Gobierno provisional llamó al Sr. Olózaga precipitadamente para que viniera aquí á ocupar esa especie de trono oriental que se llama la Presidencia de la Cámara popular. ¿Y qué le sucedió al Sr. Olózaga? Que llegó á Valladolid, y se encontró que otro hombre público (1), con no menos méritos, con no menos historia, con no menos altas cualidades, ocupaba ya ese puesto.»

Analizando los derechos individuales determinados en el proyecto de Constitución, exclamaba:

«Los derechos individuales, ó no son nada ó son algo. Si no son nada, no los defendáis; decid que es un magnífico frontispicio que habéis puesto á vuestra Constitución, pero que dentro no hay nada. Si son algo, si representan algo, si significan algo, yo tengo derecho á discutir al Rey, á criticar al Rey; yo tengo derecho á fundar una asociación republicana;

----

(1) D. Nicolás María Rivero.

yo tengo derecho á celebrar todos los días, á todas horas, menos por la noche, según vuestra Constitución, reuniones al
aire libre ó en techado, y en esas reuniones yo quiero, yo
puedo, yo debo seguir propagando la reforma republicana.
¿Y queréis que el Rey venga tranquilo, cuando el día que entre por una de esas puertas, otros salgan por otra, y se oiga
un grito que estalle como una bomba y que diga: viva la República? Los derechos individuales son incompatibles con la
Monarquía. Si vosotros, demócratas, lo sabíais, ¿por qué habéis adoptado la Monarquía? Si vosotros, conservadores, lo
sabéis, ¿por qué aceptáis los derechos individuales? La verdad
es que aquí hay algo secreto; la verdad es que esa Constitución la habéis hecho todos con el propósito de violarla
todos.»

Habló extensamente sobre el tema de la separación de la
Iglesia y el Estado, haciendo á grandes rasgos la historia de
la influencia del catolicismo en España, al que dirigió acer-
vos y atrevidos ataques.

Le contestó Moret con un notable discurso, que causó grata impresión en todos por la elocuencia que descubría y por
la cordura que revelaba en el joven orador. Confesó que la
Comisión había llamado á los prelados de la Cámara para conocer su opinión, considerando que representaban una vasta
asociación que tenía grande y poderosa influencia en la vida
social.

Dejó traslucir, sin declararlo abiertamente, sus simpatías
por el servicio militar obligatorio.

«Cuando se trata—decía— de constituirse como pueblo libre, es necesario, antes que todo, hacer comprender al pueblo
y enseñarle que el hombre ha de ser varonil, que no tiene la
libertad sin sacrificio, que si tenemos Gobierno representativo, es porque una generación entera derramó su sangre y sacrificó su fortuna en las provincias del Norte; y es preciso hacerle comprender también, que en una revolución que arrojó
una dinastía, es preciso pagar los empréstitos, sacar contribu-

ciones y tener soldados para conservar el orden y mantener la libertad. Desde el instante en que pongáis en práctica la doctrina de que el ejército simplemente se ha de mantener de voluntarios, habéis sentado un principio, el más peligroso, habéis creado un ejército al servicio de las clases acomodadas. ¡Ay, señores, de la libertad, y ay de vosotros!, porque habréis enseñado que la fuerza armada está á disposición del que la paga.

Si la quinta os ofende, como á mí, quitad la desigualdad, creando un ejército completo y reduciendo el número del ejército permanente; veamos el modo de garantizar la seguridad y la libertad con un ejército nacional.»

Dijo que la Constitución era una transacción entre los conservadores y los demócratas; aquéllos habían cedido los derechos individuales y éstos la Monarquía. ¿Qué importa la forma de Gobierno?, exclamaba. «Arrojad fuera de la Constitución á las clases conservadoras, y veréis qué pronto se levanta su protesta, y cuán pronto también cae muerta la Constitución; arrojad de ella á las clases populares, y veréis cómo protestan, y cuán pronto muere la Constitución. No hagáis siquiera esto: excluid nada más que un elemento cualquiera, por ejemplo, las condiciones religiosas de un pueblo, ó sus condiciones científicas, ó sus condiciones económicas, y veréis cuán pronto es derribada la Constitución. Es preciso, señores, que en ella exista todo lo esencial, y nada más que lo esencial, para que puedan gobernar con ella todos, para que no haya nadie que deje de aceptarla.»

Esto no pasaba de ser un buen deseo de D. Segismundo, porque ni la aceptaban los republicanos ni los conservadores, como el mismo día (1) manifestó D. Antonio Cánovas del Castillo.

El discurso de éste fué un modelo de habilidad y de oratoria parlamentaria; no quería aparecer como reaccionario, pero

_____

(1)   8 Abril.

sí atacar al Gobierno en el concepto, exagerado, á su juicio, que había formado de los derechos individuales, respetando el régimen monárquico que se consignaba en la Constitución, al que se adhirió francamente.

Recordó que dos años antes había censurado desde los bancos de la izquierda al partido moderado, por sus tendencias autoritarias, prediciendo los acontecimientos que se sucedieron después.

Emitió opiniones muy sensatas. «Una Constitución—decía—es, y no puede menos de ser, una obra de composición y de combinación producida por lo que se llama el arte del Estado. Por debajo de la ciencia, por debajo del espíritu general, por debajo de las aspiraciones, no bien definidas, de toda sociedad moderna, por debajo de las ideas primordiales y esenciales de las sociedades todas, por debajo, en fin, de la ciencia política, hay un arte, como, por lo común, lo hay debajo de toda ciencia. Hay siempre que aplicar los principios más ciertos en la medida, en la reforma, en los intereses que las necesidades, que las preocupaciones mismas de un país exigen. Esto es muy otra cosa que la ciencia política, esto es lo que se llama el arte del Estado.»

Combatió el sufragio universal, y se declaró partidario de la unidad religiosa, pero sin intransigencias, declarando que «el tiempo de toda presión material había pasado para siempre». En el último párrafo de su discurso hubo de manifestar que él, por encima de todo, había sido, era y no podía dejar de ser liberal.

Este discurso tiene gran importancia, porque en él se define el criterio político de Cánovas en aquella época, criterio que se ajusta perfectamente al sistema de gobierno que desarrolló cuando fué presidente del Consejo de Ministros en tiempo de Alfonso XII.

Resquemores.—Manterola y Castelar.—Un tropiezo de D. Manuel
Becerra.—El obispo Monescillo.

Los hombres politicos de ideas más afines suelen ser, á ve-
es, los que se tratan con más desconsideración. Había dicho
Cánovas que el proyecto de Constitución «desprestigiaba altas instituciones que había que respetar, y que elevarle á ley
era elevar á ley la anarquía». Llamó al proyecto «obra infeliz», y esta frase, junta con las anteriores, molestó á Ríos y
Rosas, que era de suyo suspicaz; así es que, en cuanto encontró
ocasión, dirigió una puyita á su antiguo correligionario, quien
á su vez se dió por ofendido, pidiendo, con exquisita delicadeza, una explicación de las frases pronunciadas por Ríos y Rosas. Este aclaró el concepto de lo que había dicho; Cánovas
hizo lo propio con el alcance de cuanto había manifestado, y
el incidente se solucionó á satisfacción de ambos, sin ulterio-
res consecuencias. Cosas más graves habían dicho Figueras y
Castelar á los señores de la Comisión, y éstos no se dieron por
resentidos; pero las apreciaciones de Cánovas habían hecho
mella en el ánimo de los antiguos *unionistas*, compañeros antes del que ahora les recriminaba.

Un verdadero pugilato intelectual sostuvieron (1) Manterola y Castelar al discutir la cuestión religiosa. Era el presbítero
Manterola hombre de fácil y correcta palabra, de vasta ilustración y de claro talento; hablaba con naturalidad y sencillez, huyendo de los tonos melodramáticos; ayudado por su
buena memoria, citaba fechas y nombres sin titubear; acudía á
las figuras retóricas, á las imágenes, á las metáforas, en con-
tadas ocasiones; y no se dejaba dominar por la vehemencia,

_____

(1) 12 Abril.

sino en aquellos párrafos que producían seguramente impresión en el auditorio.

Castelar era todo acometividad y valentía, creciéndose ante la impasible serenidad de su adversario. Uno y otro acudieron á la Historia, á la Teología, á la Metafísica, buscando, con instinto de erudito polemista, argumentos ingeniosos para atacar ó defenderse; de suerte que, si quisiésemos citar los párrafos más notables de ambos discursos, fuera preciso transcribir los discursos íntegros. La expectación de la Cámara era grande, los diputados y el público de las tribunas guardaban un religioso silencio; los dos oradores conmovían con sus arranques; solamente los señores de la Comisión permanecían indecisos sin saber á qué carta quedarse.

Tuvo Manterola en su discurso momentos de fino humorismo. Citaremos uno que fué muy comentado.

«El Sr. Castelar nos dijo haber estado en Roma, y yo, francamente, señores, creo que el Sr. Castelar nunca ha estado en Roma.»

«El año pasado por ahora»—interrumpió el aludido.

«Digo, Sr. Castelar—añadió Manterola,—y lo digo con profundo respeto y hasta con cariñosa expresión...

«Ruego á S. S.—exclamó el Presidente (1)—que se dirija á la Cámara.

«Digo, pues, á la Cámara, que no creo yo que el Sr. Castelar haya estado nunca en Roma. El Sr. Castelar fué á Roma: el Sr. Castelar debió dormir en Roma, porque se duerme en todas partes, y es necesario dormir; y el Sr. Castelar ha vuelto de Roma á España sin haber estado en Roma. La inteligencia fecunda del Sr. Castelar, la imaginación brillante del Sr. Castelar, el corazón generoso del Sr. Castelar, nunca han estado en Roma; al decirlo, honro cual se merece el Sr. Castelar. Estuvo en Roma, ¿y qué vió en la ciudad de los milagros?

_____

(1) Rivero.

Un convento de frailes y un cuerpo de guardia. ¡Y diréis que el Sr. Castelar ha estado en Roma!

»El Sr. Castelar estuvo en Roma. ¿Cuáles fueron las ideas que cruzaron por la frente del Sr. Castelar, cuáles los sentimientos que embargaron el corazón sublime y generoso del Sr. Castelar? No vió, señores, más que los dioses caídos y las ideas muertas.»

«Sí—contestó Castelar en su rectificación; —he estado en Roma, he visto sus ruinas, he contemplado sus 300 cúpulas, he asistido á las ceremonias de la Semana Santa, he mirado las grandes Sibilas de Miguel Angel, que parecen repetir, no ya bendiciones, sino eternas maldiciones sobre aquella ciudad; he visto la puesta del sol tras la basílica de San Pedro; me he arrobado en el éxtasis que inspiran las artes con su eterna irradiación; he querido encontrar en sus cenizas un átomo de fe religiosa, y sólo he encontrado el desengaño y la duda.»

La rectificación de Castelar fué uno de los discursos más impirados que pronunció en el Parlamento, mereciéndole frenéticos y prolongados aplausos.

Lo avanzado de la hora hizo que el Presidente levantase la sesión al pronunciar Castelar las últimas palabras de su discurso, y con este motivo muchos diputados rodearon el escaño donde se hallaba el orador, y le prodigaron durante largo rato calurosas demostraciones de felicitación.

No tenía D. Manuel Becerra lo que pudiéramos llamar picardía parlamentaria, y á veces se le escapaban ingenuamente palabras que causaban, sin necesidad ni objeto, una mortificación personal.

«Cuando nosotros—decía una vez (1)—estábamos emigrados, cuando habiamos dejado el seno de la patria, abandonan-

(1) 13 Abril.

do las personas más queridas y nuestros intereses, había algunos de los que hoy se sientan entre nosotros (1) que felicitaban á Isabel II. Y no lo digo esto ahora por haceros un cargo.

Varios diputados.—Que los cite.

Becerra.—¿Queréis que cite nombres? ¿Lo exigís?

Varios diputados de la minoría.—Sí, sí.

Otros diputados de la mayoría.—No, no.

Becerra.—Pues no tendré más que leer algunos documentos que tengo á la vista.

Voces.—No, no.

Becerra.—He dicho y repito que tengo documentos á la vista que justifican mi aserción; pero no os digo eso por dirigiros un cargo, una censura, no. Lo digo por sentar los hechos, para que se sepa que mientras el Sr. General Pierrad, con un grupo de hombres pasaba la frontera, por defender la libertad; que mientras el General Contreras hacía lo mismo; que mientras mi amigo el Sr. D. Luis Blanc iba atado por las calles de Madrid como si fuera un malhechor, también por causa de la libertad; que mientras los Sres. Sorní y Castelar se hallaban el primero preso, y el segundo, emigrado, al par que sentenciado á muerte, había algunos de los que hoy se sientan en los bancos de enfrente que felicitaban á Isabel II.

Varios Diputados de la minoría: Que los nombre.

Becerra.—Buscad vosotros los nombres de las personas á quienes me refiero, que vosotros tenéis obligación de saberlos.

Y comprendiendo el orador que el incidente podría perjudicar á algunos individuos de la mayoría y aun del mismo Gobierno, viró en redondo y pasó á hablar de otro asunto.

A la revolución habían contribuído eficazmente, con su espíritu y con sus personas, los hombres del partido llamado de la *Unión liberal*, incluso el presidente del Ministerio, don Francisco Serrano, que había puesto su espada al servicio de

(1) Los republicanos.

la Reina en las calles de Madrid, dos años antes, contra los sublevados que capitaneaba el General Pierrad; así es, que la alusión de Becerra se convertía en arma de dos filos: uno que hería á los contrarios y otro á sus compañeros de comisión.

Aunque Becerra se había referido en su censura al levantamiento del 22 de Junio de 1866, Figueras quiso limpiarse de toda mancha de monarquismo, y trajo á colación un caso de 1852.

«En aquel tiempo—dijo,—un desdichado (1) atentó contra la vida de D.ª Isabel de Borbón, entonces D.ª Isabel II, y yo, como diputado, envié una comunicación al presidente del Congreso, felicitándole de que no hubiera caído D.ª Isabel de Borbón bajo el puñal del asesino. De esto no me justifico yo; me aplaudo: no he tenido nunca la misión, y advierto que no hay en esto sentimentalismo, de alegrarme de que se asesine á los reyes: he tenido, sí, la misión de alegrarme de que se derriben monarquías y de contribuir á ello todo cuanto me sea posible.»

Figueras era un revolucionario algo romántico, á estilo de Lamartine, y esto le honra.

La alusión de Becerra se dirigía contra D. Eduardo Benot; pero éste demostró (2) que el documento que se le había atribuído de adhesión á la reina Isabel en 1867 era apócrifo.

El incidente promovido por Becerra no pasó á mayores, porque todos tenían interés en echar tierra al asunto; pero la cosa pudo proporcionar un disgusto á los individuos del Gobierno.

El obispo Monescillo era un santo varón, que, sin arrogancia ni desplantes oratorios, consiguió repetidas veces conmover el sentimiento de la Cámara defendiendo la unidad católica.

---

(1) El cura Merino.
(2) En 14 de Abril.

«La libertad de cultos y la de enseñanza—decía,—¿no os asustan? Ved por qué considero ésta peligrosísima y esencial mente mala. ¿Por ventura, hay alguno de vosotros que en materia de enseñanza aceptara de corazón que se enseñase el error y el mal, y que se mostraran imágenes impúdicas á la vista de todos? No, ninguno de vosotros.

»Sé que hasta cierto punto y en alguna manera está previsto esto en el artículo mismo de la Constitución, cuando se dice que no habrá más limitaciones que aquellas que prescriben las reglas universales de la moral y del derecho. Y bien, señores: la moral universal es una palabra magnífica, grande, y que si me atreviera la llamaría de una severidad majestuosa; porque veo la moral universal en todas partes, es decir, que nos obliga á todos, que penetra en lo íntimo de las fibras de nuestro corazón, que está en la rectitud de nuestros entendimientos, que está señalándonos el camino por donde debemos ir, como si dijéramos, la moral universal es la que todo lo rige y gobierna.

»Y pregunto yo: ¿quién declara qué es la moral universal, hasta dónde llega y á cuánto obliga? Permitidme que recuerde un hecho ocurrido entre nosotros, un hecho que anteayer ha pasado en esta Cámara (1).

»Recordáis que dos amigos míos, muy queridos, los señores Rios Rosas y Cánovas, no entendieron, el uno respecto del otro, ciertas palabras que explicaron como caballeros y cristianos, y hubo un diálogo que duró algunos minutos. ¿En qué consistía que el Sr. Ríos Rosas y el Sr. Cánovas, siendo hombres de tan privilegiado talento, que tienen tan buen juicio y sana intención, y que querían entenderse, no acertaban, sin embargo, á comprenderse? Señores, es que no comprendieron el uno respecto del otro el límite de esa moral, es que no pudieron aplicar esa moral. Se trataba de dos personas que tenían un interés particular en entenderse y no pudieron comprender,

---

(1) Monescillo hablaba en 14 de abril.

hasta después de grandes explicaciones, cuál era la moral y la regla que debían seguir en aquella determinada circunstancia.»

....

«Por este sistema estaréis creando el derecho á cada instante, y cada uno creerá su derecho (permítaseme lo familiar de la frase) para uso particular: Por manera que no podemos dejar este criterio del derecho y de la moral universal; no podemos dejar la limitación de los derechos del hombre y esa idea vaga del derecho: es necesario que preexista la idea de la justicia; es necesario que haya un punto inamovible con el cual se conformen todas las acciones humanas. ¿Para qué apelar á la moral universal teniendo la moral católica? ¿Qué necesidad tenemos de andar como peregrinos buscando lo que no hemos de encontrar, cuando tenemos en casa la moral positiva, la que forma nuestra vida, la que nos hace hermanos?»

Censuró la expulsión de los jesuítas, la reducción de conventos y la suspensión del pago de los seminarios conciliares.

Tuvo también un golpe humorístico casi al final de su discurso.

«Y yo que no tengo miedo—dijo—á la palabra reacción ¿por qué he de creer que vosotros le tenéis? Pues que, ¿no puede haber una reacción de libertad contra una tiranía? Y en este caso, ¿renegaríais de la reacción? La sociedad está enferma y perturbada, y para recobrar la salud debe rehacerse. Cuando el médico visita al enfermo no dice al mal: ¡avanza, avanza, avanza!, sino que para consolar al enfermo, le dice: ya vendrá la reacción.

La frase hizo reir, pero produjo sensación en la Cámara.

En resumen: el discurso de Monescillo, sin alardes de erudición ni atrevimientos, resultaba inferior al de Manterola, y, sin embargo, rodeó á su autor de un plácido ambiente de simpatía.

Montero Ríos hizo un buen resumen del debate, y quedó terminada la discusión de la totalidad del proyecto de Constitución, el 14 de Abril, á las seis y media de su tarde.

El preámbulo de la Constitución.—Cuba.—D. Cruz Ochoa.—Las ideas
conservadoras de Romero Robledo.

El 15 de Abril comenzó la discusión por artículos del proyecto de Constitución, siendo Palanca el primero que habló
en aquel debate. Dijo que el preámbulo de una Constitución,
si las Constituciones debían tener preámbulos, tenia que ser
la exposición de los fines que aquélla se proponía; pero exposición breve y sumaria, sin descender á detalles; que así lo había hecho la Comisión, con buen acierto, redactando un preámbulo tan semejante al de la Constitución de los Estados Unidos, que parecía traducido de aquél.

Como las indicaciones que hiciera Palanca se referían pu-
ramente á la forma, Moret, en nombre de la Comisión, las
aceptó, quedando redactado el preámbulo con algunas modificaciones que no afectaban al fondo.

Decía el artículo primero del proyecto:

«Son españoles: todas las personas nacidas en los dominios
de España»; y Jimeno Agiús pidió que se substituyese la última frase con la de *territorio español*, pues aquélla no guardaba
armonía con las ideas de la Revolución. «Nosotros no vemos—
decia—en los habitantes de aquellas apartadas regiones *(las
provincias de Ultramar)* pueblos conquistados, sino pueblos
hermanos; nosotros no somos sus señores, sino simplemente
sus conciudadanos, lo cual nos honra también mucho más, seguramente.»

La Comisión aceptó la enmienda; pero el diputado Cecilio
Ramón Soriano pidió más: pidió que después de la palabra
«España» se añadieran las siguientes: «sin distinción de raza,
ni color».

«La enmienda—decía Soriano—no se refiere á los esclavos
que no tienen personalidad; luego que se discuta la abolición
de la esclavitud, veremos hasta dónde se extienden los derechos politicos y civiles de los libertos. La enmienda se refiere

á los *hombres libres,* á os que nazcan de *madre libre;* pero téngase entendido que en Cuba hay una gran masa de población
de color, que tiene, como decían los generales Dulce y Serrano, la noble aspiración de elevarse y considerarse como españoles, y no debemos volverles las espaldas en estos momentos.

»En esa gran clase hay hombres de mucha inteligencia,
como *Plácido;* de grandes virtudes, como el *Padre Jiménez;*
tienen influencia en los de su clase, y si los rechazáramos se
irían á nuestros enemigos, *que los llaman,* diciéndoles que
nada tienen que esperar de España, cuando, después de seis
meses, ni una frase se ha dicho allí en favor de su raza
maldita.

»En las Antillas hay que hacer *información de limpieza* de
sangre para cualquier carrera, y aun para entrar en los Insti-
tutos. Esto da lugar á la humillación del que pide á los amigos que *juren que en su familia no ha habido negros,* y da lugar también al perjurio de los que juran en contra de la
verdad.

»La enmienda tiende á quitar esa barrera. Si no se toma
en consideración, si no tendemos una mano amiga á la clase
libre de color en Cuba, que sigue paso á paso nuestra Revolución, se echará en brazos de los revolucionarios, que día tras
día los llaman, recordándoles su triste situación, y ofreciéndoles completa igualdad en ellos, y, por consiguiente, una na-
cionalidad de que carecen hoy.»

Abundando en las mismas ideas, Fernando Garrido pidió
que la palabra *personas* del artículo primero citado se cambia-
se en *individuos,* variación que traía envuelta la abolición de
la esclavitud, pues los esclavos, jurídicamente considerados,
no son personas, sino cosas.

La Comisión no quiso aceptar la enmienda, por la gravedad que en el fondo contenía, y contestó Moret, manifestando
que la cuestión de la abolición de la esclávitud se dejaba para
cuando vinieran á las Cortes los diputados de Cuba y Puerto Rico.

—Pero ¿quiénes vendrán?—contestó Garrido;—los dueños de los esclavos; no vendrán los negros. Nosotros no podemos aguardar á eso, sino que debemos seguir el ejemplo de Francia, en 1848, que emancipó á los esclavos de la Martinica y de Guadalupe.

Picado Moret por algunas reticencias que empleó Garrido hábilmente en su discurso, exclamó con valentía:

—Vendrán los diputados *(de Ultramar);* podrán venir sólo los representantes de las ideas esclavistas; podrán venir sólo dueños de negros; lo que importa es que vengan, y cuando ellos sostengan la esclavitud, no importa que no vengan representantes cubanos de la idea liberal, que sí vendrán; para contestarles estarán aquí los individuos de la mayoría, estarán aquí los individuos de la minoría, estará aquí mi humilde palabra, que, aunque humilde, será grande y generosa cuando trate de atacar la esclavitud y de defender la libertad del hombre.

La abolición de la esclavitud en Cuba era una cuestión de gran trascendencia que necesitaba sosegado estudio; pero la Revolución debió abordarla desde los primeros momentos, y dedicar atención preferente á los asuntos de Cuba y Puerto Rico. Por las palabras de Moret se vislumbra que el Gobierno revolucionario tenia reparo, como lo tuvieron los ministros de Isabel II, de introducir reformas en las Antillas.

Más sobre Cuba.

El diputado D. Pedro Antonio Alarcón llamó la atención sobre el estado de la insurrección de Cuba, indicando la conveniencia de reforzar la escuadra que existía en la isla para impedir la entrada de socorros que una nación próxima (1) enviaba frecuentemente á los insurrectos.

Topete (2) contestó que el Ministerio estaba prevenido; que desde que se formó el Gobierno provisional se habían enviado

(1) Los Estados Unidos.
(2) Ministro de Marina.

á Cuba nueve buques de guerra, sobre los veintiuno que allí había; pero que, por falta de tripulación, no se podían enviar más, y que para solucionar esta cuestión, en expectativa de lo que pudiera ocurrir, iba á ser preciso hacer una convocatoria de 5 ó 6.000 hombres de marinería.

Topete lo quiso disimular, pero dejó entrever el temor del Gobierno á que la insurrección de Cuba, protegida por los Estados Unidos, tomase grandes proporciones, como sucedió.

Aquella misma tarde (1), el citado Alarcón, D. Enrique O'Donnell, Romero Robledo, D. Augusto Ulloa y el General López Domínguez, presentaron una proposición, fundada en las palabras que había pronunciado Topete, autorizando al ministro de Marina para hacer la convocatoria de marinería que, con arreglo á las leyes, considerase necesaria. La forma incorrecta que se buscó para arrancar por sorpresa á la Cámara una autorización, produjo la natural irascibilidad de los republicanos, quienes, por boca de Orense, de Fernando Garrido y de García López, sostuvieron una empeñada oposición contra la llamada proposición incidental. Alarcón, López Dominguez y el Marqués de Sardoal hicieron supremos esfuerzos por defender al Gobierno, consiguiendo, finalmente, una votación favorable, no sin que Serrano dejara de terciar en el debate, pronunciando un discurso improvisado de mucha oportunidad

Resumen: la cuestión de Cuba fué un grano que le había salido al Gobierno.

Cruz Ochoa era un diputado tradicionalista que, por su desenfado, logró hacerse célebre en aquellos días, dentro y fuera de la Cámara. Discutióse el artículo 6.º del proyecto de Constitución, por el cual ningún español podia ser compelido á mudar de domicilio ó de residencia sino en virtud de sentencia ejecutoria, y Ochoa pidió la palabra para apoyarle,

_____

(1) 17 de Abril.

diciendo, de camino,.cuatro frescas á los diputados de la mayoria. Aunque resentido de salud, iba aquella tarde dispuesto á promover algún incidente ruidoso, como lo consiguió en el primer párrafo de su discurso, dejando escapar la frase de que «aqui se están representando dos comedias indignas». No había acabado de pronunciarlas, cuando se levantó de pronto un rumor de protesta en el salón; el Presidente (1) agitó la campanilla, pidiendo al diputado que explicase sus palabras, y Prim suplicó al Presidente que permitiera al orador concluir la frase. Al ver Ochoa que la Asamblea unánime se le venía encima y que Prim pretendía recoger el reto, retiró las palabras, pronunciadas en *el calor de la peroración*, y que habían desencadenado una tormenta en la Cámara.

D. Cruz se declaró abiertamente carlista, diciendo: «Yo soy carlista, y lo he sido siempre, y pienso serlo en lo sucesivo, y Don Carlos VII de Borbón y de Este, á quien... no quiero hablar de este punto.» Y no se atrevió á terminar la frase, á pesar de que muchos diputados gritaron desde sus escaños: «Que hable, que hable.» Luego añadió: «Siendo carlista, creo que no soy absolutista, sino liberal, verdadero liberal.» Estas palabras fueron acogidas con risas y murmullos. «Liberal—prosiguió diciendo,—verdadero liberal, que quiere la libertad para el bien y para la verdad, sin limitación de ninguna clase, y la represión completa para el mal y para el error, también sin limitación de ninguna clase.»

A Prim le disgustaron lo que podríamos llamar espontaneidades de Ochoa, y en un discurso cortito, pero lleno de energia, intercaló los párrafos siguientes:

«Los carlistas, cuando les conviene, se escudan con la libertad, acogiéndose á las inmunidades de la prensa y la tribuna, para atacar y hacer todo el daño que pueden á esta misma libertad que les protege. ¿Sabe el Sr. Ochoa cuál era mi opinión cuando empezó la Revolución? Lo digo aquí como diputa-

---

(1) Moncasi, á la sazón.

do, no como ministro, por más que no parezca propio de un hombre de Estado; pues mi opinión era que no se hubiera dejado hablar una palabra á los carlistas hasta que el país se hubiera constituído, hasta que hubiéramos tenido una legalidad común. Y tanto es un abuso de la libertad lo que hacen esos señores, que yo no sé hasta qué punto tiene derecho un diputado para venir aquí diciendo que es diputado carlista y hablando de Carlos VII, olvidando que fué condenado y proscripto por una ley del reino.

»Cuando haya una legalidad común, entonces será cuando se les permita expresar sus ideas, cualesquiera que ellas sean, y los diputados, en uso de su inmunidad, podrán decir que son diputados carlistas.»

Ochoa contestó que estaba en el Congreso como diputado carlista, con el mismo derecho que los que proclamaban las candidaturas del duque de Montpensier, de D. Fernando de Coburgo ó del duque de Aosta. «Los carlistas—añadió—pueden hacer lo que habéis hecho vosotros el 22 de Junio de 1866, y no sé qué día de Enero (1) del mismo año.»

. . . .

«Decía el señor ministro de Fomento (2) que los carlistas fueron los inspiradores de la política que Doña Isabel de Borbón siguió con los liberales. Más ha dicho S. S.: que son los que persiguieron á los liberales. Yo no lo sé; pero me parece que en ese caso puede quejarse también de los individuos que están á su espalda (3), con quienes hoy vive en dulce consorcio, y con quienes aquellos carlistas, cuya persecución yo deploro y detesto, habían también vivido en otro tiempo.»

Molestado Ochoa por la contestación enérgica que le había dado Prim, quiso devolverle el palmetazo, y contó, en el discurso de rectificaciones, que el General Ortega, al tiempo de

_____

(1) El 2. Se sublevó Prim con los húsares de Calatrava y Bailén.
(2) Ruiz Zorrilla.
(3) Los antiguos amigos del General O'Donnell.

morir (1), dijo que con él había comprometidas once fajas del ejército, y—añadió por su cuenta—«sé que amigos de la situación actual podrían dar mejor cuenta que los carlistas de la conspiración que abortó en San Carlos de la Rápita.»

Prim protestó del aserto; negó resueltamente, no sólo que se hallasen comprometidos Generales en aquella sublevación, sino que Ortega lo refiriese en sus últimos momentos, y terminó diciendo á Ochoa que estaba equivocado. Este contestó que lo había leído en los periódicos, y dió sus excusas al ministro de la Guerra. *Et rien de plus.*

.*.

Romero Robledo se presentó desde los primeros momentos con tendencias conservadoras, porque en 21 de Abril ya hizo declaraciones contra el sufragio universal.

«Yo quiero dar la voz de alerta á la mayoría; yo quisiera prevenirla contra una residencia á que se ha querido impulsar á esta Asamblea; se quieren suprimir las quintas; se quiere suprimir todo género de impuestos indirectos y que todo caiga sobre el propietario. En resumen, aquí no quedaría más que una clase privilegiada. Yo no me atrevería á usar la frase, y por eso la voy á tomar de un escritor que lleva la bandera del partido radical individualista, de Laboulaye. ¿Os parece bien? Pues ese asienta que eso es crear el privilegio de la miseria.

»No me espanta oir llamarme reaccionario; soy reaccionario con Stuart Mill, con Ahrens, con Laboulaye, Tocqueville y Jefferson, cuya autoridad no he citado hasta ahora, el apóstol de la democracia, con ese que dice que es preciso prevenirse contra las usurpaciones y la tiranía de la mayoría de los Estados Unidos. Tocqueville dice que el pueblo donde hay menos

(1)   Se había sublevado en San Carlos de la Rápita, el año 1859, para proclamar al pretendiente D. Carlos, mientras el Ejército combatía en Africa.

garantía para el ciudadano es los Estados Unidos. La razón es muy sencilla. Se comete una injusticia con un individuo ó con un partido: ¿á quién se apela? A la opinión. La forma la mayoría. ¿Al poder legislativo? Obedece á la mayoría. ¿Al poder ejecutivo? Es instrumento pasivo de la mayoría. ¿A la fuerza pública? La forma la mayoría. ¿Al Jurado? Lo elige la mayoría. No, no; yo quiero, en vez de esa mayoría tiránica, sin responsabilidad ni freno, el derecho del Estado, la justicia en todas partes, la protección de todas las opiniones, la defensa de los menos, la libertad para todos.»

Cánovas del Castillo, que estaba presente, oiría con gusto estas manifestaciones espontáneas de Romero Robledo, y quizá concibiese entonces el proyecto de contar en su día, para formar un partido político conservador, con la actividad, el talento y la agudeza de aquel joven revolucionario.

Durante el debate, tuvo Romero Robledo una cogida, de la que no pudo reponerse á pesar de su ingenio y de su gran facilidad de palabra.

Al ver que atacaba al sufragio universal, díjole Romero Girón que desde el día 3 de Octubre del año anterior había cambiado de parecer, pues con la fecha indicada había aparecido en la *Gaceta* una alocución á los españoles, documento solemne que terminaba dando, entre otros, *un viva al sufragio universal;* y como al pie figurase la firma de Romero Robledo, unida á las de los demás señores de la Junta revolucionaria, era evidente que en aquellos momentos aceptaba y proclamaba como una de las conquistas del alzamiento el sufragio universal.

Contestó Romero que el día 3 de Octubre, en que se publicaba la manifestación sacada á luz, no estaba él en Madrid, sino que había ido á Córdoba con otros individuos de la Junta á recibir al general Serrano; que había un acuerdo para que todos los actos de aquélla apareciesen con la firma de los individuos que en junto la componían, y que por eso apareció su nombre en la *Gaceta.* «Sin embargo—dijo,—yo lo acepto; de

ninguna manera lo rechazo. Sí, es verdad que $_{yo}$ he aceptado
el sufragio universal, y creo que todavía lo estoy defendiendo;
pero no lo acepto tal como lo propone la comisión.»

Esto era una contestación para salir del paso; el sufragio
universal no podía ser de otra manera, siendo universal, mientras no se convirtiera en restringido.

En la rectificación, queriendo presentar un argumento contra el sufragio universal, le salió en favor de las *sufragistas.*
Veamos:

«Yo he dicho: si el derecho *(al sufragio)* es natural, no se
puede privar de él á la mujer. Y la comisión dice: siendo natural, se puede privar de él á la mujer, porque el fin de la mujer no es gobernar.

»¿Y por qué ha de considerarla el Sr. Romero Girón adherida al hombre sólo como esposa? Pues si hay muchas que no
se casan, que tienen sus derechos, que contribuyen como los
hombres á levantar las cargas del Tesoro pagando contribuciones, ¿no les ha de interesar la gobernación del país, cuando
además tienen el derecho innegable, absoluto, tan sagrado
como el del hombre, si se toma en la raíz de la naturaleza humana? ¿Es posible que tenga menos independencia y menos libertad una mujer que un pordiosero, y cuando esa mujer puede ser cabeza de familia, y aunque no lo sea?»

Romero había dicho, al principio de su discurso, que el sufragio universal no debía incluirse entre los derechos individuales ó naturales.

Causó no poca extrañeza que un individuo de la mayoría
usase la palabra contra el dictámen de la Comisión, y más la
causó todavía ver que al votarse el art. 16, objeto del debate,
Romero se pusiese con Cánovas del Castillo, Alvarez Bugallal
y Elduayen, al lado de los 14 que dijeron *no.*

A grandes rasgos, pero con perfecto conocimiento del asunto, hizo Rojo Arias (1) la historia de la jurisdicción exenta de la Capilla Real, y abogó por que fuera suprimida, dando al que la desempeñaba con el titulo de Patriarca do las Indias, D. Tomás Iglesias y Barcones, el arzobispado de Santiago de Cuba, vacante á la sazón, y con el mismo haber de 7.500 duros; con lo que resultaba una economía para el presupuesto de la nación, y se separaba del cargo á una persona que, salvo todos los respetos, se hallaba en abierta oposición con el Gobierno, desobedeciendo sus disposiciones.

El ministro de Gracia y Justicia (2) defendió al Patriarca de los conceptos que se le imputaban, y como Rojo Arias hubiera dicho que la Junta revolucionaria de Madrid debió haber suprimido el cargo, se aventuró aquél á manifestar que dicha Junta no tenía atribuciones para ello, á lo que contestó el interpelante, que puesto que ella había nombrado el Gobierno de la Nación, de menos importancia era la destitución del Procapellán mayor de Palacio.

Puestas en tela de juicio las atribuciones de la Junta revolucionaria de Madrid, Serrano se dió por resentido, y tras algunos dimes y diretes, leyó, sin duda para poner en claro su derecho, el decreto de la Junta en que le encargaba la formación del Ministerio, y dice así:

«Consumada felizmente la gloriosa Revolución que se inici' en Cádiz, y llegado el caso de organizar la Administración pública, esta Junta revolucionaria de Madrid, encomienda al Capitán general de Ejército, D. Francisco Serrano, Duque de l Torre, la formación de un Ministerio provisional, que se encargue de la Gobernación del Estado hasta la reunión de la Cortes Constituyentes. Madrid, 3 Octubre 1868.»

(1) 24 Abril.
(2) Romero Ortiz.

La discusión se iba enredando, por causa del Patriarca de las Indias, cuyo afecto á la familia real caída era bien notorio, cuando Romero Girón presentó una proposición pidiendo á las Cortes declarasen haber sabido con profundo disgusto la conducta subversiva del Procapellán mayor de Palacio, Patriarca de las Indias.

Prim y Serrano, es decir, el ministro de la Guerra y el Presidente del Poder Ejecutivo, combatieron con enérgicas frases la proposición, sobre todo el último, quien manifestó su propósito de renunciar el poder si se aprobaba por la Asamblea.

Esto, que pudiéramos llamar una amenaza, molestó grandemente á los republicanos y al elemento radical de la mayoría, produciendo gran alboroto y confusión. Muchos pretendían hablar; el Presidente agitaba la campanilla, sin conseguir restablecer el orden, y durante algunos minutos quedó suspendida la sesión, abandonando los diputados sus asientos y bajando al hemiciclo en completo desorden.

Romero Girón retiró la proposición presentada, pero los republicanos, capitaneados por Castelar, Figueras y Orense, la reprodujeron en los mismos términos, con la piadosa idea de poner al Gobierno en un compromiso, visto el empeño que mostraba por salvar al Patriarca de las Indias. Gracias que Serrano, quizá por instigaciones de Martos, prometió mandar formar un expediente, á fin de que se averiguase lo que había de cierto en las denuncias contra el Procapellán mayor de Palacio.

Pidió Martos que dentro de quince días se llevase al Congreso el expediente prometido por Serrano, «y para el caso—añadió—de que el Poder Ejecutivo no crea que en ese tiempo pueda dar cuenta á la Asamblea, así como para el de que no satisfaga, en mi humilde opinión, las necesidades de la Revolución, la resolución que adopte en ese expediente, anuncio una interpelación sobre la proposición que nos ocupa».

En vista de esta promesa, y ofreciéndoles garantía la personalidad de Martos, los republicanos retiraron su proposición, y la cosa quedó en calma. No hubiera defendido con más tesón al Patriarca el Ministerio del Duque de Valencia.

El expediente se formó, y, como siempre, no resultaba nada contra nadie, por lo que quedó la cosa en tal estado.

El día 26 de Abril leyó el Marqués de Sardoal, como secretario, los artículos 20 y 21 del proyecto de Constitución, puestos á discusión al mismo tiempo, por haberlo pedido así Moret, ya que en los dos se entrañaba la cuestión religiosa.

El texto de los artículos decía de esta manera: El 20: «La nación se obliga á mantener el culto y los ministros de la religión católica.» El 21: «El ejercicio público ó privado de cualquiera otro culto queda garantido á todos los extranjeros residentes en España, sin más limitaciones que las reglas universales de la moral y del derecho. Si algunos españoles profesaren otra religión que la católica, es aplicable á los mismos todo lo dispuesto en el párrafo anterior.»

Presentáronse 18 enmiendas, con tendencias diferentes y contrarias, cuya discusión dió lugar á que se pronunciasen importantes discursos, y ocurrieran incidentes de los que intentaremos hacer una reseña con la brevedad posible.

Abrió la discusión Suñer y Capdevila, diputado por la provincia de Gerona y antiguo alcalde de la capital del Principado. No era orador parlamentario, y aunque no carecía de cierta facilidad para expresar sus ideas, no supo acomodar éstas á las exigencias oratorias de la Cámara. Comenzó, á estilo de sermón, citando unos versículos del Evangelio de San Lucas, y dedicó largos párrafos al estudio de las religiones cristiana, budista y mahometana, deteniéndose muy particularmente en la primera para demostrar que Jesucristo tuvo hermanos.

El Presidente hubo de llamarle la atención, advirtiéndole que no se discutía en aquella sesión la religión católica, sino la forma politica que se debía dar á la religión en España. Insistió Suñer en su propósito; no logró convencer al Presidente, y, tras largo rato de discreteos entre uno y otro, sentóse aquél, renunciando á la palabra (1).

Quiso Rivero sincerarse con la Cámara, pronunciando algunas palabras en defensa propia; y como los republicanos le interrumpiesen, quitándole la razón, á grandes voces dijo el presidente, perdiendo un tanto la serenidad:

«Ruego á la izquierda que no siga por ese camino, porque no llegaremos á ningún resultado.»

Al oir esto los diputados republicanos, se levantaron de sus asientos, produciendo el tumulto consiguiente, y salieron del salón.

García Ruiz tenía presentada una proposición contraria á los artículos del proyecto que se discutían, y el Presidente le concedió la palabra para que la apoyase, de lo que quiso excusarse el diputado, atendiendo al estado de excitación en que se encontraba la Asamblea; pero Rivero se negó á suspender la discusión, y García Ruiz no tuvo otro remedio que seguir el debate comenzado. Con más arte que Suñer, logró hacer una larga crítica de la religión católica en lo referente al dogma, y á la historia de la Iglesia en España, sin que la Presidencia tuviera necesidad de dirigirle ningún aviso, fuera por la corrección de formas que empleó, fuera porque la Presidencia no se atrevió á repetir la suerte.

Habló Manterola para contestar á las alusiones que le había dirigido García Ruiz con este pretexto, definiendo el concepto de la Inquisición en los siguientes términos:

«No hay que confundir un tribunal especial que tuvo razón de ser en tiempos pasados, con lo que constituye la esencia

---

(1) Como Suñer se declaró francamente materialista, un revistero de buen humor le decía en son de broma:

Si niegas como yo á Dios,
cual filósofo profundo,
asombraremos al mundo
nosotros, nosotros dos.

misma de la Inquisición; porque la Inquisición existe, la Inquisición existirá en todos los tiempos. Jesucristo encargó á los Apóstoles que apartasen á los fieles de todo motivo de error, y los condujeran siempre por el camino de la doctrina verdadera. Pues bien; los prelados, los obispos de la Iglesia católica, fieles á esa misión, desempeñaron siempre el ministerio inquisitorial, porque inquirieron, porque calificaron la doctrina; y en esta calificación de la doctrina, en este discernimiento de la doctrina ortodoxa, consiste la esencia misma de la Inquisición. Y en este sentido, claro es, señores diputados, que la Inquisición existe hoy, porque los prelados, ya la Cámara lo acuerde ó ya lo rechace, los prelados están sobre la Cámara, están sobre España, están sobre el mundo entero, están sobre todos...»

Los murmullos y el vocerío que se produjo en aquel momento no dejaron á Manterola proseguir, y aunque el Presidente procuró mantener en su derecho al orador, éste dió por terminado su discurso con un párrafo corto, en vista de la agitación que había en la Cámara.

Merelo defendió la separación de la Iglesia y el Estado y dirigió al Nuncio de Su Santidad terrible dardo.

«El Concordato no existe—decía;—un poder superior á todo otro, la Revolución triunfante, le ha desgarrado, le ha roto, y le ha roto, señores, con la aquiescencia de la Sede romana. Digo con la aquiescencia de la Sede romana, porque el representante de la corte de Roma en España permanece en esta capital, pues estoy seguro de que no habría permanecido de ninguna manera si no hubiera estado conforme con los propósitos que respecto á esta cuestión ha manifestado la Revolución desde el primer momento, pues no puedo hacerle la injusticia, ¡líbreme Dios de hacérsela!, de creer que permanece en esta capital porque el Gobierno de la Revolución, y la Revolución misma, le subvenciona: lejos de mí semejante idea.»

Resentidos los republicanos con Rivero, por lo del incidente de Suñer y Capdevila, presentaron en aquella sesión una proposición, suscrita por Figueras y otros, pidiendo á las Cortes se sirvieran declarar que habían visto con disgusto la conducta observada por el Presidente de la Cámara. No bien la había apoyado en un sensato discurso el citado Figueras, cuando Martos, Moret, Romero Girón, Balaguer y Gabriel Rodríguez presentaron otra de *no ha lugar á deliberar;* la apoyó Martos, en tonos tan conciliadores, que Figueras retiró la que había firmado, haciendo lo propio los de la segunda, para dar á Rivero esta prueba de simpatía.

Terminado el incidente, Olózaga terció con poca oportunidad en la cuestión, manifestando que la retirada de las dos proposiciones era antirreglamentaria, deseando él que se hubieran votado, á fin de que el Presidente quedase como correspondía á la alta posición que ocupaba.

Sabiendo el antagonismo que entre Olózaga y Rivero existía, dijo Figueras al primero, en su rectificación:

«Ha hecho el Sr. Olózaga una defensa calurosa del señor Presidente, á quien nadie atacaba. Si el Sr. Presidente lo hubiese oído, habría podido decir: «de mis amigos líbreme Dios, que de mis enemigos ya me libraré yo». Y terminó su disourso diciendo: «No creo que la mayoría sienta no haber puesto al Sr. Olózaga en lugar del Sr. Rivero, lo cual significa que, á pesar de la gran inteligencia parlamentaria del Sr. Olózaga, la mayoría ha considerado con inteligencia mayor y más liberal al Sr. Rivero.»

Las frases de Figueras fueron acogidas con risas y aplausos.

Manterola y Cuesta, cardenal arzobispo de Santiago, pronunciaron, en contra de la libertad religiosa, discursos nutridos de doctrina, que fueron contestados con lucimiento por Montero Ríos, Romero Girón y D. Joaquín Aguirre. Manterola promovió un incidente ruidoso por haber dicho que *todos* los españoles eran católicos. Protestaron varios diputados; el orador sostuvo sus palabras, y hubo un poquito de escándalo durante algunos minutos.

Los oradores eclesiásticos, acostumbrados á la oratoria del púlpito, donde contaban con un público preparado en su favor, no lograron impresionar á la Asamblea, compuesta de espíritus díscolos y con tendencias volterianas más ó menos explícitas, aun entre aquellos que formaban la derecha de la mayoría parlamentaria.

En cambio, Figueras, el diputado republicano, el defensor de la libertad de cultos, consiguió emocionar á la Cámara (1) al hacer su profesión de fe religiosa, en un momento solemne.

«Yo creo en Dios Padre Todopoderoso—exclamó en tono grave, dirigiéndose al General Serrano, con quien contendía,—creador del cielo y de la tierra; creo que tengo un alma; que esta alma es inmortal; que será juzgada algún día por un Dios que, si tiene á un lado el atributo de su justicia, tiene al otro lado el atributo de la misericordia; y creo que no llegaré á ser feliz, ni mi alma á ser perfeccionada, sino cuando me haya confundido en el seno de Aquel que reside en el solio más alto del empíreo, y á cuyo alrededor giran y girarán, sin gastarse, eternamente los siglos.»

Un aplauso unánime y espontáneo, que duró largo rato, se produjo al escucharse las últimas palabras de Figueras. Hasta la tribuna pública le palmoteó.

Ortiz de Zárate y D. Fernando Ochoa terciaron en el debate, apoyando á los prelados; pero sin añadir argumento notable á lo que aquéllos y Manterola dijeron.

Son curiosos los estados que presentó Fernando Garrido, diputado republicano, y que copiamos á continuación, dejando á su autor la responsabilidad de los datos.

---

(1) 26 Abril.

Disminución de frailes y monjas y aumento de la población desde 1690 á 1868.

AÑOS	Frailes.	Monjas.	Población.
1690...............	90.000	34.000	7.000.000
1768...............	55.600	27.000	9.300.000
1788...............	52.000	25.000	10.200.000
1797.......	46.000	24.000	10.500.000
1835...............	31.000	22.000	13.500.000
1868...............	1.200	17.000	17.000.000

Disminución de sacerdotes y aumento de la población de 1690 á 1861.

AÑOS	Sacerdotes.	Número de personas por cada sacerdote.
1690.................................. ..	168.000	43
1768....................................	149.000	61
1797....................................	134.000	78
1820....................................	118.000	90
1835....................................	90.000	144
1861....................................	43.000	376

El discurso de Fernando Garrido se encaminó principal-mente contra el clero y su administración.

Hablaron después Pi y Margall y Alvarez Bugallal, de ideas opuestas, pero combatiendo ambos el proyecto del Go-bierno, aquél por retrógrado y éste por demasiado liberal. Su-ñer y Capdevila consiguió obtener la palabra, y, vinieran ó no á pelo, expuso á la Cámara los fundamentos en que apoyaba su aserto de que Jesús había tenido más hermanos.

Echegaray, defendiendo la obra del Gobierno, declaró, no obstante, que era partidario de la libertad religiosa, contando un hecho que consiguió alcanzar popularidad y fama en aque-llos días.

«Prescindamos de la palabra Iglesia; substituyámosla por

otra palabra. ¿Puede sostener S. S. (1) que el *poder teocrático*
nunca ha perseguido á las personas? Pues marche por la calle
Ancha de San Bernardo, salga al campo, tome á la derecha y
allí, cerca de las estatuas de Daoiz y Velarde (2), verá el Quemadero de la Cruz. ¿Sabéis lo que es el Quemadero de la Cruz?
Yo os lo explicaré; yo deseo que vayáis allí á verlo; yo quisiera que estas discusiones tuvieran lugar sobre aquel horrible
monumento, á ver si habia quien se atreviese á defender la
unidad religiosa. El Quemadero de la Cruz es un gran corte de
terreno; es, pudiera decirse, un corte geológico. ¿Sabéis lo que
es un corte geológico? La naturaleza abre su gran libro, extiende sus grandes páginas, es decir, da un tajo al terreno, y
allí se ven, en ordenadas capas, arcillas, pizarras, areniscas y
pedernales; son las líneas del gran libro en que el geólogo va á
estudiar cómo se ha formado este planeta en el cual vivimos.

»Pues bien; el Quemadero de la Cruz es tambіén un gran
libro, es tambіén una gran página, una sombría página, que
encierra provechosa, aunque triste enseñanza: con sus capas
alternantes, es el Quemadero de la Cruz un corte, que yo no
me atrevería á llamar geológico, pero que pudiera llamar, con
verdad, teológico.

»En esos bancos alternantes del Quemadero de la Cruz
veréis capas de carbón impregnado en grasa humana, y después restos de huesos calcinados, y después una capa de arena
que se echaba para cubrir todo aquello; y luego otra capa de
carbón, y luego otra de huesos y otra de arena, y así continúa
la horrible masa. No ha muchos días, y yo respondo del hecho,
revolviendo unos chicos con un bastón, sacaron de esas capas
de ceniza tres objetos que tienen grande elocuencia, que son
tres grandes discursos en defensa de la libertad religiosa. Sacaron un pedazo de hierro oxidado, una costilla humana calci-

---

(1)   Se dirigía al Sr. Díaz Caneja.
(2)   Estaban en la calle de Carranza.

nada casi toda ella, y una trenza de pelo quemada por una de sus extremidades.

»Estos tres argumentos son muy elocuentes. Yo desearía que los señores que defienden la unidad religiosa los sometieran á severo interrogatorio; yo desearía que preguntasen á aquella trenza cuál fué el frío sudor que empapó su raíz al brotar la llama de la hoguera y cómo se erizó sobre la cabeza de la victima. Yo desearía que preguntasen á la pobre costilla cómo palpitaba contra ella el corazón del infeliz judío. Yo desearía que preguntasen á aquel pedazo de hierro, que fué quizá una mordaza, cuántos ayes dolorosos, cuántos gritos de angustia ahogó, y cómo se fué oxidando al recibir el ensangrentado aliento de la víctima, con la cual el duro hierro tuvo más entrañas, tuvo más compasión, fué más humano, se ablando más que los verdugos de aquella infame teocracia.»

(*Grandes y prolongados aplausos.*)

Castelar cerró la discusión pronunciando un hermoso discurso, modelo de oratoria parlamentaria por la corrección del estilo y por su alteza de miras. Publicado en los periódicos al día siguiente, se leyó en las tertulias, en los cafés, en los pasillos del teatro, y no quedó seguramente en Madrid persona que no tuviera conocimiento de aquella inspirada peroración.

Hizo también Castelar su profesión de fe, como Figueras.

«Yo, señores diputados—dijo, no pertenezco al mundo de la teología y de la fe; pertenezco, creo pertenecer, al mundo de la filosofía y de la razón. Pero si alguna vez hubiera de volver al mundo de que partí, no abrazaría, ciertamente, la religión protestante, cuyo hielo seca mi alma, seca mi corazón, seca mi conciencia; esa religión protestante, eterna enemiga de mi patria, de mi raza y de mi historia: volvería al hermoso altar que me inspiró los más grandes sentimientos de mi vida; volvería á postrarme de hinojos ante la Virgen santa que serenó con sus sonrisas mis primeras pasiones; volvería á empapar mi espíritu en el aroma del incienso, en la nota del órgano, en la luz cernida por los vidrios de colores y reflejada en las

5

doradas alas de los ángeles, eternos compañeros de mi alm
en su infancia; y al morir, señores diputados, al morir le pedi
ría un asilo á la cruz, bajo cuyos sagrados brazos se extiend
el lugar que más amo y más venero sobre la faz de la tierra
la tumba de mi madre.»

(Aplausos en todos los lados de la Cámara.)

Hablando de la libertad decía:

«Quitadla del arte, y el arte se convierte en más instintivo
y menos bello que el canto del ave; quitadla del trabajo, y e
trabajo se convierte en el movimieutonto ciego de la máquina;
quitadla de los afectos, y los afectos, esos grandes resortes
morales, se convierten en algo menos que el ayuntamiento de
las fieras; quitadla de la politica, y los pueblos caen eu esa tris·
te indiferencia, en esa eterna soñoleucia de los países orienta-
les; quitadla de la moral, y no habrá acciones imputables; quitadla de la religión, y convertís ese código sublime para la vida
y para la muerte en una ordenanza de policía, y hacéis agente
de´orden público á Dios, que ha dado la ley de atracción á los
mundos para que cumplan su eterna armonía, y la luz de la
libertad á las almas para que cumplan armonía todavía más
sublime, la armonía de la justicia. *(Aplausos)*.

Haciendo la critica de las excomuniones, dijo: «Viene el
siglo XIX, y el Papa excomulga á Víctor Manuel. Quiero repetir lo que un periódico italiano decía con este motivo. El pueblo cree en Roma, que el Papa, y todos los que han estado en
Roma saben esto, el pueblo cree en Roma, que el Papa es
jetatore, y no se acerca á la Basílica de San Pedro un campe-
sino sin llevar los cuernos que conjuran las maldiciones. Pues
bien; un periódico italiano decía: el Papa bendijo á Carlos Alberto, y sucumbió en Navarra; el Papa bendijo al rey de Nápoles, y fué destronado; el Papa bendijo el ferrocarril primero
que se hizo en Roma, y en la primera carrera descarriló; el
Papa fué á bendecir un convento de monjas, y el convento se
hundió sobre todos los que estaban en él; y concluía el periódico
diciendo: *Per Dio, Sancto Patre, non benedica il regno d'Italia.»*

Esta fué la nota cómica de su discurso, y consiguió con ella una franca sonrisa á los labios de los circunstantes.

Demostró su criterio imparcial en el párrafo siguiente: «Un señor diputado preguntaba al señor ministro de Gracia y Justicia si era verdad que en todas las iglesias se pronunciaban maldiciones contra nosotros, hoy patronos de la Iglesia. Pues es verdad, se pronuncian. ¿Lo podéis evitar? No. ¿Lo debéis evitar? No. Yo quiero la libertad de la tribuna política; quiero también la libertad de la tribuna sagrada; yo no quiero ni debo oponerme á que la Iglesia ejerza su alta jurisdicción sobre nuestras conciencias, como la Iglesia no puede ni debe oponerse á que los legisladores de España ejerzamos sobre sus intereses mundanales toda nuestra soberana iniciativa.»

Y terminó su discurso diciendo:

«Yo me adelanto, y digo al Sr. Manterola: Antes de irse de aquí, nos debe á todos una oración á Dios. Si yo fuera sacerdote, si yo fuera como S. S. clérigo, si yo representase aqui con algún título el cristianismo; como en algunos momentos esta Cámara, que por las cuestiones que trata se convierte en un templo, y por su ministerio en un sacerdocio, levantaría mis manos á Dios y le diría: Bendice á estos legisladores que establecen la libertad religiosa, que es parte de tu amor; bendice á estos legisladores que concilian á todas las clases, á todas las gentes; bendice á estos legisladores, porque delante de ellos no hay, como no hay delante de su poder, judíos ni paganos, sino hombres; bendice á estos legisladores, porque al realizar las grandes ideas se acercan á ti, realizando sobre la faz de la tierra los dos principios esenciales de tu sér incomunicable y perfecto: tu amor y tu justicia.»

Una ruidosa ovación obtuvo Castelar al acabar su discurso, y con esto terminó la discusión (1) del problema político-religioso planteado por el Gobierno. La minoría republicana se abstuvo de votar, por no entorpecer la marcha de la discusión.

_____

(1) 5 de Mayo.

Los dos artículos quedaron reducidos á uno en la siguiente forma:

«La nación se obliga á mantener el culto y los ministros de la religión católica.

»El ejercicio público ó privado de cualquiera otro culto queda garantido á todos los extranjeros residentes en España, sin más limitaciones que las reglas universales de la moral y del derecho.

»Si algunos españoles profesaren otra religión que la católica, es aplicable á los mismos todo lo dispuesto en el párrafo anterior.»

Durante el debate de la cuestión religiosa, Moret, como Secretario de la Comisión, pronunció, entre largos y cortos, quince discursos.

La Milicia Nacional.—La oratoria del Marqués de Albaida.—La candidatura del General Espartero.—La personalidad de Cánovas del Castillo.

En los primeros momentos de la revolución se había armado el pueblo de Madrid y el de todas las poblaciones de España, formando, á usanza de la antigua *Milicia Nacional*, un cuerpo que se titulaba *Voluntarios de la Libertad*. Como en el proyecto de Constitución no se consignaba referencia alguna á este instituto armado, el diputado Orense, aprovechando la discusión del art. 28 del citado proyecto, donde se consignaba á todo español la obligación de defender á la patria con las armas cuando fuera llamado por la ley, pidió al Gobierno el establecimiento de la Milicia Nacional, haciendo la historia de ésta en la política española, y considerándola como la defensa y garantía de la libertad.

Contestándole Romero Girón, dijo:

«S S. ha llevado las cosas hasta el último extremo; hasta el extremo de legitimar, no la propia defensa, sino la defensa contra cualquier ataque, venga de donde viniere, con lo que ha venido á proclamar nada menos que la negación del Estado; y como quería que cada cual pudiese defender su derecho,

venia también á parar á la negación de la administración de
justicia. *Yo quiero que las armas las puedan tener todos los
ciudadanos para que puedan defender y sostener su derecho
contra los demás ciudadanos,* decía S. S. Pues entonces borre
S. S. la administración de justicia, destruya el Código, y desde el momento que cada ciudadano haga la defensa de sus
derechos, volveremos á aquellos tiempos en que sólo imperaba
la fuerza y una guerra continua individual.»

El Gobierno tenía miedo, y con razón, á la Milicia Nacional. Acosado por Paul y Angulo y por Figueras, que la defeu-
dían, Ruiz Zorrilla, progresista recalcitrante, tomó la palabra
y se declaró contrario á aquella institución.

Entre otras cosas, dijo:

«Cuando yo no podía pensar en ser ministro, cuando tenía
alguna consideración y algún prestigio, inmerecido siempre,
en el antiguo partido progresista, he sostenido que la Milicia
Nacional, salvo en el caso de guerra civil, de guerra extranjera
ó de circunstancias extraordinarias, era uno de los inconvenientes más graves que podía haber tenido un partido político
cualquiera, y que ese inconveniente era mucho más grave y
mucho más trascendental cuando ese partido se empeñaba en
proclamarlo como una institución permanente. La fuerza puede ser la negación de la libertad, llámese Ejército ó Milicia
Nacional; y quizá, por lo mismo, no ha habido ninguna Junta
de provincias ni de Madrid, ni ningún hombre público, después de la Revolución de Septiembre, que se haya atrevido á
proclamar, ni haya proclamado como principio la organización de la Milicia Nacional.

»Pero no es esto solo. Cuando el partido progresista consideraba la Milicia como la salvación de sus libertades, como el
principio *sine qua non* de lo que él había de hacer en definitiva; cuando nadie se había atrevido á combatirla después de
excomulgados por *El Clamor Público* los hombres que en 1848
consideraban la Milicia como una calamidad, yo he tenido el
disgusto, ó el placer, no voy á decir aquí lo que ha sido, de

decir, desde esos bancos *(los de la oposición)*, que la Milicia
Nacional había sido la complicación del partido progresista. Y
esto lo dije el año 59, contestando, por incidencia, pero in-
crepado, ó, por mejor decir, atacado por el Sr. Cánovas del
Castillo; y lo dije con toda la franqueza y resolución que me
caracterizan; porque yo creo que el deber de los hombres públicos no es balagar las pasiones, sino arrostrar la impopularidad cuando se cree que de ésta puede resultar un bien para
el país.»

Más adelante añadió:

«Esta es una de las situaciones y de las circunstancias en
que yo creo que el pueblo armado, llámese *Milicia Nacional*,
llámese *Voluntarios de la Libertad*, puede prestar grandes servicios á la patria, á la libertad y al orden público; pero también debo decir, con toda sinceridad, que yo quisiera que en
su organización, que en sus aspiraciones, que en su modo de
ser, que en su modo de comprender lo que es el pueblo armado individual y colectivamente, comprendiera que son los defensores de la revolución, que son los defensores de la libertad,
y que tanto más prestigio, y que tanta más consideración, y
que tanta más valía tendrán á los ojos de la opinión, cuanto
más civiles, cuanto menos militares se muestren. Y si yo pudiera conseguir que la Milicia Nacional, que los Voluntarios
de la Libertad, en vez de cuidarse mucho de uniformarse, pen-
saran principalmente en tener el fusil bien arreglado, el mayor número posible de cartuchos en casa, examinar de qué
gente se compone la compañia, y el batallón, y la brigada; y
sin necesidad de organización militar, agruparse, reunirse,
contarse y estar dispuestos en circunstancias críticas, que es
en las que puede necesitarse la Milicia Nacional, á defender la
libertad, á luchar contra la reacción, á evitar el que ésta venga, me alegraria mucho más.

»Más cálculo y menos táctica; más reflexión y más estudio
de lo que les ha pasado hasta hoy, para que les sirva de enseñanza en el porvenir: en una palabra, señores diputados, que

la Milicia Nacional no se cuide de la forma y sí del fondo; que los ciudadanos que tienen que vivir de su trabajo, que tienen que vivir del comercio, que tienen que vivir de la industria, que tienen que vivir de la agricultura, que cuiden de esto con la debida preferencia para que no se diga que combatir, por un lado, el militarismo y la fuerza pública, y estar deseando, por otro, ser todos militares, es una cosa completamente contradictoria.»

En estas palabras quedan perfectamente delineados los vicios y defectos de la Milicia Nacional de aquella época, y nosotros, que la hemos conocido (hasta formando parte de un tercer batallón de artillería sin cañones, que no llegó á formarse), podemos confirmar la razón que á Ruiz Zorrilla le asistía para hablar de esta manera. Después de todo, no pudo emplear mejores frases para mostrarse contrario á la Milicia Nacional.

Combatiendo el art. 33 del proyecto de Constitución, en que se establecía la Monarquía como forma de gobierno, don José María Orense, Marqués de Albaida, de quien ya hemos hablado dando cuenta de su oratoria especial, propuso, como es lógico suponer, dadas sus ideas, la forma republicana, presentando á la consideración de las Cortes argumentos que no dejan de tener interés.

«Para muchos no está claro el cómo entendemos los diputados de la minoria la República federal. Además de los ejemplos que nos dan otros países, tenemos en España, señores, las Provincias Vascongadas, que son una verdadera República. No había, pues, más que imitar lo que en aquellas provincias se practica; suprimir el rey, como una planta parásita é innecesaria, y todo el mundo comprendería en España el sistema de la República federal.

»Pero hay todavía una cosa más sencilla, y es el estudiar el cómo en todas las provincias que he tenido el honor de visitar, la han entendido. El Gobierno federal es el gobierno de las provincias por las provincias. Cuando el Sr. Castelar, explicando lo que era la República federal, decia *que era como si los Gobernadores civiles fueran nombrados en cada provincia por sufragio universal, en cuyo caso, naturalmente, ese nombramiento recaería en un habitante de la respectiva provincia,* esa idea era perfectamente recibida.

»En las Provincias Vascongadas, el sistema electoral y otra porción de cosas, desde muy antiguo, encierran el sistema liberal, que es el sistema de la independencia de la Corona; y ese sistema, señores, está reducido á que vengan á las Juntas de Guernica cada dos años los representantes de todas las jurisdicciones. Generalmente, se nombra en ellas un Alcalde y un comisionado, y éstos acuerdan allí lo que tienen por conveniente; de manera que aquellas Juntas constituyen el poder legislativo del país, y después las Diputaciones forales son las encargadas de llevar á efecto los acuerdos de las Juntas. Este sencillo sistema ha dado tan buenos resultados, que cuando nosotros estábamos sin caminos reales, las Provincias Vascongadas estaban ya hartas de tenerlos.»

. . . .

«Los mismos diputados de la derecha están convencidos de que, fuera de los intereses de partido, lo más conveniente para el país es la República. El Sr. Echegaray pronunció (1), días pasados, un brillante discurso, que fué natural y justamente aplaudido por estos bancos y por esos: en realidad, no se sabe quiénes aplaudieron con más entusiasmo. Pues traducid en hechos lo que significa el discurso del Sr. Echegaray, y veréis que lo que aplaudíais era la República.»

. . . .

«Una de las ventajas que tiene el poder actual, y que tuvo también el Gobierno de 1854 á 1856, fué la de encontrarse con una oposición que carecía de ambiciones. Pero, á pesar de esta

---

(1) El día 5 de Mayo. Hemos dado cuenta de su discurso.

gran ventaja, aquel Gobierno no pudo llevar adelante su sistema, porque sus hombres no se atrevieron á prescindir del amor que profesaban á los antiguos abusos. Yo entonces me preguntaba: ¿qué más quieren los señores que se han encargado del mando, teniendo á su disposición todos los destinos, puesto que pueden nombrar, de entre sus amigos, desde los guardas rurales y los carabineros, hasta los ministros, y cuando además, con el apoyo del centro parlamentario, pueden dar todas las leyes que juzguen convenientes? De manera, que lo que les incomodaba verdaderamente era el que nosotros fuésemos la conciencia que les acusaba. Nosotros, en efecto, pronosticábamos á los progresistas lo que les iba á suceder, y desgraciadamente acertamos.

»Pues bien; la situación de España, en estos siete meses de verdadera República, es exactamente igual á la del bienio del 54 al 56: una y otra se parecen como un huevo á otro huevo. Las mismas protestas, la misma ceguedad en punto á creer que, restablecida en sus derechos Isabel II, olvidaría sus malas mañas de los once años. Pues si entonces os equivocasteis respecto á esa mujer que sabía español, ¿cómo os vais á entender con un *gringo* que no sepa hablar castellano?»

. . . .

«Se dice que el pueblo español no está preparado para la República. El día en que se celebró la gran manifestación republicana, encarecimos á todos los que asistieron que no dieran viva alguno, porque tras de los *vivas* era fácil pasar á los *mueras.* Pues bien; cuando la manifestación pasaba por la Puerta del Sol, salió el General Milans del Bosch á la puerta del ministerio de la Gobernación, y gritó: *¡Viva el pueblo rey!* (1). Y aquellas masas se quedaron indecisas mirándole, sin saber qué decir, en obediencia á las instrucciones que llevaban, hasta que les dijimos: *No hay regla sin excepción; puesto que ha ocurrido una cosa con que no se contaba, no hay incon-*

_____

(1) Este grito era corriente en aquellos días.

veniente en que aplaudan ustedes. Y entonces fué cuando aplaudieron, contestando á aquel viva que tanto había halagado nuestra aspiración.»

Para conocimiento de este hecho, hay que tener presente que Milans del Bosch era muy impresionable, y el pueblo de aquella época muy dócil. Hoy han variado las cosas.

. . . .

«La sabiduría del pueblo está en sus refranes. Examinemos todos, y se verá que no hay un refrán que indique amor al rey por parte del pueblo. Hay un refrán que dice: *Con el rey y la Inquisición, chitón;* es decir, que no se podía hablar del rey ni de la Inquisición, porque se les tenía miedo. Dígame la Cámara si esto era tener amor al rey. Mi amigo el Sr. Garrido me indica otro refrán que yo he oído muchas veces: *de rey, río y religión, líbrenos el Señor;* lo cual quiere decir que de la calamidad del rey, de tener tierras al lado de los ríos, y de la religión personificada en los conventos de frailes... líbrenos el Señor.»

. . . .

«No es decir con esto que la República sea el sánalotodo, que se han de cortar todos los males sociales, porque eso tampoco lo puede hacer la libertad. La libertad tiene muchos inconvenientes; ¡qué no tiene inconvenientes en la vida!

. . . .

«En las *Cortes* se llega á saber todo lo que interesa al país, al paso que en la *corte (de un monarca)* se ignoran cuáles son las verdaderas necesidades del pueblo. Pues esto sucederá con el nuevo rey, porque lo mismo ha sucedido con Luis Felipe *(en Francia)*; entonces los hombres más despavilados en política se quedaban con la boca abierta, y no sabían el origen y las causas que impulsaban al pueblo á la corriente revolucionaria. Ahora mismo no sabe el país la razón que hubo para dar el mando, para dar el poder al General Serrano y á sus compañeros de Gabinete, en Octubre último. Quién ha dicho que aquello fué un golpe de Estado; quién, que fué resultado de un plan político; en fin, cada cual se lo explica á su modo; pero la verdad es que, hasta ahora, es un secreto que la Historia nos revelará algún día.»

Y aún no lo ha revelado. La observación de Orense es muy curiosa, porque Serrano, por su antiguo amor á la monarquía de Doña Isabel II, era el menos indicado para ponerse al frente del primer Gobierno de la Nación.

*
* *

Fernando Garrido, Castelar, Pierrad y Eduardo Chao presentaron una enmienda al art. 32 del proyecto de Constitución, pidiendo que la persona ó personas que ejercieran el poder supremo de la Nación, deberían ser españoles, hijos de padres españoles ó nacidos en España.

Garrido, después de ratificar su profesión de fe republicana, recomendó para el trono de España la candidatura del General Espartero. Causó extrañeza á todos este acto realizado por algunos republicanos tan caracterizados como el autor de la enmienda y los firmantes que le acompañaban, y ellos lo explicaron manifestando que lo hacían por patriotismo. «Ya que no puede votarse aquí ahora la República—decía Garrido (1),—puesto que la mayoría va á establecer la Monarquía, por el momento, yo no puedo pensar en regalar un rey; solamente que pienso que es mucho más patriótico que si algún tiempo ha de haber rey, lo sea un español, como, por ejemplo, el General Espartero, que no tiene hijos, que ya no está en edad de tenerlos (*Risas*), que podrá mandar en este período de transición desde el período actual al establecimiento de la República.

»Ruego, pues, á los liberales de esta Asamblea, y á aquellos á quienes no agrade la candidatura del Duque de Montpensier, que es la verdadera candidatura extranjera que hay, que vo-

(1) 14 Mayo.

ten esta enmienda, por la cual todo extranjero queda excluido de la Corona de España, por la cual todos los españoles no han de estar mandados más que por un español.»

Le contestó D. Manuel Silvela con evasivas y sutilezas, declarando una vez más que el Gobierno, ni él personalmente, no tenían candidato para ocupar el trono, y que parecía más liberal no exigir condición alguna al futuro monarca. La enmienda fué desechada, porque entorpecían el plan de los montpensieristas, y quizá el de Prim, aunque, como veremos más adelante, no tenia candidato decidido.

Combatiendo la Monarquía, exclamaba Gil Berges (1): «El Sr. Cánovas del Castillo, hábil historiador y más hábil pensador todavía, al ver cómo surge, después de una gran revolución, la institución monárquica, sin saberlo, sin quererlo quizá, se comunicaba con esta institución (2), con esa nueva Monarquía, conferenciaba con ella por medio de ese magnetismo misterioso y secreto de los acontecimientos, y decía en su interior: No importa que el nuevo rey deba su trono á la soberanía nacional. No importa que le hayan traído los unionistas, los progresistas y los demócratas; no importa nada de eso; lo que importa es que haya un rey; porque si le hay, por una tendencia fatal, ineludible, por una ley necesaria de la institución, el rey no podrá menos de recordar que en la Asamblea constituyente se ha echado un memorial conservador, que es como si dijéramos un memorial reaccionario, y no podrá menos, también, de llamar á sus autores para que le ayuden en su obra de reconstrucción, en su obra de reacción.

»En España, conservador es sinónimo de reaccionario, y así habéis visto que los partidos conservadores, entre nosotros,

---

(1) 17 Mayo.
(2) En un discurso que había pronunciado defendiendo la Monarquía.

han pasado toda su vida borrando de una plumada la obra de los breves, de los fugaces períodos revolucionarios.

»Ejemplo de que en lo futuro se reproducirá eso, es el mismo Sr. Cánovas del Castillo. El Sr. Cánovas del Castillo debe su presencia en este sitio á una ley revolucionaria (1), y si el Sr. Cánovas del Castillo fuera fiel á sus ideas conservadoras, debía haber aceptado esa base, debía haber aceptado el principio generador de la ley que le trajo aquí. Ya visteis, sin embargo, cómo el Sr. Cánovas del Castillo combatió el sufragio universal; ya visteis cómo el Sr. Cánovas del Castillo combatió las menguadas instituciones democráticas que se han puesto en este proyecto constitucional. Y aún habréis observado otro fenómeno notable: El Sr. Cánovas del Castillo, que apareció como una individualidad, ha constituido ya un grupo, y aún me temo que varios de los que se sientan en esos bancos (2) simpaticen en secreto mucho, muchísimo, con el señor Cánovas.»

Bien patente queda declarada, con estas palabras, la importancia personal que ya entonces tenía D. Antonio Cánovas del Castillo.

El artículo 33.—Cuba otra vez.

En la discusión del art. 33 (3) tomaron parte todos los oradores notables de la Cámara (y había muchos); de suerte que resultó un debate interesantísimo, tanto ó más que el de la cuestión religiosa, pues unos y otros pudieron dar rienda suelta á sus pensamientos, sin consideración alguna que les cohibiese.

No podemos resistir la tentación de copiar algunos párrafos del discurso de Emilio Castelar (4):

(1) Aquí desfiguraba Gil Berges la verdad de los hechos, porque Cánovas había sido diputado y ministro antes de la revolución.

(2) Los de la derecha, los de la mayoría.

(3) Donde se establecía la forma monárquica.

(4) 20 de Mayo.

«Tomad un gran fragmento de mármol de Paros; dadle á un boticario, y la otra mitad á un escultor; el boticario lo empleará para lo que más necesite, por ejemplo, para hacer un mortero en el cual pueda moler sus drogas; y el escultor cincelará la Venus de Milo. La materia es la misma; pero la forma, no. ¿Y os atreveréis á decir que porque la materia sea la misma, es igual el mortero del boticario á la Venus de Milo, en cuyos castos pechos se nutren los artistas en las inspiraciones del ideal y en los secretos de la forma?»

. . . .

«Yo creo que se renuevan periódicamente y con gran precipitación las moléculas; que nosotros no tenemos hoy el cuerpo que teníamos hace poco tiempo; que no llevamos el mismo cuerpo; que las moléculas van al laboratorio químico de la vida humana. ¡Quién sabe si en mi lengua habrá alguna molécula de rey, en mi lengua, que es el badajo de una campana que toca continuamente á rebato contra todos los reyes de la tierra!

»En la sangre de un perro existen muchos elementos de los que componen nuestra sangre; que un perro hace, como nosotros, la combustión de la sangre por medio del oxígeno, y exhala, como nosotros, el ácido carbónico. ¿En qué nos diferenciamos? En una cuestión de organismo. Y ya me parece escuchar al Sr. Moreno Nieto, que es uno de los más grandes espiritualistas y de los más ilustres filósofos que hay en esta Cámara: «¿De qué sirve todo lo que has dicho en toda tu vida? Tú, espiritualista como yo, ¿dices que una cuestión de forma separa al perro del hombre? Hoy te has ido de un salto á la escuela de los materialistas, á la escuela de los Sres. Suñer y Mata, escuelas que, francamente, cuando las oigo, me da gana de hacer lo que hacía Voltaire cuando leía un libro de Rousseau: echarse á andar á cuatro pies. Cuando oigó hablar sobre esta materia á los señores fisiólogo-materialistas, me da gana de ser perro.» *(Risas en todos los lados de la Cámara.)*

»Se me dirá que la diferencia que hay entre el perro y el

hombre consiste en la esencia, en el espíritu racional. Pero yo digo, señores diputados, yo no sé si, como dice Plotino, el espíritu se ha buscado la organización que tiene, y la ha hecho él en armonía con su procedimiento, ó, como quiere Hegel, el espíritu ha aparecido en el mundo cuando ha aparecido la forma humana; lo que sé es que sólo estos labios hablan, que sólo mi cerebro, esférico como la bóveda celeste, puede llevar el peso de esos grandes mundos que se llaman ideas. Pues bien; así como el espíritu tiene su forma propia, que es el organismo humano, la democracia tiene su forma propia, que es la República.»

. . . .

«La verdad es que las repúblicas atraen y que las monarquías repelen. Hay una monarquía federal, la de Austria. ¡Cuánto trabajo no le cuesta al Emperador tener en un haz la Hungría, la Bohemia, la Galitzia, el Trentino y los diferentes reinos que componen aquel monstruoso Imperio! ¡Qué diferencia de lo que sucede en Suíza! El cantón del Tesino pertenece á Italia, y no quiere ser italiano; el de Neufchatel pertenece á Alemania, y no quiere ser alemán; los cantones de Vaud y Ginebra pertenecen á Francia, hablan francés, pero Francia es esclava, y ellos no quieren ser franceses. *Ubi libertas ibi patria.*»

. . . .

«Otra declaración importante tengo que hacer. Yo, cuando la necesidad de mi argumento me lleva á combatir á la ex-reina Isabel, siento un inmenso dolor en el alma; yo, señores, lo respeto todo; pero lo que más respeto en el mundo es la santidad del infortunio, aunque ese infortunio haya sido merecido.»

Censuró la idea de la *Regencia*, manifestando que él votaría al General Serrano para Presidente de la República; pero que no le votaría para Regente, pues la regencia de Serrano, aun reconociendo las excelentes cualidades personales de éste, vendría á ser la regencia de la *unión liberal.*

«Yo no sé nada de esto de la regencia—añadió:—yo hablo

en el supuesto; yo creo que las Cortes no se la ofrecerán al General Serrano; yo creo que si las Cortes se la ofrecen al General Serrano, la renunciará. ¿Por qué? Porque no puede el General Serrano encontrarse en una posición ridícula. ¡Regente sin rey! ¿Qué significa esto? Negad la realidad; negad la democracia; negad la República, que os oxida. Estáis oxidados por la República, y en vez de nombrarle Presidente de República, le llamáis Regente. De suerte que el General Serrano es un Regente que está esperando la mayor edad de la forma republicana.» *(Risas y aplausos. Serrano aplaudió también.)*

«Esta solución de la regencia tiene todos los inconvenientes de la Monarquía y de la República. Tiene los inconvenientes de la Monarquía, porque crea un gran poder supremo, el cual distribuye los honores, los Ministerios, y lo hace todo. Tiene los inconvenientes de la República, porque otros Generales van á desear, y este es el gran argumento que nos oponéis... van á desear ser regentes, como el General Serrano. Yo me llamo el General Prim, por ejemplo; yo me llamo, por ejemplo...¡Los Capitanes generales todos son reaccionarios!...»

Aprovechando la risa que la frase produjo, y comprendiendo que se metía en un terreno resbaladizo, hizo una pausa, y viró en redondo para abandonar un punto que consideraba peligroso.

. . . .

«El Sr. Topete no sabe una cosa, y es que él no ha hecho la Revolución de Setiembre.

—»La ha hecho S. S.—dijo Topete interrumpiendo.

—»Mi señoría no la ha hecho tampoco—contestó Castelar,—como S. S. no hace los huracanes, ni los rayos, ni las tempestades, que las ha hecho Dios, el cual sabe de dónde salen y dónde van á caer. ¿Podréis hacer, haríais nunca una revolución artificial? ¿Podréis hacer, haríais nunca una tempestad artificial? Construid una máquina eléctrica, aunque tenga la extensión que hay desde Palacio á la Puerta de Alcalá, y ha-

ced un disco inmenso; ¿produciréis jamás el rayo que se forja
en la atmósfera? El Sr. Topete, que es marino, que ha sentido
á Dios en el mar, que tiene un alma religiosa como todas las
almas que se crían en medio de la tempestad, que ha visto
un abismo sobre su cabeza y otro abismo bajo sus pies, el
abismo de lo infinito; el Sr. Topete, pues, sabe muy bien que
no se dirigen el huracán y el rayo, y el día que, al frente de
su escuadra, pronunció el grito de la revolución que le hace
inmortal, que le ha colocado entre nuestros héroes, entre nuestros redentores, ese día el Sr. Topete lanzó el rayo contra todos los reyes, rayo que, tarde ó temprano, ha de fundir su corona de oro en todas las frentes.»

Este discurso, como todos los de Castelar, es modelo de
sensatez y de cordura, aparte de su relevante mérito oratorio.

No estuvo tan afortunado Ayala defendiendo la Monarquía,
ó, mejor dicho, atacando á los republicanos. Contó que cuando los Generales Serrano, Dulce, Zavala y otros fueron, hacía
un año, arrestados y conducidos á Cádiz para desterrarlos á
Canarias por liberales, los republicanos de aquella ciudad pre-
senciaron impasibles el atropello.

«Llegó el momento del embarque—decía el ministro de Ultramar;—aún me parece que estoy viendo alejarse de los muros de Cádiz al vapor *Vulcano*, que era el encargado de condu-
círlos al destierro. Allí estaba la protesta de la libertad contra
la reacción; allí estaba el pacto de los partidos liberales; allí
estaba la esperanza y la libertad; y yo veía que todo esto se
iba alejando, y parecía que el mar se lo tragaba, y me encontraba solo en la playa, solo y con el más profundo silencio.
Pero no; no era tan grande este silencio; allá, allá á lo lejos,
dentro de la ciudad, resonaban, á intervalos, frenéticos aplausos y grandes gritos; pero no hay que alarmarse, señores; eran
gritos y aplausos con que manifestaba su regocijo en la Plaza
de Toros la muchedumbre republicana.»

Este párrafo produjo una protesta por parte de la minoría

de aquel partido; Orense, Figueras y Paúl y Angulo gritaban desaforados, aumentando la confusión que se armó en el salón de sesiones; el Presidente no conseguía hacer oir su voz, y eso que Rivero tenía buenos pulmones. Restablecida aparentemente la calma, Ayala continuó su discurso diciendo:

«Pocos días antes de estos sucesos tuvo la autoridad militar, y es un detalle histórico muy importante, tuvo la autoridad militar de Cádiz que tomar algunas precauciones. El motivo, de puro pueril, se convierte en altamente significativo. Trabajaban en competencia dos toreros (1); los partidarios del uno y del otro se encontraban en tal estado de excitación, que todo el mundo temió un choque y encontró muy prudentes las precauciones que se habían tomado.

»Ni la presencia de los Generales, ni el momento de su embarque, ni la alianza, ya pública, de todos los partidos liberales, mediante la cual se encontraban, virtualmente, en el vapor *Vulcano*, lo mismo el Conde de Reus (2) que el Duque de la Torre; lo mismo los que iban á ser desterrados que los que ya gemían en el destierro, ninguna de estas circunstancias, con ser todas tan ocasionadas á mover la ira, movió á aquel pueblo, hoy republicano, á dar la más leve muestra de sentimiento. Y en efecto, no hubo necesidad de tomar ninguna precaución militar, absolutamente ninguna.»

Se reprodujo aquí la agitación entre la minoría republicana; pero quedó apaciguada con una leve indicación de Rivero.

Cuando terminó de hablar Ayala, en tal estado se encontraba la Cámara, que Serrano tuvo que levantarse á echar el jarro de agua fría, para lo que demostraba condiciones no comunes, y á fin de contentar á la minoría republicana, intercaló en su discurso el párrafo siguiente;

«Me encuentro embarazado al hablar, porque mi ardiente deseo es que se termine este desagradable incidente y que pro-

---

(1) Antonio Sánchez (*el Tato)* y Antonio Carmona *(el Gordito)*, 25 de Julio de 1868.

(2) Prim.

cedamos á la votación. Creo que después de cuanto dejo manifestado, el levantarse y tomar la palabra para defender al partido republicano no es necesario: yo le defiendo en nombre del Gobierno; yo le defiendo, permitidme decirlo, en nombre de la mayoría.»

Excusado parece añadir que hubo aplausos prolongados en los escaños de toda la Asamblea.

Momentos después se procedió á la votación del art. 33, que fué aprobado por 214 señores que dijeron *sí*, contra 71 que dijeron *no*. Entre los primeros figuraban, como más conocidos: Llano y Persi, Serrano, Prim, Topete, Sagasta, Romero Ortiz, Lorenzana, Figueroa, Ruíz Zorrilla, Ayala, Posada Herrera, Gasset, Serrano Bedoya, López Domínguez, Madoz, Rojo Arias, Izquierdo, Milans del Bosch, D. Cirilo Alvarez, Olózaga, D. Augusto Ulloa, D. Manuel Silvela, Montero Ríos, Romero Robledo, Suárez Inclán, Moret, Balaguer, Vega de Armijo, Caballero de Rodas, Moreno Benítez, Núñez de Arce, Calderón Collantes, Abascal, Ortiz de Pinedo, Moreno Nieto, Elduayen, Alvarez Bugallal, Cánovas del Castillo, Alvareda, Ríos y Rosas, Echegaray, Coronel y Ortiz, D. Gabriel Rodríguez, Becerra, Martos y Merelo.

Se levantó la sesión á las doce y media de la noche.

Epílogo.

El mal efecto que habían producido, bien á las claras, en varios lados de la Cámara, las manifestaciones de Ayala, le obligaron á presentar la dimisión, que, en vista de su insistencia, fué admitida (1).

Serrano hizo grandes elogios del ministro dimisionario. Contó la parte activa que Ayala había tomado en el alzamiento: que redactó el manifiesto de Cádiz; que en persona llevó una carta del mismo Serrano á Novaliches, General de las fuerzas isabelinas, situadas en la otra parte del puente de Alcolea, acto que pudo costarle la vida, pues las avanzadas no querían

---

(1) 21 Mayo.

reconocerle como parlamentario; y cumplida su misión, tomó parte voluntariamente en la batalla que lleva el nombre del puente citado, donde fué vencido el ejército de Isabel II.

Ayala dió sus excusas desde los bancos de la mayoría, y el Duque de la Torre se levantó de su asiento para ir á saludarle en unión de otros muchos diputados.

Se encargó interinamente del despacho del ministerio de Ultramar D. Juan Bautista Topete.

*
**

El art. 107 del proyecto de Constitución decía:

«Las Cortes Constituyentes reformarán el sistema actual de gobierno de las provincias de Ultramar cuando hayan tomado asiento los diputados de Cuba ó Puerto Rico, para hacer extensivos á las mismas, con las modificaciones que se crean, necesarias, los derechos consignados en la Constitución.»

Presentáronse enmiendas al articulo, y Castelar hizo, en defensa de una de éstas, importantes declaraciones.

«Nosotros hemos gobernado en los tiempos antiguos nuestras colonias, con arreglo á todos los principios de justicia que podían caber en un régimen tan injusto como era el régimen absoluto. Los virreyes españoles eran un modelo de prudencia: nuestras leyes de Indias son uno de los monumentos más grandes que en el régimen colonial pueda encontrarse. Nuestras Salas de Indias tenían, respecto de América, una política humanitaria.

»Los mayores y más grandes enemigos de la dominación española en América, reconocen que se sostenían aquellas colonias unidas con la madre patria, más bien por afecto que por la autoridad y por la fuerza. Así es que, desde Buenos Aires hasta Quito, en esa inmensa línea, no había más que 3.000 hombres para sostener la majestad de la nación española. Nosotros, que éramos tan implacables con la herejía, perdonábamos á los indios la herejía de la ignorancia, en medio de la rígida unidad católica á que obedecía todo el imperio español.

»Viene el régimen constitucional en los tiempos de Doña Isabel II, y se sigue un sistema completamente opuesto al sisma antiguo. Llegan los diputados de las Antillas aquí, y no se les admite en las Cortes de 1837. Viene 1840, y no se aplica ningún principio liberal á aquellas apartadas regiones. Viene 1854, y nada se hace para impulsar la libertad en Cuba y Puerto Rico. Y cuando han llegado los últimos acontecimientos, destruída ya la dinastía, en 10 de Octubre hubo besamanos en Cuba. Ha habido, indudablemente, algún motivo ó pretexto para la rebelión que todos condenamos.

»Los hechos últimos han sido tristísimos. La *Unión liberal* había prometido á Cuba reformas liberales. El Sr. Posada Herrera lo había indicado desde uno de estos bancos en el discurso de oposición que pronunció contra el Gobierno del General Narváez. Eutregóse el ministerio de Ultramar al Sr. Cánovas, y éste abrió una información; pero, por una de esas desgracias tan frecuentes en España, llegan aquí los comisionados de Puerto Rico, y presentan: unos, un gran plan económico; otros, un gran plan político; otros, un gran plan administrativo, y otros un gran plan social. Nada absolutamente se había olvidado de cuanto podía referirse al mejor régimen de las colonias. Los oyen, los atienden, los prometen tener en cuenta sus avisos y sus consejos; pero, apenas se van, se olvidan en aquella triste época de los últimos días de Isabel II, se olvidan, repito, todos sus consejos y todas sus advertencias, y no se hace más que imponerla una contribución.»

Moret contestó á Castelar que el Gobierno deseaba llevar á Cuba medidas de carácter liberal; pero que la insurrección impedía, por el momento, tomar una resolución favorable á este propósito.

«Ha habido una coincidencia—dijo Serrano—tan rara entre la Revolución de Setiembre y la insurrección de Cuba, coincidencia de fechas que induce fácilmente á confusión. La pri-

mera noticia que el Capitán general de Cuba recibió del alzamiento de Setiembre, fué el 9 de Octubre. El día siguiente era
un día que conmemoraba la nación española en aquellos leja-
nos países (1), y creyó prudente callar el telegrama y festejar
el día 10; el día 11 publicó el telegrama. Pues bien; el día 6 se
había ya levantado Céspedes en el departamento oriental. Era
de todo punto imposible, era absolutamente imposible que Céspedes supiera en el departamento oriental, con la gran dificul-
tal que hay en aquel país, casi desierto, que supiese, repito, lo
que pasaba en la Península en aquellos momentos; por consiguiente, la insurrección de Cuba, el alzamiento de Céspedes,
no obedece á la revolución, como algunos han supuesto y sos-
tienen; obedece á los motivos graves que, en efecto, pudieron
nacer de la imposición inesperada de la contribución directa,
que fué, con el mejor deseo, una de las cosas más impruden-
tes que se han llevado á un país lejano, por la metrópoli, y no
preparado para ella.»

Todas estas declaraciones son muy curiosas, y sirven para
puntualizar hechos de la historia; el lector no dirá que ha perdido el tiempo en leer estos pormenores.

Jura de la Constitución.—La Regencia de Serrano.—El Panteón nacio-
    nal.—Un cuento de Sagasta.—Los Consumos y el Impuesto personal.

El domingo 6 de Junio, bajo un cielo azul y con un calor
sofocante, se efectuó la promulgación de la Constitución.

Rivero, precedido de los maceros y seguido de los señores
Secretarios y diputados, salió del salón de sesiones, y una vez
todos en el pórtico que da á la Carrera de San Jerónimo, donde se había construido una extensa tribuna, en cuyo centro
estaba colocada la mesa de la presidencia, tomó asiento el Presidente, á su lado los Secretarios, Llano y Persi, Sánchez Rua-

---

(1)   El cumpleaños de Isabel II.

no y Carratalá, y, en las sillas que les estaban destinadas, los diputados.

Las primeras sillas, á la derecha de la presidencia, fueron ocupadas por el Poder Ejecutivo, y las de la izquierda por la Comisión de Constitución.

En ambas alas de la tribuna tomaron asiento: el Cuerpo Diplomático, el Consejo de Estado, el Tribunal Supremo de Justicia, la Audiencia, las Corporaciones militares, científicas y literarias, la Diputación provincial, el Ayuntamiento de Madrid y las Comisiones y representantes de las Diputaciones, Ayuntamientos y Milicia ciudadana de toda la Península.

Llano y Persi se adelantó frente á la tribuna, y leyó en voz alta la mitad de la Constitución, leyendo Carratalá la otra mitad, después de lo cual dijo Rivero: «Como Presidente de las Cortes, declaro, en su nombre, solemnemente promulgada la Constitución de 1869.

Acto seguido pasaron los diputados al salón de sesiones, se tomó juramento al Ministerio, y quedó terminada la ceremonia á las tres en punto de la tarde.

El 13 de Junio juraron la Constitución, en manos del ministro de la Guerra, los Capitanes generales, los Tenientes generales y Mariscales de Campo, manifestándoles aquél, según referencias de un periódico, que, como era un acto de conciencia, les dejaba en completa libertad de verificarlo. Pierrad, que no había asistido al acto, preguntó (1) si eran ciertas las palabras atribuídas al ministro, á lo que contestó Prim:

«Es verdad que yo pronuncié esas palabras. Eso quiere decir, á mi entender, que yo no tengo autoridad para obligar á los militares que no quieran jurar la Constitución del Estado: no los puedo mandar procesar; pero estará en su derecho el Gobierno, por medio del ministro de la Guerra, en quitar los destinos á los militares que no quieran jurar la Constitución,

_____

(1) 16 de Junio.

y después veré si hay lugar á borrar de la lista á los militares que no quieran jurar la Constitución.»

A Prim no le dolían prendas.

La guarnición de Madrid y los cantones de Aranjuez, Alcalá, Leganés y Vicálvaro, que sumaban aproximadamente un total de 19.000 hombres, formados en los paseos del Botánico y de Atocha, juraron la Constitución á las cinco de la tarde del día 16 de Junio. El ministro de la Guerra se ponía frente á cada regimiento, los jefes de éstos colocaban sus espadas horizontalmente sobre el asta de la bandera ó estandarte, la fuerza presentaba las armas, y después de pronunciadas las palabras de rúbrica, juráis, etc., Prim daba un viva á la Constitución, con lo que se terminaba.la ceremonia. Las tropas desfilaron por delante del ministro en la calle de Alcalá, situándose éste delante de la iglesia del Carmen.

*
* *

«Las Cortes Constituyentes nombran Regente del Reino, con el tratamiento de Alteza, al Presidente del Poder ejecutivo, D. Francisco Serrano y Domínguez, con todas las atribuciones que la Constitución concede á la Regencia, menos la de sancionar las leyes y suspender y disolver las Cortes Constituyentes.»

Este proyecto de ley se presentó á la Asamblea el 10 de Junio, y fué combatido tenazmente por la minoría republicana, no quedando el interesado bien airoso en la lucha, pues por ser una cuestión personal hubo de discutirse su historia con minuciosa escrupulosidad.

Castelar decía:

«En primer lugar, tiene para mí el General Serrano un grave inconveniente, que no va á ofender á ninguno de los militares: tiene el inconveniente de ser militar. La religión de la milicia, la inflexibilidad de la disciplina, el hábito y la vida de los campamentos y cuarteles, todo eso, que es tan grande, que es tan necesario, que es tan heroico, todo eso se convierte en contra de ellos cuando quieren dirigir la máquina del Estado, y sobre todo esta máquina tan complicada y tan difícil de las instituciones parlamentarias y del sistema representativo.

»El aire de los campamentos no sirve, no puede servir, no ha servido nunca para la política. Y nosotros tenemos una prueba de ello en el mismo General Serrano. Siempre que aquí ha habido una gran batalla, siempre que aquí ha habido un gran conflicto, siempre que esto se ha asemejado á una gran lucha entre fuerzas beligerantes, el General Serrano se ha levantado y ha dicho una palabra, que es como la arenga que el General dirige á sus soldados en el campamento, que es como el modelo de la elocuencia militar. ¿Pero tiene S. S. esa misma facilidad, esa misma flexibilidad, tiene esos mismos elementos para las cuestiones políticas? En todas ellas ha ido conducido el General Serrano, desde que nos sentamos aquí, por una mayoría, ó por una Comisión directiva de la mayoría, que no conocemos, pero cuyo tacto político no se acredita ciertamente en las soluciones dadas aquí á todas las cuestiones políticas.

»¿Sabéis por qué he venido á decir todo esto? Pues no he venido á decirlo tanto por negar el carácter de hombre de Estado á los militares, como para explicar las inconsecuencias del General Serrano. ¿Las conocéis mayores que las que él ha cometido? Él trabajó con Espartero contra la Reina Cristina; después, en un paseo que dió á Barcelona, derribó á Espartero. Entró en el mes de Mayo en la coalición de 1843, y la abandonó en el mes de Noviembre. Sostuvo al Ministerio puritano algún tiempo, y le dejó caer en los abismos. Forzó con su febril mano al General O'Donnell para que firmara el programa de Manzanares en que se estableció la Milicia Nacional, y más tarde apoyó el golpe de Estado que disolvía la Milicia definitivamente. Con un gesto, con un ademán imperioso, salvó la dinastía de Isabel II el 22 de Junio (1) en la Montaña del Prín-

---

(1) De 1866.

cipe Pío, y con otro gesto, con otro ademán, derribó la dinastía de Isabel II, el 28 de Setiembre, en el Puente de Alcolea.
¿No teméis de entregar la suerte del país al General Serrano?»

Algo voluble resultaba efectivamente el General Serrano,
y parece que en lo de dejarse influir por la opinión ajena, no
iba descaminado Emilio Castelar. Cuéntase que, cierta vez,
quejándose un diputado de la inconsecuencia de Serrano en un
asunto político, decia: este hombre es del primero que llega.
Del primero, no; del último, le contestó Prim al oído.

El proyecto se aprobó, votándose el 16 de Junio, y Serrano
juró el cargo en sesión extraordinaria el día 18, con toda solemnidad, leyendo un discurso de gracias muy cortito: el Presidente (1) pronunció cuatro frases alusivas al acto, los dos per-
sonajes se dieron un abrazo y así terminó la ceremonia.

Prim fué encargado de formar Ministerio, y lo compuso
con las personas siguientes: D. Manuel Silvela, Estado; don
Cristóbal Martín de Herrera, Gracia y Justicia; D. Laureano
Figuerola, Hacienda; D. Práxedes Mateo Sagasta, Gobernación; D. Manuel Ruiz Zorrilla, Fomento, y D. Juan Bautista
Topete, Marina, quedándose el Marqués de los Castillejos con
la cartera de Guerra.

Con fecha 6 de Noviembre de 1837, acordaron las Cortes
formar un Panteón nacional de hombres célebres, y en 1.º de
Junio de 1869 se determinó realizar este proyecto para solem-
nizar la proclamación de la Constitución votada en la fecha
indicada de 1.º de Junio.

Según manifestación de Ruiz Zorrilla, el Panteón «no se
iba á destinar á héroes de circunstancias, á celebridades con-
temporáneas ensalzadas por la pasión política, sino á guardar
los restos del Cid, Guzmán el Bueno y Gonzalo de Córdoba,

(2) Rivero.

los héroes de la reconquista; de Lanuza, el mártir de la tiranía de Felipe II; de Mariana, Cisneros, Quevedo, Arias Montano, Nebrija, Jovellanos, el Conde de Aranda y Campomanes, los hombres de ciencia y de paz; de Alonso Cano, Juan de Juanes, Herrera y Rodríguez, los grandes genios artísticos; de Garcilaso, Ercilla, Calderón, Tirso, Moreto y Meléndez Valdés, ornamento de las letras españolas; de Jorge Juan, Gravina y Churruca, orgullo de nuestra Marina (1).»

Ruiz Zorrilla desplegó extraordinaria actividad para reunir los restos de Villanueva, Ventura Rodríguez, Conde de Aranda, Marqués de la Ensenada, Calderón de la Barca, Quevedo, Lanuza, Ercilla, Ambrosio de Morales, Garcilaso de la Vega, el médico Lagunas, Gonzalo de Córdoba y Juan de Mena, todos con el beneplácito de las Cortes y el de las familias, Corporaciones ó localidades donde á la sazón descansaban.

La ceremonia se verificó el 20 de Junio, saliendo de Atocha la comitiva, entre la que iba el Gobierno y el Regente, á las cinco de la tarde, y siguiendo por el Prado, calle de Alcalá, Puerta del Sol, calle y Plaza Mayor, y por la de Toledo á San Francisco, adonde llegó ya casi de noche. En la Plaza Mayor, sobre un tablado construído al efecto, un coro de 200 voces de ambos sexos, acompañado por la música de Ingenieros militares, cantó un himno, dirigido por Arrieta, música de este maestro compositor y letra de Eusebio Blasco.

Andando los años se desistió del proyecto, y las cenizas de aquellos hombres ilustres fueron reintegradas á los panteones de su procedencia.

*
* *

Habiendo dicho el Sr. Serraclara, diputado republicano, que el Gobierno tenía miedo á la libertad, Sagasta, ministro

---

(1) Cuando estaba hablando Ruiz Zorrilla sobre este asunto, se sintió indispuesto el General D. Enrique O'Donnell, de tanta gravedad, que no fué posible trasladarle á su domicilio, conduciéndole á uno de los salones de la Presidencia, donde falleció á las nueve y cuarto de la noche.

de la Gobernación, le contestó, entre otras cosas, con el cuento siguiente (1):

«Dos ingleses, trabajadores en un camino de hierro, cuyas obras se encontraban cerca de un gran río, eran tan famosos nadadores, y tenían tal afición al agua, que apenas pasaba día en que no dedicaran una gran parte de las horas de descanso al ejercicio de la natación. Eran estos dos ingleses un poco dados á la bebida, y un domingo se entregaron á esa costumbre más de lo regular; pero á pesar de su no buen estado, el hábito les impulsó al sitio del río donde solían hacer sus proezas, y llegados á la orilla, el que mejor nadaba, el que en todas las apuestas había llevado la palma de la victoria, se quedó pensativo, y le dijo á su compañero: «Hoy no me baño yo.» El otro, que había tenido la desgracia de perder todas las apuestas que con su compañero hiciera, se burló de esta declaración, y le contestó muy satisfecho: «Hoy no te bañas tú, porque tienes miedo al agua.» A lo cual replicó el primero: «Yo no tengo miedo al agua; á lo que tengo miedo es al vino.» Nosotros no tenemos miedo á la libertad; tenemos miedo á la licencia y á la anarquía.»

*
* *

Sabido está que uno de los gritos de la Revolución de Setiembre de 1868 fué el de «abajo los Consumos», y quedaron, por lo tanto, abolidos *por la tácita,* desde esa fecha, pues ni el público se cuidó de pagar los derechos de entrada que las especies devengaban, ni los encargados de la recaudación se atrevieron á ejercer sus funciones. Verificada de hecho la supresión de los Consumos por la misma fuerza impulsiva de la Revolución, el Poder ejecutivo se vió en el duro trance de autorizar aquella determinación por un Decreto que expidió en 13 de Octubre siguiente; y siguiendo por este camino, en el que no había medio de retroceder, el ministro de Hacienda,

---

(1) 25 Junio.

D. Laureano Figuerola, buscó el medio de compensar con un ingreso la baja que la supresión de los Consumos causaba en el presupuesto de la nación.

Orense pedía (1) que se suprimiese la mencionada contribución sin imponer al país otro gravamen, petición extraña en un hombre que conocía ya de muchos años la Administración pública, y que estaba enterado por las sesiones de Cortes de la verdadera situación del presupuesto. Este arrojaba en aquellos días un déficit de 525 millones de reales, que con los 320 que representaba la falta del ingreso por Consumos, ascendía á 845 millones. Cantidad suficiente para causar la desesperación de cualquier ministro de Hacienda.

Figuerola, apremiado por la necesidad de sustituir con otra la contribución de Consumos, inventó un *impuesto personal* que fué mal recibido por las gentes, y la Comisión respectiva, al dar dictamen sobre el presupuesto de ingresos para 1869-1870, lo modificó notablemente, estableciéndolo bajo las siguientes bases, que no son mejores:

1.ª Se establece en sustitución de la contribución de Consumos un impuesto de repartimiento personal, que pagarán, sin excepción de clase ni fuero, todos los individuos de ambos sexos mayores de catorce años, con la sola excepción de los pobres de solemnidad y presos y penados sostenidos de fondos públicos.

2.ª El cupo para el Tesoro, que fije la ley anual de presupuestos, se repartirá entre todos los contribuyentes en proporción del haber de cada uno, con un recargo de 6 por 100 por gastos de recaudación y partidas fallidas.

3.ª El Gobierno, teniendo en cuenta los datos de la Administración, señalará á cada provincia el cupo que ha de satisfacer. Las Diputaciones provinciales, de acuerdo con la Administración, harán la distribución entre los pueblos de la res-

_____

(1) 26 de Junio.

pectiva provincia, y las Juntas repartidoras que se nombren al efecto fijarán las cuotas individuales.

4.ª Para fijar estas cuotas se tendrá en cuenta el haber que declare disfrutar cada individuo, después de deducidas las santidades con que tribute por cualquier otra contribución directa. La ocultación da lugar á responsabilidad criminal y administrativa.

5.ª La Administración tiene derecho á investigar la exactitud de las declaraciones, comprobándolas con las rentas, sueldos, pensiones, salarios y jornales de los contribuyentes, y cuando se careciese de un signo cualquiera positivo de riqueza, se fijará el haber por la Junta de repartimiento en la forma que se determine por instrucción.

6.ª La unidad para fijar la cuota es un día de haber por cada individuo contribuyente.

7.ª Las cuotas de los contribuyentes se formarán con los días de haber que sean necesarios para cubrir el cupo fijado á cada Municipio.

8.ª En la cuota que con relación al haber diario pague el cabeza de familia, se comprende la participación que corresponde tener en el impuesto la mujer y los hijos mayores de catorce años.

Cuando la mujer ó los hijos mayores de catorce años disfruten algún haber independiente del que tenga el cabeza de familia, se imputarán á éste, salvo los casos en que los interesados opten por satisfacer directamente la cuota que les corresponda.

9.ª A las clases cuyos haberes son eventuales, se les computará como haber diario para tributar la mitad del que ordinariamente ganan como jornal, salario, etc.

10.ª La cobranza de este impuesto se hará en los plazos y con las formalidades establecidas para la recaudación de las demás contribuciones directas.

11.ª Se autoriza al Gobierno para resolver las dudas que ocurran en el planteamiento y desarrollo de este impuesto.

La sola enunciación del proyecto puede dar idea bastante aproximada de su carácter y del estado de opinión que produciría en los que habían creido que la suprimida contribución de Consumos no se iba á reemplazar con otra, teniendo el público en general un concepto del presupuesto de gastos aún más equivocado que el Marqués de Albaida; así es que se levautó una marejada contra el pobre Figuerola, blanco de todas las iras, que no se pudo atenuar con el sinnúmero de artículos oficiosos publicados por la prensa ministerial en defensa del proyecto.

En las Cortes, también los diputados republicanos la tomaron contra el *impuesto personal*, sacando á luz todos sus defectos y las dificultades que su cobranza iba á ocasionar; pero sin dar una solución práctica, pues el déficit de los 320 millones que producía la supresión de los Consumos había que subsanarlo de alguna manera.

Y lo malo fué que todos tenían razón; el *impuesto personal* casi resultaba peor que los Consumos.

El caso es que, como no había otro remedio, la mayoría aprobó el proyecto (1) y se convirtió en ley. Sin embargo, el *impuesto personal* no llegó á cobrarse, y tuvimos que volver á los asendereados Consumos.

La prisión del Conde de Cheste.—Los motivos de una crisis.

D. Cruz Ochoa explanó (2) una interpelación al Gobierno sobre la detención y procesamiento del Capitán general don Juan de la Pezuela, Conde de Cheste, dirigiendo con tal motivo fuertes recriminaciones al ministro de la Guerra. Prim contestó: que el citado General conspiraba contra la situación y á favor de restaurar en el trono á D.ª Isabel II; que se le mandó pasar de cuartel á Canarias; que no habiéndolo queri-

(1) 26 de Junio.
(2) 2 de Julio.

do cumplir, se le destituyó, sin perjuicio de juzgar su falta de obediencia cuando fuese habido. Al efecto, el Brigadier de la Guardia civil, Sr. Merelo, detuvo en la estación del Norte, de Madrid, al Conde de Cheste, que, hallándose en Francia, con autorización del ministro de la Guerra, había regresado á esta corte sin el competente permiso; y de esta población fué llevado á Cádiz, donde iba á ser juzgado por un Consejo de guerra.

Sagasta manifestó que el Gobierno tenía plena convicción de que conspiraba el Conde de Cheste, entre otras pruebas, por unos papeles que cierto General alfonsino perdió al abandonar una residencia, que no quiso nombrar, en los cuales papeles constaba toda la trama de la conspiración.

El debate producido por la interpelación de D. Cruz Ochoa hubo de suspenderse por haber pasado las horas de reglamento; pero días después, el 9 de Julio, el diputado carlista leyó, con el fin de que figurara en el *Diario de las Sesiones*, la siguiente carta que el Conde había dirigido á Sagasta:

«Excmo. Sr. D. Práxedes Mateo Sagasta.—Cádiz, 5 de Julio de 1869.—Muy señor mío: Entre los varios equivocados juicios y acusaciones contra mí y mis amigos que ha hecho usted en la sesión del 2 del corriente, con motivo de la interpelación del Sr. Ochoa, acerca de mi prisión, hay un cargo tan grave, que no puedo menos de dirigirme á usted para rebatirle enérgicamente. Ha dicho usted que yo pedí á S. M. el Emperador del vecino Imperio el auxilio de la Francia en favor de la restauración de Isabel II, para llevar á España la guerra, y que el Sr. Emperador lo negó, dándome una lección de españolismo.

»Pues bien, Sr. Sagasta; no hay nada de verdad en semejante relato. En la única conversación que yo he tenido, durante mi ausencia última de España, con S. M. el Emperador, no he tratado otro asunto sino del de la conveniencia ó desventaja para la España, y para la dinastía de Isabel II, de la abdicación de esta augusta señora en la persona del Príncipe de Asturias.» Y terminaba diciendo que esperaba de la probidad del ministro una satisfacción tan pública como el agravio que se le había inferido.

«Quedo de usted atento servidor que besa su mano, *El Conde de Cheste.*»

Después de leer esta despedida, añadió Ochoa:

«Tomando los señores taquígrafos lo que he tenido la honra de leer, según las prescripciones del Sr. Presidente, quedo completamente satisfecho.»

«Es verdad—dijo Sagasta,—que el Sr. Conde de Cheste me ha dirigido una carta con fecha 5 del corriente. No la he contestado todavía porque mis ocupaciones no me lo han permitido; pero debo hacer una observación al Sr. Ochoa y á todos los señores diputados. Si la carta del Sr. Conde de Cheste ha de insertarse en el *Diario de las Sesiones*, á cuyo efecto, y tomando pretexto de eso, ha leído S. S. un párrafo de la misma, yo desearía dar desde aquí la contestación que no he dado todavía. Para eso, hágame S. S. el favor de darme la carta, cuyo contenido no recuerdo; yo la contestaré en el acto, y me ahorraré el trabajo que tendría que tomarme después.»

Pausa. Ochoa envió á Sagasta la carta por medio de un ujier; el ministro la leyó brevemente, y después de devolverla á su destino, continuó diciendo:

«No es este el procedimiento normal, no es esto lo que se acostumbra á hacer; pero tampoco me parece que es procedimiento normal el que quiere seguir el Sr. Ochoa, y el que las Cortes, por complacencia á S. S., han adoptado, que consiste en hacer que cartas que se cambian particularmente vengan al *Diario de las Sesiones*; pero puesto que la carta que particularmente me ha dirigido el Sr. Conde de Cheste ha venido aquí y va á insertarse en el *Diario de las Sesiones*, justo es que mi contestación siga también este mismo camino extraordinario, y allá va tal y como se me ocurre en este momento, sin perjuicio de que del *Diario de las Sesiones* saque yo luego la copia manuscrita para dirigírsela al interesado, porque no

quiero faltarle, como no falto á nadie, á las consideraciones
sociales. Voy, pues, á contestar al Sr. Conde de Cheste, y en
la forma en que se contestan las cartas.

«Excmo. Sr. Conde de Cheste.==Muy señor mío: Parte usted de una equivocación en la carta que desde Cádiz se ha servido usted dirigirme con fecha 5 del corriente. Yo no dije en
el Congreso, al contestar á la interpelación del Sr. Ochoa, que
usted haya solicitado de S. M. el Emperador de los franceses
el *auxilio de la Francia* para restaurar en el trono de España
á Doña Isabel de Borbón, sino que usted y sus compañeros
habían pretendido (y ahora añadiré que siguen pretendiendo),
para sus trabajos de restauración, *el apoyo del Emperador*, lo
cual no es lo mismo que *el apoyo de Francia*, como usted sabe
muy bien.

. . . .

»Y añadí, además, entonces, que S. M. el Emperador les
había á ustedes negado, no *el auxilio de la Francia*, porque
eso ni ustedes ni nadie se atrevería á pedirlo, ni el Emperador á concederlo, cuando España ni ha hecho ni piensa hacer daño alguno á Francia, sino que les había negado el apoyo que le pedían para poder venir aquí, con sus aspiraciones de
restauración, á encender la guerra civil, dándoles en esto una
lección de españolismo.

»Y como tengo la íntima convicción de que lo que dije es
verdad, no pienso que al decirla infería agravio ninguno á usted, ni mucho menos me creo en la necesidad de dar explicación alguna de las palabras que en cumplimiento de mi deber
tuve por conveniente pronunciar, juzgando la conducta, no del
hombre privado, sino del hombre político que conspiraba en el
extranjero contra el Gobierno establecido en su país.»

En otros párrafos ratificó su afirmación de que el Conde de
Cheste conspiraba, y echándole en cara haber faltado desde las
alturas del mando á todas las consideraciones políticas y sociales, dictó el final corriente en este género de cartas de cumplido:

«Queda de usted atento s. s., q. b. s. m., *Práxedes Mateo Sagasta.*—Madrid, 9 de Julio de 1869.

Luego añadió: «Así quedan cumplidas las prescripciones sociales que se usan entre caballeros, á pesar de que yo dudo mucho de que si el Sr. Conde de Cheste ocupara mi puesto de ministro de la Gobernación, y yo ocupara el suyo, ni yo le escribiría cartas, ni él me las hubiera contestado.» (*Risas.*)

*
* *

El 13 de Julio, día aciago, presentaron la dimisión de sus cargos D. Cristóbal Martín de Herrera y D. Laureano Figuerola, ministros, respectivamente, de Gracia y Justicia y Hacienda, nombrándose para estas vacantes, con la misma fecha, á D. Manuel Ruiz Zorrilla y D. Constantino de Ardanaz. La cartera de Fomento, que hasta entonces la había tenido Ruiz Zorrilla, se confirió á D. José Echegaray, y la de Ultramar, servida interinamente por Topete, desde la renuncia de Ayala, pasó á manos de D. Manuel Becerra. Así se dió entrada en el Ministerio al elemento *democrático*, representado por Becerra y Echegaray, para calmar el descontento que entre los hombres de esta agrupación existía, por no tener dentro del Gobierno una voz que hiciera conocer sus tendencias políticas, orientando en este sentido el criterio de las disposiciones que emanaban del poder.

Con motivo de un decreto de Martín de Herrera, ministro saliente de Gracia y Justicia, hubo de ponerse de manifiesto la escisión que existía entre los individuos de la mayoría parlamentaria, compuesta de tres procedencias: los *unionistas*, rayanos del antiguo partido moderado; los *demócratas,* partido nuevo, con vistas á la República si se terciaba la ocasión, y los *progresistas,* que representaban el elemento liberal templado, transigente, contemporizador y hasta cándido en determinados casos. Capitaneada por Martos la hueste democrática en aquella ocasión, dió la señal de alarma, y aquel elocuente é intencionado orador amenazó con abandonar á la mayoría si se preterían las aspiraciones que su fracción representaba en el Parlamento. Prim quiso contentarle, y dió entrada en el Ministerio á Echegaray y á Becerra, pero reservando la cartera de Hacienda á D. Constantino Ardanaz, procedente de la *Unión liberal,* hombre refractario á los temperamentos radicales en materias económicas.

Prim, contestando á una pregunta de Sánchez Ruano sobre la modificación ministerial, dijo que ésta obedecía á la necesidad de dar entrada en el Gobierno á las tres procedencias que formaban la mayoría; que no había cambiado la política de aquél, y que el nuevo ministro de Hacienda estaba animado de los mismos deseos que el anterior, respecto á cumplir con todos los compromisos que la Nación tenía.

Sánchez Ruano no se dió por convencido con las manifestaciones de Prim, y éste, malhumorado, dijo: «Yo siento mucho que las explicaciones que he dado no hayan 'podido complacer al Sr. Sánchez Ruano; y lo siento tanto más, cuanto que no le puedo dar otras. S. S. podía ya conocer al Presidente del Consejo de Ministros, y, conociéndole, debía saber que es inútil que se le ponga el anzuelo: ni dice, ni dirá más que lo que discreta y prudentemente debe decir, con tanto mayor motivo, cuanto que las razones que ha dado para explicar la modificación del Ministerio, de seguro que son las bastantes para la gran mayoría de los señores diputados.»

Figueras dijo á Prim que le faltaba corazón para romper con la *Unión liberal*, que le tenía encadenado como las serpientes á Laocoonte.

Castelar contó un caso muy gracioso. Parece que Prim, al reformar el Ministerio, había ofrecido la cartera de Gracia y Justicia, primero, á D. Cirilo Alvarez, que no la aceptó, y luego, á D. Cristino Martos, que también declinó el honor; pero conviene saber que aquél había combatido los derechos individuales cuando se discutieron en el Congreso, y éste los había defendido, de modo que representaban tendencias opuestas, y, por lo tanto, decía el orador, sacando una consecuencia: *esta es una política de personas.*

A Cánovas le tiraron de la lengua, obligándole á hacer una declaración importante para sus biógrafos: «No teniendo el deber de contribuir desde el primer instante, ni todavía desde ahora, á un orden de cosas que ni he creado, ni me ha sido dado dirigir en el sentido que hubiera podido yo creer útil á mi patria; completamente independiente, pues, y sin compromisos de ningún géneɾo, *no por eso me niego, por mi parte, á las transacciones.* Yo podré transigir con lo conocido y lo concreto; yo transigiré con la Monarquía cuando la haya, pero con una verdadera Monarquía, *aunque no esté fundada en mis antiguos principios.*»

Esto era tanto como ponerse al habla con la Revolución.

En resumen, este debate no tuvo otra finalidad que hacer resaltar lo heterogéneo que era el espíritu que animaba la política de las diferentes fracciones de que estaba formado el Gobierno.

Hacía un calor bochornoso, y no contando con fuerzas, ni físicas, ni morales, para seguir las discusiones, se suspendieron éstas, de común acuerdo, hasta 1.º de Octubre.

Suspensión de garantías personales. —D. Pedro Antonio de Alarcón. El Duque de Génova.

El 3 de Octubre (1) se presentó á las Cortes un proyecto de ley sobre suspensión de las garantías constitucionales, en vista del estado de rebelión en que se hallaba el Principado de Cataluña, al grito de ¡viva la república!, dando lugar á escenas sangrientas, que causaron la natural alarma en el país. *Ipso facto* vino la suspensión mencionada.

Los diputados republicanos esperaban que el Gobierno tomase esta medida, y arremetieron contra él briosamente, arro-

_____
(1) 1869.

jando la culpa, como en los sucesos de Jerez, de que ya hemos hablado, al desacierto de las autoridades.

Algo de esto ocurrió, pero no puede negarse que no hubo motivo para cometer ciertos actos, ni para quitar la vida al secretario del Gobierno civil de Tarragona (1), que hacía las veces de gobernador, por estar ausente el propietario. Veamos cómo refiere el hecho el mismo Estanislao Figueras, quien procuró atenuarle todo lo que pudo, con su fácil y correcta palabra:

«Así que llegó, ó poco antes de llegar el General D. Blas Pierrad, estaba la estación llena de gente, y tenian enhiesta la bandera los toneleros (2). Llegó el secretario del Gobierno civil, y les ordenó que quitaran el lema de la bandera. El lema de esta bandera estaba impreso ó escrito con letras de papel dorado sobre un *calicot* (3) colorado, que había estado expuesto mil veces á la acción del sol, y las letras estaban pegadas con goma. Sin embargo de que esto era ilegal y atentatorio á los derechos individuales, los toneleros despegaron con agua el papel dorado en que estaban impresas aquellas letras, y las quitaron; pero como el *calicot* se había descolorido, y como la goma había dado fuerza y mayor consistencia á los tejidos, resultó que, quitadas las letras impresas ó escritas con papel dorado, quedaba más fuerte el color del lienzo que las letras cubrían, y el lema estaba tan claro como antes. *(Risas.)*

«A poco de esto, llegó el general D. Blas Pierrad, entró en el coche que le tenían preparado, y al llegar á la mitad del camino de la ciudad bajó el desgraciado secretario del Gobierno civil de Tarragona, y fué á arrancar la bandera mencionada al que la llevaba en la mano en el pescante del coche: el

---

(1) D. Raimundo Reyes García.

(2) Pierrad venía de Tortosa, adonde había ido para tomar parte en una sesión del pacto federal. La tonelería era una industria importante de Tarragona: llevaban una bandera con el lema de «¡Viva la república federal!»

(3) Percalina ordinaria.

que la llevaba la retiró; el secretario se empeñó en cogerla, y marchando el coche, fué cuando lo cogieron, sin que pudiera verle el General Pierrad, que estaba en el fondo del coche, y sin que oyera lo que pasaba. *(Risas.)* Los señores diputados saben que, desgraciadamente, el señor General Pierrad es sordo. *(Murmullos.)* Si se niega la sordera del General Pierrad es inútil que digamos nada. *(Risas.)* Puede ser que el General Pierrad se haya hecho el sordo toda su vida; pero en ese caso, no le alabo el gusto. Hirieron al secretario y lo mataron, sin que estuviera el grupo de republicanos federales que se había formado, no viéndolo el General Pierrad; porque si él hubiera visto lo que sucedía, de seguro que todos los que conocen sus nobles sentimientos no le harán la injusticia de creer que hubiera podido ser cómplice de aquel inicuo é infame asesinato.»

Los ministeriales negaban que el secretario dicho hubiera intentado arrancar la bandera republicana; pero aun como Figueras contaba el hecho, no tiene disculpa. El Gobierno necesitaba medios enérgicos de represión en aquellas circunstancias, cuando Cataluña estaba alzada en armas, y las Cortes votaron su proyecto de suspensión de garantías individuales. A Pierrad se le procesó por haberse ausentado del punto donde residía sin permiso del Capitan general, corriendo la misma suerte otro diputado republicano, D. Gonzalo Sarraclara, á quien se prendió en una de las barricadas que se habían levantado en Barcelona durante aquella insurrección.

Además figuraban sublevados, según comunicación del Presidente del Consejo de Ministros á la Cámara (1), los diputados siguientes: Joarizti, Alsina, Paul y Angulo, Suñer, Noguero, Blanc, Alvarez Acevedo, Ferrer y Garcés, Llorens, Castejón (D. Ramón y D. Pedro), Benavent, Fantoni, Cabello y Carrasco.

El 14 de Octubre las Cortes declararon que condenaban la conducta de dichos diputados, concediendo autorización á los

---

(1) 9 de Octubre de 1869.

jueces y Tribunales para que pudieran proceder contra aquellos individuos de la Cámara que apareciesen complicados en el delito de rebelión.

Desde los primeros momentos de ésta, la situación de los diputados republicanos dentro de la Cámara era muy violenta, pues no podían aplaudir ni censurar el movimiento revolucionario; así es que aprovecharon la suspensión de garantías personales para abandonar el Congreso, en són de protesta, según decían ellos; pero cuando vieron que Prim no se había achicado por esta determinación, realizando la represión del alzamiento, con próspera fortuna y en breve espacio de tiempo, decidieron volver á la Asamblea, presentándose inopinadamente el 27 de Noviembre.

Al verles Prim, les dirigió la siguiente salutación:

«No pensaba ciertamente tener el gusto de ver tan pronto á la minoría federal en este sitio. En un día de dolor para mí, de dolor para mis compañeros de Gabinete y de dolor para todos los señores diputados de la mayoría, os retirasteis de este sitio para ir á tomar las armas. Nos hemos batido, os hemos vencido; no guardamos rencor: seáis bien venidos al camino legal.»

Esta entereza de ánimo recordaba al Duque de Valencia y la suspensión de garantías personales también.

* *
*

Dió mucho juego (1) un proyecto de ley para que se abonase á los militares las pagas que dejaron de percibir durante su emigración. Principió combatiéndole Méndez de Vigo, quien, sin oponerse á la esencia de la proposición, pidió que se diera á conocer el importe á que ascendían dichos haberes, á fin de no votar á ciegas cantidades que no se conocían. Abrigaba Méndez de Vigo el temor de que se repitiera el caso de 1854,

---

(1)   28 de Octubre de 1869.

pues en una provincia donde se habían sublevado diez y seis militares, luego solicitaron recompensa por aquel acto ciento cincuenta y cuatro individuos.

Prim contestó que se nombraría una Comisión para que formara los expedientes oportunos, y que el importe de las pagas en cuestión no era una cantidad exorbitante.

El Marqués de Sardoal se puso al lado de Méndez de Vigo, y pidió que en el proyecto se hiciera constar los nombres de las personas que merecían la recompensa.

Alvarez Bugallal (1) atacó el proyecto en su esencia, y manifestó que en éste se establecía el principio de que la nación estaba obligada á sostener dos ejércitos, uno rebelde y otro leal, uno que la atacaba y otro que la defendía.

Madoz dijo que esta recompensa se había otorgado otras veces, como sucedió en los años de 1841 y 1843, pues él recordaba que varios oficiales, amigos suyos, cobraron las pagas que habían dejado de percibir en la emigración.

Habiendo sido aludido Alarcón (2) durante el debate, se creyó en la obligación de dar explicaciones de su consecuencia política, y dijo:

«Nosotros somos muy consecuentes, Sr. Bugallal; yo, al menos, lo he sido toda mi vida, desde que era demócrata y escribía en *El Látigo,* hasta hoy. Cuando yo era demócrata, á los veinte años de edad, y con la fogosidad propia de ese tiempo, ya señalaba al país que el cáncer que le devoraba era la dinastía. Me alegro tener ocasión de hacer esta declaración, que hace diez y seis años pudre dentro de mi corazón. Yo en el año 1854, á los veinte de edad, hablé contra la dinastía de los Borbones; sucedieron cosas, es cierto, que no quiero referir, pero de las que toda la responsabilidad fué de los que con más energía me aconsejaron. Pasaron los años; adquirí experiencia de los hombres y conocimiento de mi pais; vi levantarse al ilustre

(1) Antiguo *unionista,* disidente á la sazón.
(2) D. Pedro Antonio.

general O'Donnell, con el pensamiento de hacer compatible el trono con la libertad; acerquéme á él en los momentos más legítimos, más solemnes en que un hombre puede acercarse á otro, cuando, ceñido con el laurel de la victoria en Africa, levantaba el nombre español á la altura de las épicas edades. Entonces me acerqué á ese General ilustre, y me acerqué para estar á su lado, como estuve cinco años, apoyándole con mi pluma y mis simpatías, sin tener puestos oficiales y sin conseguir otra condecoración que aquella con que me honró en el campo de batalla de Tetuán. Así, espontáneamente, estuve al lado del general O'Donnell, mientras el general O'Donnell creyó que era posible hacer compatible la dinastía con la libertad; pero el día en que comprendió que aquello era imposible, seguimos defendiendo la libertad contra los atropellos del Ministerio Narváez, en aquella célebre protesta que nos trajo á todos el destierro.»

Conviene advertir al lector que el autor de *El sombrero de tres picos* era un liberal á lo Posada Herrera.

El proyecto de la recompensa á los militares emigrados quería Prim que se aprobara como se había presentado, y se aprobó por 87 votos contra 14, entre los que figuraban Sardoal, Sánchez Ruano, Cruz Ochoa, Navarro Rodrigo, Moret, Elduayen, Alvarez Bugallal y Cánovas del Castillo.

Se dijo por entonces que, decidido Prim á abordar la cuestión magna y grave para el Gobierno de designar la persona que había de ocupar el Trono, el Presidente del Consejo había reunido una noche á la mayoría en sesión secreta, planteando desde luego el problema; y se dijo también que en aquella reunión quedó designada la candidatura del Duque de Génova (1) por 128 votos contra 52, que eran los unionistas, declarados

(1)   Tomás Alberto Víctor, nacido eu 16 de Febrero de 1854: era sobrino de Víctor Manuel, rey de Italia.

partidarios del Duque de Montpensier. Lo positivo es que el ministro de Estado (Silvela), el de Hacienda (Ardanaz) y el de Marina (Topete), presentaron la dimisión de sus carteras, y fueron sustituidos, respectivamente, por Martos, Figuerola y Prim, que conservó también la de Guerra y la Presidencia.

Explicó Prim la crisis, haciendo creer que había sido para formar un Ministerio homogéneo por consejo de los mismos *unionistas;* pero esto no satisfizo á nadie, tanto más, cuanto que Topete se clareó el día 8 de Diciembre, al dar las razones por que había salido del Gobierno, manifestando que él contiunaba al lado de la situación.

«Siempre he creído que todos nosotros estamos aquí comprometidos á aceptar lo que determinase la mayoria de esta Cámara. Hasta ese momento puede tener cada diputado convicciones propias; desde ese instante, desde que vosotros digáis: *éste va á ser vuestro rey,* ya concluyeron todas las aspiraciones, todos los deseos individuales; desde aquel momento, aquel será mi rey y lo defenderé; yo os lo prometo en mi nombre y en el de la Marina.»

No olvide el lector que Topete ya se había declarado abiertamente en la Asamblea partidario *enragé* del Sr. Duque de Montpensier.

Y, para remachar el clavo, dijo Prim el día 10, contestando á D. Fernando Garrido: «Yo no he oído á nadie que diga con cuántos batallones se contará para proclamar al rey, sino cuántos votos tiene hoy el Duque de Génova; y por cierto que no le faltan votos; que tiene muchos, y que antes de poco tendrá tantos, que habrá los bastantes para hacerle rey. Ya sé yo que el Sr. Garrido, lo mismo que el Sr. Castelar, no creen esto que estoy diciendo; pues créanlo SS. SS., porque se lo digo de una manera muy seria: antes de poco, tendrán SS. SS. el disgusto, y la mayoría y yo la satisfacción, de que se presente esa cuestión oficialmente, y de ver aquí coronado rey al Duque de Génova.»

Estas declaraciones confirmaron los rumores de que hemos

dado cuenta, y ponian de manifiesto las discrepancias que, en cuestión tan importante, existían entre los diputados que apoyaban al Ministerio. Del Duque de la Torre no hablemos; ese estaba *preso en una jaula de oro,* como decía Castelar.

Ya nos habíamos convencido todos de que el Duque de Génova, se iba á sentar en el trono un día próximo, cuando el 4 de Enero (mal principio de año), al abrirse la sesión, y después de leída el acta de la anterior, anunció Rivero que el Ministerio estaba en crisis, por lo cual creía oportuno proponer á las Cortes, que éstas suspendieran sus sesiones hasta tanto que se constituyese el nuevo Gobierno. Así se acordó, y el día 11 se presentó éste formado del modo siguiente: Gobernación, Rivero (1); Marina, Topete; Estado, Sagasta; Gracia y Justicia, Montero Rios; Fomento, Echegaray; Hacienda, Figuerola, y Ultramar, Becerra. Prim quedó con el Ministerio de la Guerra y la Presidencia. Ahora bien; ¿cuál fué la causa de la crisis? Figueras nos lo dijo el mismo día 11: el gran fracaso de la candidatura del Duque de Génova. Y de que fué fracaso no hay duda: el mismo Prim, contestando al diputado republicano que calificó de ligereza la declaración de que el Duque de Génova sería rey de España, dijo:

«No hubo tal ligereza, á pesar de los resultados que tocamos; porque con los datos que poseía y los antecedentes que tenía, estaba más que autorizado para hacer aquella declaración; y añado á S. S. que, á no haberse atravesado un inconveniente invencible é inesperado, imposible de prever, *como es el de una madre cariñosa que teme por la existencia de su hijo,* en cuyo caso no hay argumentos que basten para convencerla de lo contrario, la declaración que yo hice se hubiera realizado, y el Duque de Génova se hubiera proclamado Rey de España por las Cortes Constituyentes.»

Al andar del tiempo parecerá extraño que el General Prim

---

(1)   Le sustituyó en la Presidencia del Congreso D. Manuel Ruiz Zorrilla, el 17 de Enero de 1870.

quisiera coronar la Revolución colocando en el trono de España un niño extranjero, de diez y seis años no cumplidos, desconocido completamente para el país que iba á ponerse bajo su Gobierno; pero el hecho es positivamente cierto, y ante las afirmaciones de Prim no cabe duda alguna de que así sucedió. Castelar había también manifestado días antes que tenía la seguridad de que la madre del Duque de Génova no permitiría, en cuanto de ella dependiera, que su hijo se sentara en el trono de España.

Este fracaso hizo renacer las esperanzas de los montpensieristas; por eso entró otra vez Topete en el Ministerio.

Las alhajas de la Corona.—Los estudiantes.—Castelar contra el Duque de Montpensier.

Durante la discusión del proyecto de ley sobre *desvinculación y venta de los bienos del patrimonio que fué de la Corona*, el señor Ramos Calderón preguntó (1) qué había de verdad en lo que se dijo á principios de la Revolución acerca de las alhajas que se habían llevado D.ª Isabel II y su madre D.ª María Cristina en tiempos anteriores.

Figuerola contestó que *las alhajas de la Corona habían sido robadas, y robadas de la manera más escandalosa, porque podía decirse que había sido un robo doméstico.* Hizo la historia de la vinculación de las alhajas de la Corona, desde Felipe II hasta la muerte de Fernando VII, con idea de demostrar su afirmación de que existían alhajas en Palacio y que tanto Doña Cristina como su hija Isabel, las habían hecho desaparecer, reconociendo el orador la circunstancia de que el *rey intruso*, según inventario que se inserta en el *Diario de las Sesiones*, se llevó alhajas por valor de 22 millones de reales.

Don Victor Balaguer presentó en el mismo día una proposición incidental para que las Cortes declarasen que habían

(1)   1.º de Diciembre de 1869.

oído con satisfacción las manifestaciones dadas por Figuerola respecto á los Borbones.

Tutau y García López, diputados republicanos, hablaron en contra, censurando al Gobierno por no haber presentado ante los tribunales á los delincuentes, tan luego como habían tenido conocimiento de los hechos denunciados por el ministro de Hacienda.

La íntima relación que había entre la familia de los Borbones y la de los Orleans, á la que pertenecía el Duque de Montpensier, cuya candidatura al trono patrocinaban muchos individuos de la mayoría, hizo que la cuestión entrase en un sendero escabroso; así es que Prim, para no crear más dificultades al Gobierno, pidió á la mayoría que desechase la proposición de Balaguer, y, en efecto, fué desechada aquella misma tarde.

Pero al día siguiente, D. Cruz Ochoa, comprendiendo el partido que se podía sacar del asunto, á fin de desunir á la mayoría, presentó otra proposición para que las Cortes decretaran que, en atención á la gravedad de los hechos denunciados por el ministro de Hacienda, sobre robo de alhajas de la Corona, se nombrase una Comisión que abriese una información parlamentaria con el objeto de averiguar la verdad de lo referido, y se impusiese la responsabilidad correspondiente á quien la tuviera.

Pasada la proposición á la Comisión respectiva, ésta emitió dictamen favorable, que se presentó á las Cortes en 13 de Diciembre, consumiendo el primer turno en contra del Sr. Elduayen.

Inventarios, escrituras, cartas, documentos de todo género presentó Elduayen en su defensa, encaminados á probar el exiguo número de alhajas que constituían el vínculo de la Corona desde Felipe II hasta la muerte de Fernando VII, la desaparición de las joyas en tiempo del *rey intruso,* y el perfecto derecho que D.ª Isabel de Borbón y su hermana la Duquesa de Montpensier tenían á poseer las que habian heredado del peculio particular de su padre, según escritura otorgada en 29 de Enero de 1858 por los abogados D. José Cassaus, D. Santiago de Tejada y D. Manuel Cortina, en representación, respectivamente, de la Reina Isabel, de su hermana la Infanta y de la Reina madre D.ª María Cristina.

Esta señora había recibido de su esposo un caudal de alhajas por valor de 58.155.800 reales (cuyo pormenor consta en la sesión de 13 de Diciembre), y en la fecha indicada de 29 de Enero de 1858 las repartió entre sus dos hijas D.ª Isabel y doña Luisa Fernanda, entregando á cada una 29.077.900 reales, que forman en total la cantidad dicha de 58.155.800 reales (1).

Alvarez Bugallal estudió la cuestión jurídicamente, en favor de la ex-reina Isabel, y Cánovas apeló á todos los recursos de su ilustración y de su talento, tratando de llevar á la Cámara el convencimiento de que D.ª Isabel II y su hermana la Duquesa de Montpensier habían sido poseedoras de buena fe.

«No hay, pues, robo ninguno—decía,—no hay aquí delito; no le hay, sobre todo, clara y evidentemente, por parte de dos de las personas directas ó indirectamente acusadas; no lo hay, á mi juicio, por parte de ninguna de las acusadas, absolutamente ninguna. Lo que cabría aquí, en la participación de bienes de la testamentaría de D. Fernando VII, ó en lo que toca á las alhajas incluídas, ó no, entre los bienes reservables de D.ª Maria Cristina, seria una acción civil que ejercitar, si hay algún fundamento, que yo creo que no le hay.»

El asunto, más jurídico que político, merecía un estudio desapasionado, al que podrían servir de base los interesantes y curiosísimos datos que se manifestaron en esta discusión. Nos hemos concretado á dar cuenta del hecho como cronistas, renunciando á examinarlo detenidamente, porque esto nos apartaria de nuestro propósito.

Ríos y Rosas se levantó á decir que él y sus amigos se abstendrían de votar, y Topete manifestó que votaría en favor, á

_____

(1) Según las palabras de Cánovas (15 de Diciembre de 1869), las joyas fueron reclamadas por D.ª Isabel á su madre, acto que induce á sospechar cierta tibieza de relaciones entre una y otra.

fin de que se hiciese luz en el asunto, y en la firme creencia de que las acusadas podrían probar su inocencia.

El dictamen de la Comisión pidiendo que se formara una para exclarecer el asunto de la desaparición de las alhajas de la Corona, fué aprobado por 130 votos, incluyendo á los republicanos, contra cinco.

En sesión de 20 de Enero de 1870 interpeló D. Gabriel Rodríguez al ministro de Fomento (1) sobre ciertos alborotos, promovidos en la vía pública por los estudiantes de la Universidad, contra un Reglamento publicado por el Rector, D. Fernando de Castro. Los estudiantes habíamos gritado de lo lindo en las calles de Madrid, especialmente delante de la casa del Rector, en la calle de Leganitos, y de la de Echegaray, en la del Barquillo, si no recordamos mal, esquina á la de Gravina, manteniendo la población en un estado de alarma, parecido al que causamos durante los días 9 y 10 de Abril de 1865, de que hemos hecho mención en *Las Cortes de Isabel II.*

El Reglamento dividía los alumnos de cada asignatura en tres clases: matriculados inscriptos, simplemente matriculados y oyentes. Los primeros *tenían derecho* á ocupar en el aula un asiento con número fijo, formando parte la lista, y debiendo contestar á las preguntas y lecciones cuando el profesor lo estimase oportuno. Los alumnos inscriptos se entendía que renunciaban á los *derechos* enunciados anteriormente, cuando no asistían continuamente á clase ó se excusaban varias veces de tomar parte en las conferencias, es decir, cuando no se sabian la lección. Estos eran los puntos capitales de la protesta, porque los demás artículos no tenían nada de particular.

Los estudiantes considerábamos atentatorio á la libertad de enseñanza el *soi disant* derecho de que nos pasaran lista,

(1) Echegaray.

pues comprendíamos que los que no hubiesen querido figurar en ella, iban á sufrir en el mes de Junio las consecuencias.

Este procedimiento lo había seguido, *á la tácica*, en los años anteriores, D. Alfredo Adolfo Camús, catedrático de Literatura Griega y Latina: durante los primeros meses del curso se aseguraba de quiénes eran los asistentes asiduos para preguntarles la lección con la frecuencia que el desarrollo de las conferencias permitia, dejando á los otros *entregados á su consciencia.* «Vosotros tenéis—decía—ocho meses para reíros de mí: yo, en cambio, tengo un solo día en el mes de Junio para ser un *Júpiter justisiero.*»

Como antecedente curioso, merece consignarse lo que nos ocurrió con el catedrático D. Vicente Lafuente, famoso por sus ideas clericales, y á quien apreciábamos todos, aun los que simpatizábamos con la Revolución. Como Lafuente pasase lista diaria, y pusiera faltas de asistencia, se acercaron al profesor unos cuantos, en son de respetuosa protesta, diciéndole que, declarada la *libertad de enseñanza,* no debía obligarnos á asistir á clase; pero contestó que por lo mismo que se había proclamado la Libertad de enseñanza, *él enseñaba como le parecía bien.* Con lo que nos dejó corridos.

El propósito de obligarnos indirectamente á asistir á clase era bueno, archibueno y *non plus ultra* bueno; pero las circunstancias y el estado de ánimo de los estudiantes no ofrecían ocasión favorable á su implantación.

Echegaray defendió el Reglamento con verdadero entusiasmo, llegando hasta decir que lo hacía suyo: le gustaba porque era un acto vital de la Universidad.

Disculpó á los estudiantes, manifestando: «Esta agitación no debe alarmar á nadie; es el aprendizaje de la libertad de enseñanza. La libertad no se aprende en un día; la libertad no se establece inmediatamente después de conquistada. Es necesario que se encarne en el pueblo, que se infiltre en las costumbres, que se comprenda y se practique.»

El diputado D. Pedro Mata (1) quiso dar á entender, y era voz corriente, que los promovedores del tumulto habían sido estudiantes de la Facultad de Derecho. No es cierto. «Jurisprudencia y Medicina están siempre unidas—decía un alumno del Colegio de San Carlos;—y en cuestión de alborotos no hay más que una voz, una lengua, una garganta.»

La distinción de alumnos *oficiales* y *libres* ha resuelto, en lo moderno, aquel conflicto que preocupaba á D. Vicente Lafuente y á D. Fernando de Castro.

El 24 de Enero (2) se puso á discusión una proposición de Castelar declarando inhabilitados á todos los individuos de la familia Borbón para ejercer la alta dignidad que al Jefe del Estado concedía la Constitución.

Castelar sabía de antemano que su proyecto no podía prosperar; pero quiso aprovechar la ocasión para promover un debate esencialmente político y poner á prueba la paciencia de los ministeriales antimontpansieristas, que forzosamente habían de votar en contra. Hizo un discurso, como todos los suyos, modelo de oratoria parlamentaria, encaminado á inutilizar en la opinión pública la candidatura del Duque de Montpensier, fustigando de camino al Ministerio con ingeniosas frases.

Vayan de muestra algunos párrafos:

«El iniciador de la Revolución, Sr. Topete, nos ha dicho mil veces, con esa franqueza que le es propia, y que tanto realza su carácter, que él no había pensado ni un momento, cuando abrazó la bandera revolucionaria, en destronar á los Borbones.»

. . . .

«El Duque de Orleans tenía medios para haber ascendido al trono vacante por la caída de Luis XVI; tenía montañeses

---

(1) Catedrático de la Facultad de Medicina.
(2) 1870.

y girondinos, tenía clubs, tenía ejército para luchar en los campos de batalla. ¿Cómo no subió? ¿Por qué no subió? Porque una noche célebre, la Convención votó la muerte de Luis XVI. Aún resonaban en el aire aquellas palabras del defensor del Rey: *Busco jueces y sólo encuentro acusadores.* Iban subiendo á la tribuna de la Convención los convencionales, y cada uno votó en público, y votaban en alta voz su decisión suprema sobre el Rey.

»De pronto todas las miradas se fijan absortas en un hombre. Aquel hombre era un Borbón (1), y aquel hombre subía las gradas de la tribuna para erguirse y decir: *Voto la muerte del tirano y la muerte inmediata.* Entonces, los concurrentes que habían aplaudido á otros votantes de la muerte inmediata, estallaron en una indignación sublime, lo cual ahogó aquel voto con uno de esos espontáneos arranques, en los cuales palpita siempre la conciencia, y que nos reconcilian con el género humano hasta en las épocas más tempestuosas del mundo.

»Aún no ha perdonado ese voto la humanidad; aún no lo ha perdonado la Francia; no lo perdonará á la conciencia de los futuros siglos; y no será jamás redimido ni purgado en los eternos infiernos que para todos esos crímenes de lesa humanidad guarda en su seno la Historia.

»¿Y qué hay aquí, señores diputados? El sentimiento de familia es más vivo en España que en Francia. Nosotros tenemos una familia más efusiva, más afectiva, más amante: la casa de los abuelos, es la casa de los nietos; los hermanos de nuestros padres, son segundos padres para nosotros; esta es una gran virtud de la raza española.

»Pues bien; aquí nadie puede comprender, nadie puede explicarse cómo un Príncipe que debía ser en sentimiento superior á los demás hombres, va, después de aquella hospitalidad, de aquellos honores, de aquellas distinciones, de aquellas grandezas concedidas por la Reina Isabel, á conspirar contra la

_____

(1) El famoso Felipe Igualdad.

Reina su pariente, que había convertido en paraiso su destierro. Los españoles, y sobre todo los liberales, no se explican cómo de aquellas dos tiernas niñas, las cuales dormían en una misma cuna durante la guerra civil, adoctrinadas por el gran Quintana y protegidas por el gran Argüelles, cómo de aquellas dos niñas, por cuyos derechos combatieron en Luchana y Morella, la una ha ahogado, quiero decir, ha destronado á la otra.»

. . . .

«Yo recuerdo todavía que el Sr. Presidente del Consejo de Ministros, en la primera sesión que aquí celebramos, se levantó, y hablando de la restauración de los Borbones, dijo: *Jamás, jamás, jamás.* Yo me preguntaba: ¿cómo es que S. S., de ordinario tan sobrio y conciso, usó tres veces el adverbio jamás? Pues yo me contestaba: el primer *jamás* fué para la dinastía de D. Carlos; el segundo *jamás* fué para la dinastía de Doña Isabel II; el tercer *jamás* fué para la dinastía del Duque de Montpensier» (1).

. . . .

«Yo creo que el mismo Sr. Topete, así como sacrificó el Duque de Montpensier á D. Fernando de Portugal y al Duque de Aosta (2), sacrificará ahora el Duque de Montpensier á una solución aceptable.»

Echegaray le contestó con un discurso de esos que se llaman habilidosos, sin defender, ni censurar al Duque de Montpensier, porque no era santo de su devoción, y al mismo tiempo no quería disgustar á los partidarios de esta candidatura. Tuvo rasgos de humorismo que le valieron el aplauso de la Cámara.

«La Revolución representa—dijo—sobre todas las demás cosas, como principio supremo, el punto final de las dinastías

---

(1)   Prim negó aquel mismo día la interpretación que Castelar había dado á sus *jamases.*

(2)   Nuevo candidato.

de derecho divino y el comienzo de la soberanía *(nacional)*. Bien puede decirse que cuando sonó el grito de Cádiz, que cuando Isabel de Borbón huyó de nuestra patria y atravesó las hondas gargantas de los Pirineos, si aquellas gargantas hubieran tenido voz, por ronca que hubiese sido, y hubieran tenido memoria, aunque ésta hubiese estado un poco oscurecida, habrían podido decir: «¡Ah, reina Isabel, último vástago de la raza de reyes de derecho divino, qué á menos han venido los tuyos! Yo recuerdo haber visto pasar también por entre mis abismos y mis gigantes de piedra, otros reyes de derecho divino. Yo recuerdo ha tiempo, ha mucho tiempo, uno que llamaban Carlo-Magno; era un hombre; tú, eres una pobre y triste mujer; él traía corona de hierro en su frente; tú traes sombrero á la francesa; él traía espada de dos filos; tú traes un pañuelo empapado en lágrimas; él traía sus Doce Pares de Francia, magníficos, gigantescos, épicos; tú no llevas ninguno..... ¡Ah! sí; llevas un par: Marfori y González Brabo. ¡Qué par, reina Isabel!» *(Aplausos y risas.)*

Declaró que el intento de la proposición presentada por Castelar, era el de dividir á los monárquicos, y que sería desechada por cuatro razones: 1.ª, porque era un procedimiento de estrategia parlamentaria; 2.ª, porque era una añagaza de la minoría; 3.ª, porque tendía á modificar el programa del Gobierno; y 4.ª, por su carácter eminentemente republicano. La proposición fué, pues, desechada por 151 votos contra 36; pero la candidatura del Duque de Montpensier quedó descontada ante la opinión pública.

Otra vez los Consumos.—La iglesia de las Calatravas.—Tentativa de Castelar para dividir la mayoría parlamentaria.—Desacato al General Prim.

La abolición del impuesto de Consumos que suministraba sus mejores y más seguros recursos á los pueblos, y la tenaz resistencia que en todas partes se demostró contra el llamado *impuesto personal*, sugirió al ministro de Hacienda la idea de dar una ley dejando en libertad á los Ayuntamientos para que impusiesen nuevas exacciones á sus administrados, mediante bases acordadas por la Cámara, ó que volviesn á los consumos, si no se les ocurría cosa mejor.

El impuesto de Consumos era odioso, más bien por la forma, que por su fondo, pues bien estudiado, resulta equitativo que cada cual abone su contribución sujetándose estrictamente á lo que consume; pero en aquel tiempo formaba parte del credo *progresista* la supresión de los Consumos, al tanto de que el Marqués de Albaida decía una vez, en la época de Isabel II: «Las revoluciones *progresistas* consisten en quemar las casillas de los Consumos, apalear á un polizonte y cantar el himno de Riego.»

Figuerola, siendo ministro de Hacienda, propuso, como ya se ha dicho, para sustituir á los Consumos, un tributo que llamó *impuesto personal*, dándole por base que se estableciera en razón directa de los inquilinatos, y en razón inversa de los individuos que compusiesen la familia de cada vecino. La Comisión de Presupuestos rechazó esas bases, y estableció que el repartimiento de la contribución personal se hiciese sobre las utilidades de cada vecino, y la llamó *impuesto de capitación:* ni una ni otra forma fueron del gusto de los contribuyentes, y hubo que renunciar á la cobranza de la exacción; pero como algunos de los individuos que formaban el Gobierno, y muchos de la mayoría parlamentaria, habían ofrecido en la oposición suprimir los Consumos, Figuerola, para sacar del compromiso al Ministerio, inventó el proyecto de ley de *arbitrios municipales*, á fin de sacudirse las pulgas, pues, una vez aprobado, podria decir, parodiando al personaje del drama de Zorrilla:

«Que luego los municipios
se las compongan con él.»

El ministro de la Gobernación, D. Nicolás María Rivero, que había sido durante más de un año Alcalde de Madrid, con-

fesó que el estado del Ayuntamiento de la Corte era en **extremo** aflictivo, y que no se encontraba manera de cubrir las atenciones perentorias y constantes del Municipio. Esta situación
que apareció imponente y abrumadora desde los primeros momentos de la Revolución, obligó á Rivero á contratar un empréstito con la casa Erlanger y Compañia, por valor de 19 millones de pesetas, que se gastaron en *cuchiflainas,* como decía
un antiguo concejal, y si no fueron *cuchiflainas* en el sentido
que familiarmente damos á esta palabra, bien puede decirse
que aprovecharon poco ante la necesidad apremiante de salir
de los gastos corrientes, sin mejorar servicios ni desarrollar
obras públicas. Hoy está todavía pagando el pueblo de Madrid
la rotura de aquellos vidrios.

El proyecto de arbitrios municipales quedó aprobado en
15 de Febrero de 1870, y el Gobierno durmió tan tranquilo
aquella noche, creyendo que había hecho algo beneficioso para
los Ayuntamientos.

Lo que tiene gracia es que el Gobierno había quitado á
éstos el recargo que cobraban en la contribución territorial y
de subsidio industrial, dándoles en cambio el *impuesto de capitación* que él desechaba como incobrable; y para mayor escarnio, Rivero dijo que con el proyecto de *arbitrios municipales*
se realizaba la descentralización económica de los Municipios,
que constituía una de las aspiraciones de la Revolución.

El presupuesto municipal de Madrid era de 44 millones **de**
reales: los Consumos daban una entrada de 22 á 24 millones y
los recargos de las contribuciones de territorial y subsidio
unos 12 millones; de modo que el Ayuntamiento se encontraba
que las reformas hacían desaparecer su presupuesto de ingresos. Rivero se encontró únicamente 40.000 reales en las arcas
municipales el día en que tomó posesión, y se debían de atrasos 7.500 duros (1). Por efecto de la crisis obrera, acentuada
durante el invierno de 1868 á 1869, á consecuencia, natural

_____

(1)   Rivero: 19 de Marzo de 1870.

mente, del estado que al país había causado la Revolución, el Ayuntamiento se vió en la necesidad de dar ocupación á 19.300 jornaleros, que de otro modo hubieran sido una amenaza constante contra el orden público. Todo hay que tenerlo en cuenta.

*_**

Por un decreto del Gobierno provisional, dictado en los primeros meses de la Revolución, se declaró la supresión inmediata de todas las Comunidades religiosas establecidas desde 1837, excepto las de Hermanas de la Caridad y otras Asociaciones de beneficencia ó enseñanza, y el Gobernador de Madrid, Moreno Benítez, cumpliendo lo establecido por el citado deoreto, dispuso que se trasladaran al convento de Comendadoras de Santiago las del llamado de las Calatravas, sito en la calle de Alcalá; pero D. Manuel Silvela, en unión del General López Domínguez, de D. Cirilo Alvarez, D. José Luis Albareda y del Marqués de Sardoal, pidieron al Congreso que si se persistía en la traslación de la Comunidad de las Comendadoras de Calatrava, se conservase el templo abierto al culto, como recuerdo de un pasado glorioso, consagrando el resto del edificio á la enseñanza ó á otras atenciones del Estado.

La iglesia de las Calatravas era la predilecta de las damas elegantes de aquellos contornos y aun de barrios allende, y allí se daba cita, piadosamente, la aristocracia de la sangre y del dinero, para oir la misa de once ó de doce, acudiendo por aquellos alrededores el joven y el viejo, para ver entrar y salir de la iglesia á las mujeres de buen palmito, de finos modales, de airoso porte, que lucían las últimas prescripciones d la moda.

Silvela, en un buen discurso, pronunciado con aquella naturalidad y sencillez que era la nota característica de su oratoria, consiguió convencer á Moreno Benítez y á Figuerola, e ministro de Hacienda, que accedieron á lo de que quedase subsistente la iglesia. No había más que siete religiosas en el con vento, y, por lo tanto, resultaba mucha casa para tan poco personal; así es que las religiosas fueron trasladadas al dicho convento de Comendadoras de Santiago, en la calle de Quiñones, por más que éstas eran agustinas y las otras cistercienses. No hubo más remedio; el edificio de la calle de Alcalá se derribó, y se construyeron en el solar unas casas de buen aspecto con tiendas que dan animación al paraje. La iglesia subsiste, gracias á la defensa que las señoras hicieron por voz de D. Manuel Silvela.

*
* *

Como el Gobierno no resolvia la cuestión de la persona que había de ocupar el trono, y el país estaba ignorante de las gestiones que para el caso se estaban practicando, Castelar (1) hizo una interpelación al Ministerio, llamando la atención sobre todas las cuestiones que en aquellos momentos preocupaban á la opinión pública.

Con Prim estuvo despiadado. «Un orador ilustre de esta Cámara—decía—llamaba al General O'Donnell la unidad seguida de ceros; pues yo llamo al General Prim un cero capaz de ser sumado con todas las cantidades imaginables. Dentro, se entiende, porque yo no quiero que mi palabra vaya más allá de mi pensamiento, dentro, se entiende, de las combinaciones políticas que caben en el interior de esta Cámara, y, señores, le llamo cero, no por lo que el cero tiene de nulo, porque ya sé yo que el General Prim es muy inteligente, es muy poderoso, es muy fuerte y es muy hábil; le llamo cero, por lo que el cero tiene de indeterminado. Vamos á un ejemplo: imaginaos que el papel de las probabilidades de una monarquía se cotiza en nuestra Bolsa política, es decir, en el *salón de Conferencias*, á 9: pues poned resueltamente en su favor, es decir, poned á su derecha al General Prim, y ese papel se cotizará mañana á 90. Poned á su izquierda, en su contra, al General

(1) 12 de Marzo de 1870.

Prim, y mañana descenderá ese papel á la categoría de un número decimal.»

Hizo alusiones directas, intencionadas á Madoz, á Topete, á Martos, á Ríos y Rosas, á Posada Herrera, á López de Ayala y á todos los ministros en particular; pero ninguno se dejó caer en el anzuelo.

«El Sr. Martos es mi amigo—dijo para hacerle hablar,—pero nunca tiene la dignación de hacerme confidencias políticas; yo conozco, yo adivino sus ideas por su actitud misteriosa. Esta Asamblea, en realidad, parece una Asamblea de sombras. Aquí nadie habla. Aquí no hay más que dos cosas francas, señores diputados: mi palabra y la cara del Sr. Topete. *(Risas y aplausos.)*

»El Sr. Martos se encuentra disgustado, profundamente disgustado con esta situación. El dijo aqui en cierta sesión célebre, con una sinceridad perfecta, que no podía salir el Gobierno de tan grandes y extraordinarios obstáculos como le rodean si no daba un cuarto de conversión á la izquierda. El Gobierno se ha empeñado en ir dando cuartos de conversión á la derecha. Y el Sr. Martos lo ve esto con gran disgusto, con gran dolor. ¿Por qué no habla? ¿Por qué? ¿Por qué no despliega su bandera? Hará este jefe lo mismo que los demás jefes: se encerrará en su silencio. Hará este grupo lo mismo que los demás grupos: se envolverá en el misterio. ¿Queréis la clave de tan extraño enigma? Yo os la daré. Callan todos porque todos esperan algo del General Prim para sus respectivas soluciones.»

Delineó primorosamente la situación de Rivero, el demócrata de toda su vida.

«¿Qué era el Sr. Rivero desde el 29 de Setiembre al 12 de Noviembre? Todo. Él mandó que las Juntas se disolvieran, y se disolvieron las Juntas; él mandó que las Juntas reconocieran el Gobierno provisional, y las Juntas reconocieron el Gobierno provisional. Cuando estaba en comunidad de ideas con su antiguo partido, lo fué todo. ¿Qué fué el Sr. Rivero después que firmó el manifiesto de conciliación? Nada, absolutamente nada. Yo creo que la ascensión del Sr. Rivero á esa silla (*señalando la Presidencia*), aunque fué la más alta investidura legal que pudieron darle los partidos conservadores, no representa otra cosa que una mera honra, desde la cual, desde cuyas alturas S. S. estaba asistiendo, como Carlos V en Yuste, según la tradición ó la leyenda, á sus propios funerales.»

Prim le contestó que su propósito había sido dividir á la mayoria, sin conseguirlo; Rivero pronunció cuatro párrafos, y no habiendo más señores que hubieran pedido la palabra, se pasó á otro asunto.

Los ministeriales dijeron que aquello había sido un fracaso de Castelar; pero sus principales cargos quedaron sin contestación.

.*.

El día 13 de Marzo de 1870 recibió el General Prim la primera prueba de que había perdido su popularidad, porque habiéndose encontrado casualmente, yendo él á caballo por las afueras de la Puerta de Alcalá, con una manifestación contra las quintas, fué silbado y apedreado, según él mismo lo refirió al día siguiente en el Congreso. Circularon del hecho varias versiones; pero la que más crédito nos merece es la del interesado. Oigamos al General Prim.

«El caso fué, señores diputados, que teniendo mi hijo el honor de pertenecer á los Voluntarios de la Libertad, como oficial de Estado Mayor y agregado al segundo batallón del Hospital, que manda el muy digno patriota Sr. Más, estuvieron ayer de maniobras. Yo salí á paseo con un ayudante, y me fuí á encontrar el batallón del Sr. Más para verle maniobrar y para recoger á mi hijo. No creia, ciertamente, que la manifestación politica de los señores federales anduviese por allí.

»Vi un grupo, por cierto que en aquellos momentos les estaba perorando nuestro compañero y amigo el Sr. Sorní; pero yo, conociendo ya lo que es esa multitud, di un gran ro-

deo para llegar hasta donde estaba el batallón. Estuvo éste
maniobrando bien: es un batallón muy lucido, y creí conveniente dirigirle la palabra, haciéndolo en un sentido que satisfizo á todos, porque les dije que era altamente satisfactorio
para mí, como lo debía ser para todos los hombres liberales, ver
que en aquella gran llanura había grupos donde se bailaba con
todo regocijo, sin acordarse del mundo político para nada; que
en otros grupos se veía la fraternal expansión y la alegría con
que merendaban, mientras á su alrededor un gran grupo de
federales hacía una manifestación política, y un batallón de la
Milicia ciudadana estaba instruyéndose en el manejo del arma,
en militares maniobras, por si un día la patria les necesitaba y
les necesitaba la libertad. Les decía yo: Este es un magnífico
espectáculo que debe regocijar el alma de todos los hombres
liberales; que cada uno use de su derecho sin molestar el derecho del vecino, porque desde el momento en que usa de un derecho coartando el de los demás, el derecho no es derecho, es
un abuso, es un atentado. Pues esto es lo que yo hubiera querido y lo que yo quisiera que los señores federales, que los señores diputados, que todos nuestros compañeros, les explica-
ran bien á esos hombres que, como he dicho, se les ha de en-
señar como el *b a ba* á los muchachos, y como la doctrina cristiana, porque si no, son incapaces de comprenderlo.

Acababa de dirigir esas palabras al batallón de Voluntarios; todos, llenos de regocijo, vitorearon á la libertad, á los
voluntarios y al General Prim. Yo, satisfecho también, me
despedí de ellos y me retiré para volver á la Fuente Castellana; pero, ó fué casualidad de que había llegado la hora de di-
solverse el *meeting*, ó que algún buen intencionado les hizo saber que yo pasaba por allí; el caso fué que cuando estuve en
frente de aquel tropel, acudieron á mí, me rodearon, empeza-
ron con gritos desaforados, no con faltas de respeto, porque
la verdad es que la mayor parte de aquellos hombres estaban
con el sombrero ó la gorra en la mano, pero gritando como
unos desaforados: ¡Abajo las quintas, fuera las quintas, no

queremos quintas y no habrá quintas! Este grupo se componía, en su mayor parte, de muchachos y mujeres.

»En semejante situación fué creciendo aquella multitud hasta que me tuvieron completamente rodeado, así como á los ayudantes, á mi hijo y á dos ordenanzas, y ya casi en imposibilidad de moverse. Había algunos ciudadanos que hacían esfuerzos para que abrieran paso: acudió también mi amigo el Sr. Sorui, muy sofocado, pálido de pena de que tal cosa sucediese, y le repetí lo que le he dicho otras veces: ¿Qué quiere usted hacer con semejante gente, si no le tienen ningún respeto á usted mismo, que es uno de los jefes de su partido?

»Quise yo mismo dirigirles la palabra; hice la señal acostumbrada, para cuando uno quiere hacerse oir; me proponía explicarles de qué manera los ciudadanos deben usar de los derechos individuales, y cómo la cuestión de quintas pertenece por completo á las Cortes Constituyentes; pero no era posible, por más que un corneta de órdenes que llevaba el batallón de Voluntarios que venía detrás los tocaba á silencio; nada, como si tal cosa. No me fué posible, pues, restablecer allí el silencio; como no les fué posible tampoco hacerlo ni al Sr. Sorní, ni al Sr. García, director de *La Discusión,* que con la mejor voluntad se acercaron á mí, y algunos otros señores que habían acudido con el deseo de que aquello se apaciguara. Vi ya que no había medio de hacerme oir, piqué espuelas á mi caballo y, naturalmente, me abrí paso.

»Pero tuve el disgusto de ver que la gente me fuera siguiendo, siempre con las mismas voces que me tenían ya atronado, y esto duró hasta cerca del Ministerio de la Guerra. Mas no fué esto lo más grave, sino que al llegar al arco de la Puerta de Alcalá hubo un desdichado que me tiró una piedra. Al sentir yo la piedra revolví el caballo: esto bastó para que toda aquella turba se dispersara, y el que me tiró la piedra tuvo la fortuna de que no lo vi; que si le hubiera visto, no lo hubiera pasado bien, porque en aquellos momentos seguramente no hubiese podido ser dueño de mí mismo.»

Añadió que luego los agentes de policía le presentaron al individuo que había tirado la piedra, jurando éste, *por todos los santos del cielo*, que era inocente de lo que se le imputaba. El General ordenó que le dejasen en libertad.

D. Juan Pablo Soler y D. José Cristóbal Soruí hablaron después para quitar importancia al hecho, deseando hacer constar que los grupos que acorralaron al General Prim no eran de republicanos, sino de gente extraña á la manifestación, instigada por los antiguos polizontes de González Brabo.

Y con esto quedó terminado el incidente.

¡Radicales, á defenderse!—Ley de Orden público.—La dimisión de Becerra.—Don José Echegaray íntimo.

Había marejada política, sin que hayamos podido descubrir la causa interna que la motivase. Vamos, pues, á exponer los hechos, y el lector, con su buen juicio, formará, como fiscal en la causa, las conclusiones que estime oportunas.

Las apremiantes necesidades de la Hacienda obligaron á Figuerola á presentar un proyecto de ley para hacer una operación de crédito sobre los bonos del Tesoro y los que existían en garantía en la Caja de Depósitos. La Comisión dictaminó favorablemente, y se puso á discusión el proyecto en 18 de Marzo de 1870, manifestando desde los primeros momentos uno de los señores de la Comisión, García Briz, que aquella cuestión no era económica, aunque lo parecía, sino que llevaba envuelta la idea de dar un voto de confianza al Gobierno, á fin de que éste fijase el tipo y la ocasión de negociar los bonos y de determinar las condiciones todas de la operación.

Hablaron en contra Tutau y Cánovas, el uno republicano y el otro desafecto á la República, por lo que sus censuras no alarmaron á nadie; pero se presentó una enmienda, firmada por D. Manuel Silvela, Santa Cruz, Ríos y Rosas, D. Augusto Ulloa, Posada Herrera, Vega Armijo y D. Fermín Lasala, caracterizados unionistas y amigos hasta entonces de la situa-

ción, y como la enmienda venía indirectamente á desnaturali-
zar el proyecto, de aquí que se consideró este acto como una
división de la *Unión liberal.*

«No concibo—decía Prim (1),—lo declaro con la sinceridad
del hombre honrado, la actitud en que se han colocado los
señores de la *Unión liberal;* porque si bien mi distinguido amigo
el Sr. Silvela ha revestido de bellas y elegantes formas la oposición, oposición y ruda es la que hace S. S., no sólo al señor
Figuerola, ministro de Hacienda, sino al Gobierno todo. Y así
como á los federales y á los carlistas, y al mismo Sr. Cánovas,
no tengo que interrogarles acerca de lo que se proponen,
porque ya lo sé, que es acabar, no sólo con el Gobierno, sino
con la situación y realizar sus fines, á la *Unión liberal* tengo
necesidad de preguntarla: ¿Qué queréis? ¿Qué os proponéis?
¿A dónde vais? Vais, indudablemente, á acabar con el Gobierno
que tengo la honra de presidir, puesto que sabe el Sr. Silvela,
porque he tenido el honor de decírselo, que el Gobierno pensaba hacer cuestión de gabinete el triunfo ó la derrota de la
enmienda de S. S.

«¿Qué sucedería si el Gobierno fuese derrotado en esta
cuestión? A los señores que se sientan enfrente les importa poco;
cuanta más descomposición haya en la Cámara, cuanto más se
quebrante la situación y más desorden se produzca, mejor para
ellos y mejor para los carlistas. Pero ¿la *Unión liberal* puede
querer eso? ¡Si no puede ganar nada con ello, políticamente
hablando! Pues entonces, ¿qué es lo que se proponen? Y es
tanto más extraña la conducta observada en este asunto por
la *Unión liberal,* cuanto que con esa conducta, con esa actitud,
destruye su pensamiento capital, que es el coronamiento de la
obra.»

Estas últimas palabras produjeron sensación en la Cámara,
porque lo del *coronamiento* creyeron algunos que se refería al
Duque de Montpensier, y Prim en esta cuestión no transigía

_____

(1) 19 de Marzo de 1870.

Siguió exponiendo sus quejas contra los amigos de D. Manuel Silvela, y terminó su discurso diciendo: «Yo he rogado á los señores de la *Unión liberal* que tuvieran todo eso en cuenta; sin embargo, no he tenido la fortuna de que así fuera. Sus señorías presentan la batalla, y á mí no me queda que decir más que ¡radicales, á defenderse! ¡Los que me quieran, que me sigan!»

(Estrepitosos aplausos en todos los lados de la Cámara. Momentos de gran agitación. Los unionistas se pusieron de pie, vociferando. El Ministro de Marina, con cara de mal humor, abandonó de mal talante el banco azul.)

Resumen: la enmienda de Silvela no se tomó en consideración por 123 votos contra 117; es decir, que el Gobierno contaba con media docena de votos más que las oposiciones. Y gracias que en la votación del proyecto sè retiraron muchos unionistas, y pudo obtener 129 contra 79. Ya era algo.

Topete hizo dimisión del Ministerio de Marina, y le reemplazó el General Beránger.

***

«Que el orden público es la necesidad más imperiosa de los pueblos, como que sin él no se concibe la libertad, la garantía más segura de los derechos y de los intereses de toda sociedad, es una verdad evidente, reconocida por todos los publicistas, cualquiera que sea la escuela á que pertenezcan. Por doloroso que sea, la historia de todos los tiempos nos demuestra que todos los pueblos, aun los más libres, apelaron siempre, en circunstancias extraordinarias, al salvador principio de *salus populi suprema lex*, etc.; y si poderes arbitrarios y despóticos, abusando de la fuerza, han conculcado por sí solos todos los respetos debidos á la santidad de los derechos del hombre, y hollado las leyes, con ofensa de la justicia, no por eso es menos evidente que en momentos supremos es una necesidad velar la estatua de la Ley. Cuando la Nación, representada en Cortes, acuerda cubrir temporalmente con un velo la tabla de tan preciosas garantías, hay una seguridad completa de que la arbitrariedad no se erige en sistema, y de que la imperiosa ley de la necesidad exige ese sacrificio. Cuanto más libre es un pueblo, más severo debe ser el Gobierno con aquellos que abusan de su derecho, violando el de sus conciudadanos.»

Así se expresaba la Comisión correspondiente en el dictamen que dió referente al proyecto de ley de Orden público.

Y añadió Rivero en su defensa (1):

«Nadie puede poner ni un instante en tela de juicio que en las sociedades humanas tienen lugar perturbaciones, agitaciones, convulsiones, durante las cuales si el Poder conservara todas las limitaciones que la Constitución establece para garantir estos derechos (los llamados individuales), y además hubiera de combatir la insurrección, la acción del Poder sería imposible, sería completamente estéril.»

Rivero tenía razón; pero como había defendido la teoría opuesta siendo revolucionario, Bugallal le contestó:

«Yo sostengo, señores, que los partidos que han estado hace mucho tiempo alejados del Poder, y que, por efecto de ese alejamiento, han profesado doctrinas en cierto modo anárquicas (2) de guerra abierta y constante contra el Poder público, al pasar por aquel banco (el azul), por esa región del Poder, que tanto enseña y que tanto educa, modifican algún tanto, modifican á veces mucho sus principios absolutos. Y esto es una cosa lógica, que impone á los hombres de capacidad que ejercen hoy el Poder la gravitación natural de su talento, la elocuencia pavorosa de las necesidades públicas, que demanda la conservación del orden público, el planteamiento de los principios conservadores, principios comunes á todos los Gobiernos, principios á los cuales vosotros (señalando al sitio donde se sentaban Castelar y sus amigos), el día que seáis Poder, apelaréis, si no

_____

(1) 29 de Marzo de 1870.
(2) Esta palabra no tenía una acepción tan determinada como hoy.

9

queréis entregaros desde los primeros momentos á la demencia, que yo nunca consideré sublime, del suicidio.»

La ley se aprobó sin tropiezos el 31 de Marzo de 1870.

* *
*

El 1.º de Abril se dió cuenta á las Cortes de que el ministro de Ultramar, D. Manuel Becerra, había presentado la dimisión del cargo, siendo nombrado para sustituirle D. Segismundo Moret y Prendergast, Subsecretario de Gobernación y segundo Vicepresidente de las Cortes.

¿A qué obedeció la dimisión de Becerra? A una cuestión personal que tuvo con Romero Robledo.

Cuando se estaba discutiendo el proyecto de Constitución de la isla de Puerto Rico, Romero, que era de los abiertamente contrarios al Gobierno, presentó una enmienda, que no fué tomada en consideración, pero que dió lugar á una accidentada discusión.

Contó Romero (1) que varios amigos se le habían acercado, diciéndole: «Prepárese usted, porque el ministro de Ultramar le va á dirigir á usted un ataque que lo va á destrozar.» Al saber esto el batallador diputado antequerano, se presentó en el Congreso, armado de todas armas, y dirigió un reto al ministro, que seguramente lo buscaba. Parece que había un documento, una carta particular, que sin saber cómo, había *surgido* sobre la mesa del citado ministro, en la cual carta resultaba comprometido el buen nombre de Romero Robledo, porque, según el contexto de ella, un empleado de la Habana le ofrecía dos mil pesos, á cambio de que le proporcionase una credencial de administrador de Aduanas de Cienfuegos ó de Cárdenas, ó contador de Cuba. Romero abordó la cuestión á pecho descubierto; leyó en el Parlamento la carta original, facilitada por Becerra, y consiguió desvanecer, con fundados ra-

_____

(1) 29 de Marzo de 1870.

zonamientos, la atmósfera que en derredor suyo se había condensado. La carta era indudablemente apócrifa; el ministro, por exceso de buena fe, quedó en una posición desairada, y tuvo que dimitir. A Romero Robledo se le restituyó en su fama de caballero, pero el concepto de la administración ultramarina quedó muy quebrántado.

*
* *

Preguntó un día (1) el Sr. Alvarez Bugallal si era cierto, como manifestaba un periódico, que el ministro de Fomento preparaba un decreto prohibiendo en las escuelas públicas la enseñanza de toda religión positiva.

«La pregunta que me ha dirigido el Sr. Alvarez Bugallal—contestó Echegaray—es grave. Yo no sé hasta qué punto tiene S. S. derecho para dirigirme esa pregunta. Sin embargo, yo pudiera contestar al Sr. Bugallal, y le contestaré de una manera concreta respecto á mis opiniones particulares; no contestaré respecto á hechos, porque los hechos no se han realizado. Mis opiniones son claras y concretas, mis opiniones particulares son radicales también; yo creo que, dada la solución que aquí se ha dado á la cuestión religiosa, llegará un día en que no podrá enseñarse en ningún establecimiento público docente, sostenido por el Estado, ninguna religión positiva. Pero sobre esto no hay todavía nada concreto, no hay ningún decreto formulado ni presentado al Consejo de Ministros.»

Acto seguido, Bugallal, Moreno Nieto, D. Francisco Silvela y Posada Herrera presentaron una proposición incidental, pidiendo á las Cortes que declarasen haber oído con sentimiento las palabras del ministro de Fomento sobre la enseñanza de la religión positiva. Tomada en consideración, Bugallal atacó duramente el criterio sustentado por Echegaray. Éste se defendió con valentía y con ingenuidad, diciendo:

_____

(1) 2 de Abril de 1870.

«Yo no he de combatir la proposición apoyada por el señor Alvarez Bugallal; yo os la abandono completamente, yo os la entrego: resolved sobre ella lo que creáis en vuestra conciencia. Pero yo debo referirme á otro cargo que pudiera hacérseme. ¿Cuál ha sido mi conducta desde que tengo la honra de ocupar este puesto? ¿He sido causa de cisma? ¿He provocado algún conflicto? ¿He traído al Gabinete alguna resolución que produzca alguna tempestad política? No. Yo he estado aquí tranquilo, silencioso, encerrado en mi tienda; demasiado tranquilo, demasiado silencioso, para lo que mis aspiraciones, mis ideas, mis deseos y mi amor extremado á la libertad absoluta me aconsejan. Yo me he reducido á la nulidad, y sólo á resolver lás cuestiones administrativas.»

. . . .

«Y protestando por última vez de que por ninguna práctica parlamentaria, de que en ningún Parlamento del mundo se puede exigir á un ministro que diga qué es lo que está pensaudo, qué es lo que existe en el fondo de su alma, sino que únicamente sobre sus actos han de recaer los juicios y los votos, dicho esto, repito, concluyo dando las gracias á S. S: por haberme proporcionado la ocasión de manifestar cuál es mi pensamiento como diputado constituyente, no como ministro, sino como hombre político; y, por última vez, declaro que en todas ocasiones mi bello ideal, mi aspiración suprema, será la separación completa, absoluta, radical, de la Iglesia y del Estado.» *(Aplausos en los bancos de la izquierda.)*

Hablaron, defendiendo las ideas contrarias á las emitidas por Echegaray, Moreno Nieto y D. Francisco Silvela, y quedó bien patente la escisión que venía iniciándose entre la mayoría, al extremo de decir D. Gabriel Rodríguez:

«La Unión liberal, es, pues, la que se separa de la conciliación; y permitidme que haga esta apreciación, porque es en el concepto político, y tengo derecho á hacerla: la *Unión liberal,* de algún tiempo á esta parte, va haciendo un movimiento sobre la derecha, acaso para evitar el célebre **mo vimiento sobre** la izquierda, de que otra vez se ha hablado aquí (1). Y en tanto que en otras ocasiones veíamos al Sr. Ríos y Rosas levantarse á representar á la *Unión liberal* y hablar en su nombre cuando estabais conciliados con nosotros, hoy vemos que se levantan los Sres. Bugallal y Cánovas del Castillo.»

Verdaderamente, Cánovas no llevaba entonces la voz de la *Unión liberal,* pero sí defendía sus ideas y se ponía de su parte en las votaciones.

En esta cuestión obtuvo el Gobierno 78 votos contra 75, y en vista de este fracaso moral, presentó Echegaray la dimisión, que no le fué admitida.

La *sagastitis.*—Romero Robledo clerical en plena revolución.—Cómo las gastaba Rivero.—Buscando rey.—La abolición de la esclavitud en Cuba.

«Sres. Diputados—decía una vez Sagasta (2):—el Sr. Castelar, en una frase feliz y elocuente, como todas las frases con que S. S. sabe revestir sus brillantes discursos, me atribuía hace algunos días, en su última interpelación, y á consecuencia de haber yo salido del ministerio de la Gobernación, una enfermedad triste, una enfermedad cruel. No tenía razón el Sr. Castelar; en cambio, yo la tengo, y bien fundada, para poder atribuir al Sr. Castelar, al Sr. Figueras y á todos sus amigos otra enfermedad más triste que la que ellos me atribuían á mí, otra enfermedad más cruel, y, lo que es peor, de más difícil curación. El Sr. Castelar suponía que yo sufría, que me moría de nostalgia al verme fuera del ministerio de la Gobernación. ¡Con cuánta más razón puedo yo decir que los señores Castelar y Figueras y sus compañeros republicanos federales son víctimas de una enfermedad que, por lo visto, es completamente incurable: la enfermedad que padecen se llama

(1)   Se refería á una frase de Martos.
(2)   5 Abril 1870. Era ministro de Estado.

sagastitis. (Risas.) Apenas hay cuestión política en la que los Sres. Castelar y Figueras y sus amigos tomen parte, sin que traigan al debate, sin motivo y sin razón, mi pobre nombre; y es tal lo que les preocupa, que hasta para hablar de los demás ministros se equivocan, llevando el olvido de sus nombres hasta el punto de que, para citar al de Fomento, al de Gobernación, al de Ultramar ó al de cualquiera otro departamento, sólo se acuerdan del humilde apellido mío, de Sagasta. ¿Qué extraño es, pues, que yo crea que vosotros padecéis la enfermedad *sagastitis,* al ver que mi apellido no se os cae de los labios, y parece ser vuestra constante y única pesadilla?»

«Es posible que así sea—replicó Figueras;—pero la nostalgia es un mal crónico, y se cura difícilmente, mientras que la *sagastitis* es un mal agudo, que desaparece con una buena sangría.» *(Risas.)*

Téngase en cuenta que Sagasta era el alma de aquel Ministerio y el oráculo del marqués de los Castillejos.

Hablando Romero Robledo contra el proyecto de ley de matrimonio civil, decía (1):

«¡Ah, señores! Yo he oído una razón en esos pasillos y en el salón de conferencias, que aquí no ha sido osada á mostrar la faz; he oído reservadamente decir que era necesario quitar su influencia al clero. Los que tal dicen, de seguro no saben lo que dicen. ¡Quitar la influencia al clero! ¿Pues esto, qué es sino arrancar de la conciencia humana el sentimiento religioso? ¿Y qué influencia vais á quitar al clero? ¿Qué posición política, qué riquezas, qué nada tiene hoy si no es el ascendiente con que le brinda la conciencia del individuo, adonde no podéis tocar?

. . . .

»¿Quién no recuerda con pena que aquí mismo, dentro de

_____

(1) 5 Mayo 1870.

la Cámara, ha habido quien (1), por extravagancia, por mal entendido orgullo científico, por afán triste de celebridad, se ha atrevido á insultar las creencias del pueblo español, olvidando, si era rasgo de orgullosa sabiduría, que, como dice una autoridad incontestable, la poca filosofía aleja de la religión, y la mucha atrae hacia ella? Pues qué, ¿no recordáis que la Cámara se ha levantado igualmente agitada cuando desde el banco azul el ministro de Fomento (2), olvidando que lo era de una nación católica, sentó principios que no pudo menos de rechazar la conciencia de todo el país?

»Yo temo que el matrimonio civil pueda tomarse como un síntoma más del espíritu antirreligioso de que por ahí, calumniándonos, se nos supone poseídos; de la repugnancia, secreta fruición ó pública indiferencia con que el Gobierno parece que mira estas gravísimas cuestiones. Alguna crónica, escandalizada, cuenta que en una provincia española hubo un ciudadano (3) que se atrevió á desafiar el poder de Dios, reloj en mano. En la capital de España ha habido otro que ha pretendido hacer entrar en una iglesia un asno cargado de hortaliza, á la hora del culto, y en esta Asamblea se han oído palabras que han ofendido vuestros oídos.»

Romero pronunció contra el matrimonio civil un discurso tan enérgico como hubiera salido de labios de D. Cruz Ochoa.

*
* *

Sucedió que el día 8 de Mayo de 1870, al regresar á Vitoria la Junta foral del valle de Llodio, donde había celebrado sus sesiones ordinarias, fué recibida por los vitorianos con grandes demostraciones de alegría, músicas, arcos, campanas, cohetes y los demás agasajos comunes en este género de fiestas; pero sucedió también que, sobre si la música había ó no

---

(1) Suñer y Capdevila.
(2) Echegaray. Asunto de que hemos dado cuenta.
(3) Suñer y Capdevila.

de tocar el himno vasconavarro, conocido por el *¡Ay, ay, ay
mutillac!,* se armó un alboroto, del que resultó un hombre
muerto, sin olvidar los gritos de ¡viva Carlos VII! con los mueras consiguientes; en vista de lo cual, el Gobernador civil de
la provincia mandó cerrar el Casino carlista, cuyos individuos
eran, según partes oficiales, los causantes del tumulto.

El diputado tradicionalista Ortiz de Zárate interpeló sobre
este hecho al ministro de la Gobernación (1), y éste defendió
á la autoridad de la provincia en los términos en que él sabía
hacerlo, leyendo ante la Cámara la comunicación telegráfica
que había dirigido al Gobernador, y que es como sigue:

«Enterado del despacho de V. S. de hoy, ¿se han dado vivas á D. Carlos? Si esos vivas no tienen carácter subversivo, si
no se refieren á proclamar á D. Carlos ni otro rey sin la suprema autoridad de las Cortes, no encuentro motivo legal para
impedir que los amigos de D. Carlos le vitoreen cuanto tengan por conveniente. Por el contrario, ¿estos gritos son sub-
versivos? ¿tienden á perturbar el orden público? Pues entonces, V. S. no ha debido darme cuenta del suceso sin participar-
me al mismo tiempo que los perturbadores, pocos ó muchos,
estaban todos en la cárcel y á disposición de la autoridad judicial.

»Revístase V. S. de toda su autoridad; reclame del Capitán
general la fuerza necesaria para que V. S., y sólo V. S., resuel-
va la cuestión de orden público, adoptando todas las disposiciones convenientes al efecto, y deteniendo á cuantos muestren
conato de alterarlo.

»V. S. me pregunta si cierra el Club carlista. Apenas comprendo la pregunta. Cumpla V. S., que es su deber, la Constitución y las leyes.»

Y el Casino carlista quedó cerrado.

Otra vez (2), un sábado, que era el día destinado para hacer

---

(1)   2 Mayo 1870.
(2)   30 Abril 1870.

preguntas, Fernández Vallín dijo: «Al ver que el señor ministro de la Gobernación, apenas instalado en su puesto, altera todo el personal de Gobernadores de provincias, todo el personal de Secretarios de los Gobiernos civiles, todo el personal del ministerio de la Gobernación, ¿me podré permitir preguntar á S. S. si le es posible manifestar al país á qué responde ese movimiento?»

Rivero le contestó:

«En primer lugar, no he cambiado los Gobernadores de esa manera que dice el Sr. Fernandez Vallín; en segundo lugar, no he cambiado los Secretarios; y en tercer lugar, no he trastornado el ministerio que está á mi cargo. Y después de todo, el ministro de la Gobernación tiene la facultad y el derecho de hacerlo. No hay ejemplo, ni podrá haberlo, de que el ministro de la Gobernación, ni ningún otro, estuviera obligado á dar á las Cortes, á las Asambleas políticas, al Congreso, cuenta de su conducta sobre el particular. Cuando el ministro que hace eso, sea bueno ó malo, no merece la confianza, se presenta un voto de censura: lo que no se hace es desconocer y trastornar las funciones respectivas de los miembros del poder público.»

*
* *

Díjose que el General Prim iba á hacer declaraciones importantes sobre las candidaturas para ocupar el Trono de España, y la expectación de los diputados y del público de las tribunas era grande en la tarde del 11 de Junio de 1870. El Marqués de los Castillejos, dando á su discurso mayores proporciones de lo que generalmente acostumbraba, pues era sobrío en sus argumentaciones y en su oratoria, se sinceró con insistencia de los proyectos de ambición personal que se le atribuían para decir un día, como Napoleón III: «Aquí mando yo.» También quiso desvanecer la especie, que por algunos se propalaba, de que pretendía dar tiempo para madurar la restauración del Príncipe Alfonso. A este propósito dijo:

«Hechas quedan, pues (1), dando nuevas seguridades de lo que aquí espontáneamente dije un día, de que las palabras *jamás, jamás, jamás*, que salieron de mi pecho, como expresión de mi más íntima y sincera convicción, hoy las repito con mayor fervor, si cabe: *la restauración de Don Alfonso, jamás, jamás, jamás.»* (*Grandes aplausos.*)

Luego contó las tribulaciones que había pasado buscando la persona que quisiera ocupar el Trono de España, pues como él mismo decía, excitando la hilaridad de la Cámara: «El hacer un rey es más difícil de lo que parece á primera vista.»

Dijo que se habían hecho gestiones privadas cerca de la persona del rey viudo Don Fernando de Portugal, y que este señor, alarmado por lo que dijeron en contra suya los periódicos, tanto españoles como portugueses, al cabo de algunos meses de vacilación, declinó la honra que se le ofrecía.

Después se buscó al Duque de Aosta, hijo segundo de Víctor Manuel, y tampoco quiso aceptar el ofrecimiento.

Se dió un segundo golpe á la casa de Saboya, dirigiéndose al Duque de Génova, que aceptó *sub conditione* del asentimiento de su madre, porque el joven era mayor de edad.

«Lo que pasó entonces en la corte de Italia es sabido por muchos señores diputados. Las intrigas de que se valieron los que no quieren que España se constituya; los mensajes que allí se mandaron; las exageraciones que se hicieron llegar á oídos de la Sra. Duquesa de Génova, pintándole la situación del país con los más negros colores y excitando su cariño maternal con los peligros inmensos que suponían iba á correr su hijo, no hay para qué referirlos; baste saber que se llegó hasta el punto de decirla: *Madame, si vous envoyez votre enfant en Espagne, ¡priez pour votre enfant!* De lo que resultó que la señora duquesa, que ante todo se fijaba en los peligros á que podía estar expuesto su hijo, fué la que se opuso resueltamente; tuvo más influencia que el jefe de la familia, Víctor Manuel.

_____

(1) Protestas contrarias.

El resultado fué también el que saben los señores diputados: tercer contratiempo.»

. . . .

«Los señores diputados esperan sin duda que yo pronuncie el nombre de ese cuarto candidato; permitirán que no lo pronuncie, porque no sería discreto; podría traer complicaciones, y además de esto, tengo empeñada mi palabra de honor, y los señores diputados respetarán sin duda mi reserva.»

Ríos y Rosas contestó con un discurso de tonos templados, pero de oposición, terminando con estas palabras:

«Cuando todo está en incertidumbre, cuando todo se considera posible, todo se imputa á los hombres que mandan. Es un mal, es una injusticia, pero es un efecto natural de las circunstancias. ¿Queréis que no os calumnien? ¿Queréis que no os atribuyan que sois partidarios de la restauración? ¿Queréis que no os imputen que esperáis á que llegue á la mayor edad, á que cumpla catorce años el Príncipe Alfonso? Buscad un rey, y encontradle.»

No fué muy piadosa la intención que guió á Ríos y Rosas al pronunciar el último párrafo de su discurso, porque con él daba pábulo y fomentaba las impresiones del vulgo respecto á la posibilidad de que Prim acariciase la idea de una restauración con el hijo de Isabel II. El Gobierno, cualquiera que fuese su plan, se estaba poniendo en ridículo. Desde el 29 de Setiembre de 1868 al 11 de Junio de 1870, había transcurrido un año, ocho meses y once días, sin haberse constituido en el país una situación definida y estable, contemplando á Prim como un pordiosero, de puerta en puerta, mendigando un rey por amor de Dios.

¿Quién era ese cuarto candidato que Prim tenía en cartera, y cuyas gestiones realizaba con tanto secreto y reserva? El cronista lo sabe, pero no es ocasión de descorrer el velo con que misteriosamente quiso cubrirlo el Presidente del Consejo de Ministros, sin conseguir su objeto, como verá el lector en los capítulos sucesivos.

Castelar pronunció un brillante discurso (1) defendiendo la abolición total de la esclavitud en Cuba, contra un proyecto de ley del ministro de Ultramar, en que declaraba la abolición parcial.

Dirigiéndose á los unionistas, decía:

«Sometisteis Cuba al despotismo militar; nuestros reyes, que eran aquí constitucionales, eran allí absolutos; nuestros ministros, que eran aquí responsables, eran allí arbitrarios; teníais su prensa bajo la censura y su opinión con mordazas; disponíais de sus derechos sin oírlos y de sus tributos sin consultarlos; la tierra de la libertad concluía en las islas Canarias, y cuando comenzaba el nuevo mundo español, comenzaban los dominios del absolutismo, que ningún pueblo puede soportar sin gangrenarse; jamás reconocisteis el derecho de verse aquí representados á nuestros colonos; y cuando nosotros pedimos que se reconozca en los más desgraciados de todos ellos un derecho que no deben á nadie, que recibieron de la misma naturaleza, proclamáis nuestra incompetencia, y pedís que vengan los blancos á decidir la suerte de los negros, que vengan los amos á decidir la suerte de los esclavos; ¡ah! de los esclavos, libres sin ellos y sin nosotros; libres á pesar de ellos y de nosotros; libres por hijos de Dios, por soberanos de la naturaleza, por miembros de la humanidad; y todo poder que desconozca esos derechos primordiales, sea cualquiera la ley ó el pretexto que invoque, comete el asesinato de las conciencias, crimen que castiga la cólera celeste y que se purga con una eterna infamia en el eterno infierno de la Historia.

. . . .

»Pero se nos dice: ¿Olvidáis que esta ley debe ser una ley de transacciones porque se refiere á la propiedad? ¡Propiedad! ¿Propiedad de quién? ¿Propiedad de qué? ¿Propiedad cómo? ¿Propiedad con qué títulos? ¡Ah, señores diputados! La propiedad supone cosa apropiada. Probadme que el negro es una

_____

(1)   20 Junio 1870.

cosa, probadme que es como vuestro arado, como el terrón de vuestra tierra, que no tiene personalidad, ni alma, ni conciencia. La propiedad es *jus utendi et abutendi*. Luego, ¿podéis usar y abusar del esclavo? Luego, ¿podéis usar y abusar á vuestro antojo de una imagen divina, de una naturaleza moral, del alma, de la conciencia, del derecho? Si un hombre puede ser objeto de propiedad, todos los hombres pueden se objeto de propiedad. Mañana vienen las grandes catástrofes sociales, que tanto se parecen á las grandes catástrofes geológicas; se cambia el sentido general humauo; la piel blanca y el pelo rubio es para aquella sociedad lo que la piel negra y el pelo crespo para la sociedad de las Antillas; y en tal caso, señores, ¿cuál sería la suerte de mi elocuente amigo el Sr. Romero Robledo? (*Risas.*)

»No quiero hacer elegías, no quiero conmover vuestros corazones; yo sé muy bien que los corazones de los legisladores suelen ser corazones de piedra. La esclavitud antigua tenía una fuente, al fin heroica, que era la guerra; la esclavitud moderna, la esclavitud contemporánea, tiene una fuente cenagosa, que se llama *la trata.* ¿Comprendéis un crimen mayor? ¿Creéis que hay en el mundo algo más horrible, algo más espantoso, más abominable que el negrero? El monstruo marino que pasa bajo la quilla de su barco, el tiburón que le sigue, husmeando la carne, tienen más conciencia que aquel hombre. Llega á la costa, coge su alijo, lo encierra, aglomerándolo, embutiéndolo en el vientre de aquel horroroso barco, ataúd flotante de gentes vivas. Cuando un crucero le persigue, aligera su carga, arrojando la mitad al Océano. Bajo los chasquidos del látigo se unen los ayes de las almas con las inmundicias de los cuerpos. El negrero les muerde las carnes con la fusta, y el recuerdo de la patria ausente, la nostalgia, les muerde con el dolor los corazones.

»Buscad el negro en la sociedad. ¿Puede haber sociedad

donde se publican y se leen estos anuncios? ¿Les daría á leer
estos periódicos de Cuba el señor ministro de Ultramar (1) á sus
hijos? No puedo creerlo. No se los daria. Dicen: *Se venden dos
yeguas de tiro, dos yeguas del Canadá; dos negras, hija y madre; las yeguas juntas ó separadas; las negras, la hija y la madre, separadas ó juntas. (Sensación.)* La pobre negra que ha
engendrado su hijo en el dolor moral, que lo ha parido en el
dolor físico, cuando ese hijo puede consolarla, una carta de
juego, una bola de billar, deciden de su suerte. Se juegan las
negras, y muchas veces gana uno la madre y otro la hija, y el
juego separa lo que ha unido Dios y la naturaleza. El negro
nace con la marca en la espalda; crece, como las bestias, para
el servicio y el regalo de otro; trabaja sin recoger el fruto de
su trabajo; sólo es feliz cuando duerme, si sueña que es libre,
y sólo es libre en el día de su muerte.»

Moret le contestó con sensatez y cordura, defendiendo el
proyecto del Gobierno; que había querido respetar los que se
llaman intereses creados. La Revolución, contenida en sus
arranques por el partido unionista, que era en ideas el conservador, no demostró tendencias sociales, sino simplemente políticas, y aun éstas, comedidas, pues se contentó con el destro-
namiento de la dinastía reinante, con el matrimonio civil y
con el sufragio universal; así es que la abolición total de la esclavitud se salía fuera del círculo de las aspiraciones del Gobierno.

«España, señores—decía el joven y elegante ministro de
Ultramar,—no llega tarde en la época de las reformas, ni es
la última, ni piensa obrar lentamente. Todas las citas de leyes
abolicionistas que el Sr. Castelar ha hecho, necesitan, cuando
menos, una aclaración. Bolívar, cuyo nombre puede citarse
con la esperanza de que sea oído con respeto, Bolivar empezó
por decretar sólo el vientre libre, y treinta años después de haber dado la ley, había todavía esclavos en los Estados de la

(1) Moret.

Unión. El Brasil vacila todavía el aceptar el dictamen del Consejo de Estado, que proponía la libertad de los nacidos. Holanda acaba en estos últimos años, en medio de la paz y la prosperidad, de hacer la emancipación de un número de esclavos relativamente pequeño, y los demás países tampoco han marchado con una rapidez extraordinaria. Podría citar todos los paises del mundo, y se vería que España es la primera que ha presentado de pronto una ley sobre la abolición de la esclavitud, que no sólo declara el vientre libre, no sólo redime á los ancianos y á los que auxilien las armas de España, no sólo acaba con el régimen de emancipados, sino que compromete al país á hacer la emancipación completa. Si miráis, pues, que éste es nuestro primer paso, y que, hace cinco años, el Gobierno no creía poder hablar siquiera de emancipación, convendréis en que es la ley más radical que se ha hecho sobre la materia.»

El proyecto de ley fué aprobado en 21 de Junio de 1870.

El día 23, con motivo del calor, se suspendieron las Cortes.

Elección y jura del Rey Amadeo I.

Durante las vacaciones de verano quedó elegida la persona que había de ocupar el trono de España. Oigamos lo que dijo Prim en 3 de Noviembre de 1870:

«Recordarán los señores diputados que, al hacer el desconsolador relato á que me he referido, indiqué que quedaba una negociación pendiente; no manifesté grandes esperanzas de que diera el buen resultado que nos proponíamos; pero el hecho es que hice ciertas reservas, refiriéndome á una negociación pendiente. Aquella negociación dió un resultado más satisfactorio, y más pronto del que tal vez nos proponíamos en aquellos solemnes momentos; yo he de insistir poco sobre el particular, toda vez que sus consecuencias han llegado á ser fatales (1). Con más ó menos fundamento, que esto tampoco lo hemos de examinar ahora, surgió la terrible guerra que aún tiene en cruenta y devastadora lucha á dos naciones amigas. Yo tengo por ello una profunda pena, y estoy convencido de que igual sentimiento domina en los señores diputados; pero tengo la conciencia tranquila, como la tienen mis compañeros de Gabinete, pues si las consecuencias de aquella negociación han podido ser fatales para dos naciones amigas, nunca se nos podrá echar á nosotros la culpa; la historia en su día será justa, y no hará cargos gratuitos á los hombres que, en virtud de su derecho y de su autonomía, hacían lo posible para constituirse como lo creían oportuno, y con la persona que estimaban conveniente (2).

Pocos días después de aquella aceptación, estallaba ya la amenazadora y terrible guerra entre la Francia y la Prusia, y el esclarecido príncipe, que no necesito nombrar porque todos sabéis quién es (3), aconsejado por un noble y elevado sentimiento, y deseoso de evitar males á su patria y de evitárselos también á nuestra vecina Francia, retiró voluntariamente su candidatura. Nos encontramos otra vez sin candidato.

. . . .

«La primera vez que el Gobierno de S. A. el Regente del Reino se dirigió á la casa de Saboya, ya saben los señores diputados que no nos dió el resultado á que aspirábamos, puesto que el Duque de Aosta (4), no tuvo por conveniente aceptar

---

(1)   El candidato era Leopoldo Hohenzollern Sigmaringen, Coronel de Caballería prusiana, y como Francia y Prusia tenían deseos de venir á las manos, buscaron aquí pretexto para promover una guerra, que fué de triste resultado para Napoleón III.

(2)   En efecto, la gente achacaba al maquiavelismo de Prim la elección de la candidatura de Hohenzollern, para mortificar á Francia y producir el choque con Prusia. El maquiavelismo de Prim no tenía tanta trascendencia; era sólo para andar por casa.

(3)   Hohenzollern.

(4)   Hijo segundo de Víctor Manuel.

el ofrecimiento que se le hacía, ofrecimiento siempre condicional, como deben suponerse los señores diputados, porque el Gobierno no tiene autoridad, ciertamente, para ofrecer coronas, y, por lo tanto, sus gestiones tenían siempre por base y por principio el supuesto de que las Cortes Constituyentes se dignasen nombrarle. Pero si bien el noble Duque de Aosta no había tenido por conveniente admitir el ofrecimiento que se le hacía, su negativa fué tan bondadosa, fué tan delicada, la hizo con frases tan dignas y tan honrosas para España, y los motivos en que la fundaba fueron de tal naturaleza, que yo creí que aquella puerta, al cerrarse, quedaba en disposición de poder volver á llamar oportunamente á ella. El Consejo de Ministros se ocupó de si era conveniente ó no dirigirse otra vez á la casa de Saboya, y después de un maduro examen, el Gobierno creyó que podía abrirse nueva negociación.»

Dió cuenta á grandes rasgos de las gestiones que había practicado, y anunció oficialmente que el Duque de Aosta, luego Amadeo I, había aceptado la corona de España (1).

«Las amarguras que yo he pasado—añadió,—no son para que yo las exponga en este momento; cuando tengan publicidad todas las negociaciones que yo he seguido, cuando se conozcan todos los detalles y peripecias por que han pasado, yo tengo la convicción de que los señores diputados y el país me harán cumplida justicia.»

Castelar estuvo inexorable contra Prim.

«Os acaban de anunciar que se va á salir de la interinidad, que por fin vais á tener un rey, y nadie, absolutamente nadie se ha sonreído, nadie se ha regocijado, nadie ha aplaudido, nadie se ha levantado, nadie ha proferido un ¡viva! Todos habéis quedado fríos, como si al presentaros el monarca os hubieran presentado un cadáver. ¿Creéis que á la glacial tempe-

---

(1) Según Castelar, no quería Víctor Manuel dar celos á Napoleón con la preponderancia de la casa de Saboya; pero vencido el Emperador, desaparecía el inconveniente. A moro muerto, gran lanzada.

ratura de esta Cámara se puede forjar una corona, operación que necesita el fuego del entusiasmo? Las instituciones fuertes, los nombres populares, son impuestos por los pueblos á las Asambleas y no por las Asambleas á los pueblos.

. . . .

»Yo he oído á uno de los oradores más ilustres, no ya de esta Cámara, sino de la Europa entera, al Sr. Cánovas del Castillo, dolerse de la ausencia del Príncipe Alfonso y decir que es el candidato de su corazón, pero que está decidido á reconocer y acatar á otro candidato alzado al trono por la mayoría de la Cámara. Yo he visto á muchos partidarios del Duque de Montpensier, que le conocen, que le tratan, que le han seguido en el destierro, que saben los servicios por él prestados á la Revolución; yo les he visto sostener á ese candidato enérgicamente en otro tiempo, y así que se ha presentado uno nuevo, abandonarlo á incomprensible olvido. Yo he visto al partido progresista posponiendo al General Espartero, á un oscuro Coronel de Hulanos. Yo he visto á la mayoría de esta Cámara, indiferente á un rey del Norte ó del Sur, de las regiones bóreales ó de las regiones tropicales, germano ó latino, mayor ó menor de edad, dispuestos por el Sultán de Constantinopla ó por el Emperador de Marruecos, á correr los azares de una guerra civil, ó de una guerra extranjera, con tal de que no se exigiese ninguna creencia á su espíritu vacío, ningún sacrificio á su empedernido egoísmo.

Haciendo la crítica de las gestiones practicadas por Prim para buscar candidatos al trono, decía:

«Desde Portugal pasó á Italia, y allí encontró un gentil niño, el Duque de Génova. El entusiasmo oficial creció de punto, y oyéronse discursos en los cuales se anunciaba que el joven Príncipe nos iba á traer en su bolsa de colegial de Harrouu, las artes italianas, la pintura, la escultura, la poesía, y sobre todo, la música de Italia. (*Risas.*)

. . . .

»El Presidente del Consejo dió un salto mortal: de Italia

pasó á Alemania. Todo el mundo sabía que un candidato alemán, un candidato de la casa Hohenzollern, iba á traer consigo una guerra inmediata. Yo lo dije así en el mes de Abril; muchos señores diputados conocen el documento en que este anuncio mío se halla escrito (1). ¿Lo ignoraba el Sr. Presidente del Consejo de Ministros? Si lo ignoraba, ¡qué imprevisión!; y si lo sabía y lo propuso, ¿cómo calificaréis su indiferencia? El candidato alemán no vino, y hoy tenemos sometidos á nuestros votos un candidato italiano. ¿Qué decir de la nación que en el mes de Julio tenía un rey alemán y en el mes de Octubre tiene un rey italiano?

. . . .

»¿Sabéis cuál es el Dios del General Prim? El acaso. ¿Sabéis cuál es su religión? El fatalismo. ¿Sabéis cuál es todo su ideal? Lo presente. ¿Sabéis cuál es su objeto para lo porvenir? Vincular el poder en su partido. A esto lo sacrifica todo. Por esto, y sólo por esto, coge en su mano la dictadura, y marca con su hierro hasta las generaciones.

. . . .

«El Sr. Presidente del Consejo de Ministros nos ha dicho que el Príncipe Hohenzollern no había previsto la gran catástrofe francesa, y yo le digo al Sr. Presidente del Consejo de Ministros: ¿no sabe S. S. que el Príncipe Hohenzollern, y el Rey Guillermo mismo, son instrumentos de una inteligencia más alta, que se calla sus procedimientos, sus motivos y á veces hasta sus fines? ¿No sabe S. S. cuánto le ha costado á esa altísima inteligencia traer al Rey á su política? ¿No sabe que desde entonces Molke y el Rey Guillermo, y no digo nada del Coronel Hohenzollern, todos son instrumentos de Bismark, porque representa la inteligencia y la razón?»

Moret, como ministro de Ultramar, y en representación del Gobierno, fué el encargado de dar la contestación á Castelar y pronunció un buen discurso, venciendo las dificultades que el

(1) *El Monitor Mejicano* de 20 de Mayo de 1870.

asunto ofrecia, pues al diputado republicano le sobraba razón para decir que el candidato extranjero no inspiraba entusiasmos.

Acto seguido, el Presidente señaló para el orden del día en la primera sesión la elección de Monarca, á lo que se opuso Ríos y Rosas (era incorregible), proponiendo que antes de la votación se discutiese la candidatura; pero Ruiz Zorrilla, comprendiendo lo expuesto que iba á resultar esta discusión en aquellas circunstancias, no transigió, y Rios y Rosas quedó deslucido.

La votación de Monarca se verificó el 16 de Noviembre, con arreglo á una ley aprobada en 8 de Junio anterior, y dió el resultado siguiente:

El Duque de Aosta...................	191 votos.
El Duque de Montpensier............	27 »
La Duquesa de Montpensier....	1 »
El Duque de la Victoria.............	8 »
La República federal...............	60 »
La República española..............	2 »
La República......................	1 »
D. Alfonso de Borbón...............	2 »
Papeletas en blanco................	19 »

Entre los que votaron en blanco, aparecen Bugallal, Elduayen, Cánovas del Castillo, Ardanaz, D. Francisco Silvela, Vildósola, Ortiz de Zárate, Lasala y Vinader.

Antes de entrar en el orden del día, que era la elección de monarca, dijo Figueras que se habían tomado precauciones militares; Luis Blanc confirmó la noticia, añadiendo que fuera de la Puerta de Alcalá había un campamento, y Sorní remachó el clavo añadiendo que había fuerzas rodeando el edificio del Congreso, que hasta los Comandantes de la Milicia habían recibido órdenes al efecto, «y que él, como uno de ellos, las había recibido también».

Terminada la votación de la elección del Rey, Ruiz Zorrilla dirigió cuatro palabras á la mayoría, y con el asentimiento
de éstase suspendieron las sesiones de Cortes, hasta que una
comisión de 24 diputados, que habían de salir de España con la
mayor urgencia á ofrecer la Corona al Rey electo, volviese á
dar cuenta á la Cámara de haber cumplido su encargo. En la
Comisión, presidida por Ruiz Zorrilla, figuraban, como más
conocidos, Madoz (1), D. Manuel Silvela, Ayala, Martín
Herrera, Martos, Marqués de Sardoal, D. Juan Valera, López
Dominguez, Gasset y Artime, D. Gabriel Rodríguez, Alvareda
y Balaguer.

El 15 de Diciembre de 1870 se presentó dicha Comisión en
el Congreso, celebrándose con este motivo la primera sesión,
después de la suspensión mencionada, y leyendo el Secretario,
Llano y Persi, los discursos pronunciados en la solemne recep-
ción que tuvo lugar en Florencia, en el Palacio del Rey de Italia, el día 4 de aquel mes, y el acta de aceptación del Duque
de Aosta.

El discurso que leyó Ruiz Zorrilla fué sumamente corto;
se redujo á pedir la venia al Rey de Italia para ofrecer á su
hijo el Duque de Aosta la Corona de España. Victor Manuel
contestó que hacía un gran sacrificio, pero que consentía. Luego, el Presidente de la Comisión, en otro discurso un poco más
largo, hizo al Duque de Aosta el ofrecimiento indicado; el Duque aceptó, y acto seguido se extendió el acta, firmada por los
individuos de la Comisión española, por Víctor Manuel, por
Amadeo, Humberto y Eugenio de Saboya, el Marqués Gino
Capponi y los Generales Cialdini y Menabrea.

No bien Llano y Persi leyó estos documentos, Figueras se
levantó á preguntar si el discurso leido por el Duque de Aosta
para contestar á Ruiz Zorrilla, estaba en italiano ó en español,
á lo que el Presidente manifestó que en italiano, pero que se
había traducido por la oficina de la Interpretación de lenguas.

_____

(1) Que murió en Génova, durante la travesía.

Las discusiones que á partir de este día hubo en el Congreso fueron muy accidentadas, y algunas tomaron el carácter de borrascosas. Romero Robledo, Gasset, Figuerola y otros presentaron (1) una proposición pidiendo que se disolviesen las Cortes, una vez recibido el juramento al Rey, lo que produjo enérgicas protestas, no sólo de los republicanos, sino de los diputados de ideas conservadoras, como Ríos y Rosas, Cánovas del Castillo y D. Francisco Silvela; pero la proposición se aprobó por mayoría de votos, no sin que los individuos del Gobierno escuchasen de los republicanos y de los unionistas frases un tanto amargas.

Terminada la sesión de Cortes del día 27 de Diciembre de 1870, á las seis y cuarto de la tarde, se retiraba el General Prim al Palacio de Buenavista, donde, como ministro de la Guerra, tenía su residencia, cuando unos malvados, deteniendo el coche en que iba, le hicieron una descarga á quemarropa, produciéndole mortales heridas. Facilitó el atentado la copiosa nevada que estaba cayendo en aquellos momentos; apenas transitaba gente por las calles de la población, y menos aún por la del Turco (hoy Marqués de Cubas), donde se desarrolló el crimen, junto á las tapias del jardin de Riera, cerca de la calle de Alcalá.

Aquella misma noche nombró el Regente Presidente interino del Consejo de Ministros á D. Juan Bautista Topete, y al día siguiente se levantó éste en el Congreso á dar cuenta, con sentidas palabras, del acto criminal realizado contra el General Prim.

«Es triste y doloroso—decía,—que aquí, en la situación en que estamos, al cabo de los dos años que llevamos de revolución, del ejercicio más amplio y más completo de los derechos individuales, suceda lo que ha sucedido en el día de ayer, después de haber preparado la opinión (no hago alusiones de ninguna clase á ningún partido), llamando cobarde

---

(1) 19 Diciembre 1870.

al héroe de los Castillejos, llamando mal español al hombre de Méjico y llamando tirano al hombre que todo lo ha sacrificado, tranquilidad, fortuna y vida, en obsequio de la libertad. Así es como ha venido la tentativa de ayer; así es como se ha preparado el asesinato de ayer: se puede protestar, se puede decir todo lo que se quiera respecto del acto material de ayer; pero respecto de los medios que se han empleado para hacer odioso á la opinión al General Prim; respecto de las reticencias, de los folletos, de los periódicos, de las hojas sueltas para convencer al pueblo español de que él era el único enemigo de la libertad; respecto de eso, no cabe disculpa, porque los asesinatos, de la manera que ha venido el de ayer, no se preparan en un momento; necesitan la preparación que éste ha tenido, necesitan los auxiliares de que no me quiero ocupar ahora.» La alusión iba directa á Paul y Angulo y á su periódico *El Combate*.

El día 30, en la sesión verificada por la noche, y abierta á las diez y cuarto, Moret comunicó á las Cortes la triste nueva de la muerte del General Prim. Dedicáronle frases de elogio los representantes de todos los partidos: Olózaga, que ya era un orador decadente; Vinader, carlista, que terminó su discurso diciendo: ¡Dios le haya perdonado y le tenga en su santa gloria!; y, por fin, D. Eduardo Chao, en representación de la minoría republicana, que ensalzó las grandes prendas personales que habían adornado al difunto Marqués de los Castillejos.

El lunes 2 de Enero de 1871 (1), á las dos en punto de la

---

(1) Un día triste, nublado y frío. El piso de las calles estaba cubierto de nieve. Amadeo vino por la línea del ferrocarril del Mediodía; hizo su entrada á caballo, dirigiéndose, lo primero, á la iglesia de Atocha á visitar el cadáver de Prim; después fué al Congreso á prestar el juramento constitucional; luego al ministerio de la Guerra, donde residía la viuda del Marqués de los Castillejos, y después, por la calle de Alcalá, Puerta del Sol y calle Mayor, se dirigió á Palacio. Nosotros le vimos, en compañía de reducido número de curiosos, junto al Arco de la Armería (hoy derruído), y puede asegurarse que en aquel paraje no hubo ni entusiasmo ni vivas.

tarde, se abrió la sesión para recibir el juramento al Rey Don Amadeo de Saboya. Éste, precedido por una Comisión de diputados, se presentó en el salón, oyó sentado á la derecha del Presidente, y bajo el dosel, la Constitución del Estado, leída por Llano y Persi; prestó el juramento de rúbrica y se dió por terminado el acto, entre vivas que el *Diario de Sesiones* calificó de entusiastas.

Quedaron en sesión los señores diputados, y Ruiz Zorrilla, después de cuatro palabras alusivas al acto, pronunció la frase sacramental de *Quedan terminadas las tareas de las Cortes Constituyentes.*

Eran las tres de la tarde.

Las Cortes de Don Amadeo de Saboya.—Los primeros incidentes. Las reforma del Reglamento.—La Fábrica de Tapices.

Don Amadeo encargó la formación del Ministerio al General Serrano, y se constituyó el Gobierno, entrando Martos en Estado; Sagasta, en Gobernación, su cartera favorita; Ulloa (1), en Gracia y Justicia; Ruiz Zorrilla, en Fomento; Moret, en Hacienda; Ayala, en Ultramar; Beranger, en Marina, y en Guerra, el Presidente del Consejo. Se convocaron Cortes para el 3 de Abril de aquel año (2), y en este día se verificó la apertura, leyendo Amadeo un discurso de frases hechas, en el que aprovechaba la ocasión para demostrar su agradecimiento al país que lo había elegido. Se dió un viva al Rey *et rien de plus.*

---

(1)   De D. Augusto Ulloa decía un periodista:

«Cualquiera en Madrid alcanza
fama de hombre de talento
con un gabán ceniciento,
mucha voz y mucha panza.»

Entonces estaban de moda unos gabanes de color de ceniza, con cuello de terciopelo negro.

(2)   1871.

El Congreso acordó que rigiera interinamente el Reglamento, también interino, de 1854, y fué nombrado Presidente
con el mismo carácter de interinidad D. Salustiano Olózaga.
Aquí se promovió un ligero incidente, porque, según el artículo 9.º del Reglamento, concluída la votación de Presidente y
de Secretarios, aquél y éstos debían ocupar sus puestos, no
pudiendo hacerlo el Sr. Olózaga por no hallarse en el salón.
Olózaga estaba enfermo, pero Sánchez Ruano no lo sabía ó
fingió ignorarlo, pidiendo, para molestar al Gobierno ó quizá
al propio D. Salustiano, que se anulase la elección de Presidente. Como la enfermedad de Olózaga era pasajera, y se contaba con que asistiese al día siguiente, Martín de Herrera, que
presidía la sesión, la dió por terminada á las ocho y cuarto.

En la discusión del acta de Lucena, pueblo de la provincia
de Castellón, fué proclamado diputado el Sr. Ríos Portilla
contra el candidato conservador Sr. Conde de Cheste, que le
disputaba el puesto. Combatió el acta, defendiendo al derrotado, el Conde de Toreno, y hubo de decir esta frase, que disgus-
tó al Presidente del Consejo de Ministros: «El Sr. Duque de la
Torre guarda tal vez cierta animosidad al Conde de Cheste, y
por poco pudor político que se conceda al Duque de la Torre,
¿cómo he de creer yo que le fuera grata la presencia del Conde de Cheste en este sitio? (1).

Airado se levantó el Duque cuando le contaron lo que había
dicho Toreno, pues estaba en el Senado mientras éste pronun-
ciaba su discurso, y protestó enérgicamente contra lo que de
él habia manifestado el diputado conservador. Tan resentido
estaba, que acabó su discurso diciendo: «El que me concede
poco pudor político es indigno; al que me concede poco pudor
político le reto como caballero, y permítanme los señores diputados que lo diga: le reto á duelo.»

Al oir esto, protestaron las minorías á grandes voces, y se
produjo una confusión grande entre los diputados. Ródenas

(1) 26 Abril 1871.

pidió que se escribieran las palabras de Serrano, y Nocedal que se leyera el título del Código penal que estaba encabezado con el epígrafe: *De los duelos.* El duque de la Torre se rectificó diciendo: «Le reto, digo, á duelo aquí, en la esfera moral y política, para demostrarle su injusticia, porque yo sé muy bien que las cosas de hombre á hombre se tratan fuera de este sitio.» Toreno explicó sus palabras; Nocedal terció de amigable componedor en el asunto, y quedó terminado el incidente parlamentario.

Se produjo otro en la discusión del acta del distrito de Tudela (Navarra), por donde había salido triunfante el Sr. Alonso Colmenares, ministerial y derrotado el carlista D. Mauricio Bobadilla. Un diputado del mismo partido, el Sr. Echevarría, defendió á Bobadilla, y en su discurso intercaló tres frases que produjeron sucesivamente tres llamadas al orden por el señor Presidente (1).

«Tenemos—decía el diputado—el derecho de hablar de carlistas y del Rey que nos...»

La campanilla del Presidente no le dejó concluir la frase.

«Tenemos el derecho de emitir libremente nuestras opiniones, ya á favor de la monarquía tradicional, ya á favor de la república, á fin de preparar la reforma de la Constitución, porque no está cerrado el período constituyente...»

Segundo campanillazo.

«Van á venir, Sr. Presidente, debates solemnes, en los que hemos de discutir la contestación que se ha de dar á un discurso eminentemente personal del Príncipe que ocupa el Trono, y nos interesa que quede perfectamente declarado hasta dónde llega nuestro derecho, y qué es lo que se entiende por...»

Tercero y último campanillazo, seguido de un réspice del Presidente que propuso *ipso facto* que se le retirase la palabra al Sr. Echevarría.

Confusión espantosa. Varios diputados piden que la vota-

---

(1) 29 Abiil 1871.

ción sea nominal; otros reclaman á la vez la palabra, pronunciando frases que no se entienden por efecto de aquel barullo, y gritan desaforadamente Figueras, Soler, Díaz Quintero y Morayta. Principia la votación en medio de la mayor agitación y de las voces de los que piden la palabra ó la lectura de artículos del Reglamento. Se retiran del salón muchos diputados republicanos, declarando á voces Morayta que lo hacían por no tomar parte en la votación; y 157 señores, contra 10, acordaron que á Echevarria se le suspendiese en el uso de la palabra.

Castelar presentó un voto de censura contra D. Salustiano, pero no fué admitido.

En 13 de Mayo de 1871 quedó constituido el Congreso, nombrándose á Olózaga Presidente por 161 votos, con 114 papeletas en blanco, y Vicepresidentes Martín de Herrera, Montero Ríos, Becerra y Alvareda, obteniendo respectivamente cada uno 275, 152, 140 y 151 votos. El número considerable de votos que obtuvo Martín de Herrera, obedece á que le apoyaban los conservadores, que votaban en blanco á los candidatos progresistas.

La Comisión encargada de estudiar y formular el Reglamento definitivo del Congreso (1), compuesta de Martín de Herrera, Pasarón y Lastra, Montero Ríos, D. Sabino Herrero y el Marqués de Sardoal, dictaminó en 19 de Mayo de 1871, como preparación, quizá inusitada, del cometido que tenía á su cargo, que «las proposiciones que tuvieran por objeto la reforma de la Constitución, ó de alguno de sus artículos, no podrían ser presentadas al Congreso sin estar autorizadas por la mayoría de las Secciones»; y á mayor abundamiento, Becerra, Gasset y Moreno Nieto presentaron otra proposición pidiendo que «mientras no se resolviese lo que el Congreso estimase conveniente res-

_____

(1) Se regía por el del año 1854.

pecto del dictamen antes mencionado, no se diera curso á ninguna proposición eu este sentido».

El juego estaba claro. En tanto que no se aprobase ó se desechase el dictamen sobre la reforma del Reglamento, que interesaba sólo al art. 56, la proposición de Becerra y sus amigos resultaba de una oportunidad muy discutible, aprovechando esta ocasión las oposiciones para armar un revuelo espantoso. Becerra intentó hablar para defender su proposición; pero las voces de los diputados de las oposiciones le interrumpían constantemente y no permitieron oírle, 'sin que Olózaga pudiera restablecer el orden. Por fin, después de esperar largo rato, mientras duraba la agitación, esforzó Becerra la voz y pronunció un breve discurso, del cual nada pudieron entender los taquígrafos. Como el Gobierno tenía interés en que la proposición de Becerra se tomase en consideración, se procedió á votarla obteniendo 152 votos contra 17, pero en medio de un barullo indescriptible. Unos diputados hablaban, otros pedían la lectura de artículos del Reglamento, y muchos entraban y salían en la sala, aumentando la confusión.

Ni aquel día (1) ni en el siguiente, pudo discutirse la proposición de Becerra, por efecto de la obstrucción de las oposiciones confabuladas, y hubo que apelar al recurso de una sesión permanente, que comenzó á las ocho de la mañana del día 24 de Mayo y terminó á las diez y cuarto de la noche, aprobándose por 143 votos contra 28, entre los que figuraban Esteban Collantes, Toreno, Fabié, Elduayen, Cánovas, Silvela (don Francisco), Vega de Armijo, Suárez Inclán y Rios Rosas. Los republicanos no tomaron parte en la votación.

El dictamen de la Comisión, sobre reforma del art. 56 del Reglamento del Congreso, también se aprobó, tras largo debate, en 29 de Mayo de 1871.

*
* *

(1)   22 Mayo 1871.

Cruzada Villamil, presentó (1) con Reig, López Guijarro y el Marqués de Sardoal, una proposición declarando comprendida entre los bienes que formaban el patrimonio de la Corona la Fábrica de Tapices. Había salido ésta á subasta en el mes de Abril; pero no habiéndose presentado postor, se volvió á anunciar la subasta para el mes de Junio. El terreno que la Fábrica ocupaba era un promontorio en las afueras de Madrid, próximo á lo que fué Puerta de Santa Bárbara, y casi lindando con la Cárcel de hombres conocida por el *Saladero.* La Fábrica, con sus dependencias, ocupaba una extensión de 100.000 pies, quedando más de 200.000 sin uso determinado, para que el Estado pudiera venderlos en pequeños lotes y urbanizar aquella parte.

Cruzada Villamil hizo, de camino, la historia de la Fábrica de Tapices. Contó que la manufactura tapicera había comenzado á desarrollarse en Salamanca; que cuando Carlos V vino á España trajo consigo un tapicero flamenco, llamado Juan de Nicolai, que montó en la Casa Real un taller, utilizando los obreros de Salamanca.

«A mediados del reinado de Felipe IV, esta industria española había adquirido mayor preponderancia, pues vemos algunos fabricantes y maestros salmantinos trasladarse á Madrid á impetrar del Rey que se les facilitara una casa para plantear en ella una fábrica. Dióseles una que pertenecía al Patrimonio, en la calle de Santa Isabel. Todos vosotros conocéis una estancia de esta casa, porque ¿quién no ha admirado el cuadro de *Las hilanderas,* pintado por Velázquez? Pues ese cuadro es una prueba inconcusa del estado en que se hallaba la Fábrica de Tapices de Madrid en aquel tiempo. Ese cuadro, señores diputados, manifiesta que la manufactura tapicera existía en Madrid, porque si bien lo habéis examinado, habréis visto que lo que en él se reproduce no es una escena de las operaciones de *retupir* y *limpiar,* como se dice en términos

(1) 26 Mayo 1871.

técnicos, sino que es una operación de *obra nueva*, de verdadera fabricación.»

Dijo también Cruzada Villamil que, durante el reinado de Carlos II, los tapiceros salamanquinos solicitaron algún apoyo para su industria; pero nada consiguieron, á causa de la precaria situación del Tesoro.

Felipe V, por instigaciones del ministro D. José Patiño, se decidió á montar un gran taller en Madrid, con destino á las necesidades de la Real Casa, para lo cual se contrató á Vandergoten, hábil tapicero de Flandes, con el objeto de que se estableciese en esta corte, no sin la oposición de las autoridades de aquel país, que le prendieron, cerraron su fábrica y secuestraron sus telares. Por fin, la astucia de Vandergoten y la protección decidida del Rey de España, consiguieron que el tapicero escapara de su prisión, y se estableciera en Madrid, primeramente; luego en Sevilla, cuando en 1727 residió la Corte en aquella ciudad, y, por último, otra vez en Madrid, instalándose definitivamente en la casa que llamaban *del Abreviador*, porque la había ocupado un eclesiástico encargado de despachar los Breves á Roma. En este edificio se instaló el *telar alto*, con arreglo al nuevo sistema de fabricación que traía Vandergoten de su país, dejando el primitivo local de la calle de Santa Isabel para el *telar bajo*, ó sea el antiguo sistema empleado por los tapiceros salamanquinos. Carlos III dió nuevo impulso á la Fábrica, encargando á Mengs que la dirigiera; pero Mengs no encontró en España pintores que interpretaran su pensamiento para formar los *cartones* de los tapices, y tuvo que echar mano de los italianos que estaban á la sazón decorando los techos del Palacio Real.

Floridablanca hizo que se llamase á Goya para pintar originales con destino á la tapicería de Palacio; pero todo se paralizó á causa de la guerra de la Independencia. Sin embargo, Fernando VII, cuando volvió á España, habiéndosele presentado un descendiente de Vandergoten, exponiéndole el estado de abandono de la Fábrica, mandó que se principiara á trabajar inmediatamente, reproduciendo obras de Goya. «¿Y sabéis la noble y magnánima conducta que este Rey, antimagnánimo en todo lo demás, siguió con Goya? Pues Goya que se encontraba en España, y que, ¡dolor grande me causa decirlo, pero lo diré porque es verdad!; Goya, que había sido afrancesado, fué mandado llamar por el Rey, y éste le dijo: *Te vuelvo tus honores, te vuelvo tus pensiones*; y aun es fama que añadió: *seguirás siendo mi primer pintor de Cámara, mi primer artista, aunque como español debiera ahorcarte.*»

Elogiando la rica colección de tapices del Patrimonio, decía Cruzada Villamil:

«Existe guardada en los sótanos de Palacio una riqueza inmensa; y tanta, que ni en Alemania, ni en Inglaterra, ni en Francia, ni en Italia, la riqueza en este ramo del arte, no es, y no exagero, ni la décima parte, en cantidad y en calidad, toda ella reunida, de la que hay encerrada en los sótanos del Palacio de Madrid, y colgada en las paredes de los aposentos de los Reales Sitios. Allí se conservan los mismos tapices con que los Reyes Católicos colgaban su oratorio en los Alcázares; allí hay todavía los grandes tapices de la *Apocalipsi*, únicos en el mundo; allí los mejores de Arras, del siglo xv; allí las empresas de Túnez y la Goleta, mandados tejer para España en los Países-Bajos; allí las batallas del Archiduque Alberto; tapices que son todos ellos cuadros históricos importantes, en que están los retratos de los grandes capitanes y de los soldados de nuestros tercios que en aquellas batallas se encontraron; allí hallamos además los grandes tapices de Alberto Durero, de Vander-Weiden y todos los mejores pintores flamencos; allí los llamados de Rafael, que se conocen con el nombre de *Hechos de los Apóstoles*, copias de los que ocupan una de las galerias bajas del Vaticano, pero en mejor estado de conservación que los originales mismos que Felipe II hizo tejer para ponerlos en El Escorial, y aquí, en fin, las más artísticas y bellas colecciones de adornos y grotescos del más clásico ornato.»

. . . .

«Los tapices, como toda obra de arte que no está producida en materias duras, han menester restauración continua,
han menester de una conservación especial; y si desaparece
esta Fábrica, que continuamente está produciendo buenos *re-
tupidores*, porque antes hace buenos *tapiceros*, es imposible que
nazcan obreros que puedan llegar á restaurar aquella riqueza.»

La proposición fué tomada en consideración, y pasó á las
secciones para nombramiento de Comisión al efecto.

El discurso de Cruzada Villamil se oyó con mucho interés
por los diputados, y se comentó favorablemente en los cafés
por los aficionados á las Bellas Artes.

Supuesto atentado contra el Rey.—Erudición, agudezas y donaires de D. Juan Valera.

Se habló mucho, á principios de Junio de 1871, de un supuesto atentado de que había sido objeto el Rey Don Amadeo,
y como los periódicos publicaron noticias contradictorias, veamos lo que dijo el ministro de la Gobernación en las Cortes, el
día 10 del mes citado:

«Respecto del suceso de la Fuente Castellana, no tiene importancia. Se trata de un francés (1) que lleva algún tiempo
en España; vago, que vive de limosna, que come donde puede, pero siempre bebe más que come, y que, aparte de su carácter estrafalario, como es dado á la bebida, está la mayor
parte de las veces en un estado excepcional. En ese estado se
encontraba paseando por la Fuente Castellana, pues su oficio
hoy por hoy es pasear. Vió venir á S. M. el Rey, y dice que
le dió alegría el verle, porque le había conocido de doce años
de edad en Génova, y eso le impulsó á aproximarse á S. M.
para darle los buenos dias. El Rey le recibió como recibe á
todo el mundo, con afabilidad, y el hombre quedó **muy** satis-

(1)   Carlos Adolfo Pain.

fecho del recibimiento que le había hecho S. M. El Rey siguió su paseo, y á la vuelta, como el francés se había quedado tan satisfecho del primer recibimiento, quiso volver á saludar á S. M.; pero algunos agentes de Orden público que se hallaban á la vista, observando aquel personaje, de no muy buen aspecto, y que quería acercarse por segunda vez, y no sabiendo las intenciones que llevaba, le echaron mano. Por lo descubierto hasta ahora se sabe que no llevaba aquel hombre mala intención; que iba un poco en estado excepcional; que saludó al Rey una vez, y quiso volverle á saludar. Esto no tiene importancia ninguna; no se ha descubierto que tuviese intención ninguna hostil, como han creído varias personas. Ha sido una extravagancia de un extranjero que tenía la circunstancia de estar un poco bebido.»

Conviene hacer constar que Don Amadeo iba á pie cuando ocurrió el suceso: se había bajado del carruaje y estaba paseando por el final de la Castellana.

El autor de *Pepita Jiménez* es uno de los más puros estilistas de la literatura española del siglo xix, y tiene derecho á que transcribamos algunos párrafos de un discurso que pronunció (1) defendiendo la Revolución y sus ideas contra las recriminaciones de los diputados tradicionalistas D. Cándido Nocedal y D. Valentin Gómez, porque este discurso, olvidado ya por todos, eso que está impreso en el *Diario de las Sesiones*, debería figurar en la colección de las obras de D. Juan Valera.

Decia:

«Una revolución es como un terremoto, es como un cataclismo. ¿Quién habla de derecho al terremoto, de derecho al cataclismo? Pero lo cierto es que si no hubieran venido los terremotos, no se hubieran levantado esas grandes montañas, en

_____

(1) 15 Junio 1871.

donde se recoge la nieve y luego se derrama en arroyos de agua que vienen á fecundar los campos y á hacerlos fértiles. Y, sin embargo, ¿hemos de decir por eso que es muy útil, que es muy conveniente que haya un terremoto? No; un terremoto es una cosa pavorosa, un derecho natural, ineludible, pero anormal, que en sí no es bueno ni malo; puede ser bueno por sus resultados, y puede ser necesario por las causas que lo promueven. Pues lo mismo digo de la revolución; y, sin embargo, ya que ayer cité al P. Francisco de Vitoria, autor que no me rechazarán, ni recusarán los señores neocatólicos, diré que es de parecer de que no se debe sufrir al tirano cuando le hay, sino que se le debe expeler. Y me acuerdo del texto; dice así: *Per rempublicam rex non potest expcliari, nisi fuerit in tiranidem corruptus.* Por consiguiente, cuando el rey cae en la tirania, el pueblo puede levantarse y expelerle, expulsarle.

»Hay más: discute otra cosa el P. Vitoria que es ingeniosísima. Dice que en las historias profanas y sagradas se advierte que cuando un rey peca, que cuando un rey obra mal, Dios permite ó Dios dispone que los súbditos sean castigados y azotados con gran número de males y calamidades. Y cita, por ejemplo, á Abimelé y á Faraón, que ambos se apoderaron de Sara, mujer de Abraham, y querían hacerla su concubina. Entonces Dios se enfadó tanto contra aquel acto, que envió las plagas más horribles contra los pobres súbditos de Abimelé y de Faraón. Y dice el P. Vitoria: ¿Cómo es esto? ¿No fueron los reyes los que pecaron? Sí; pero puesto que los súbditos sufrían á unos reyes tan malos, ellos tenían la culpa. ¿Y qué consecuencias saca de aquí? Sacaba la consecuencia que voy á decir: *Ergo tenetur respublica non commitere regiam potestatem nisi ei qui juste excerceat.* De modo que no solamente puede el pueblo expulsar al rey tirano, sino que está obligado á expulsarle; sino que Dios castigará á los súbditos que se dejan gobernar por un rey tan malo. (*Rumores de protesta en los bancos donde se sentaban los tradicionalistas, de lo que sacó partido el orador.*)

»Con el texto que acabo de citar, creo haber demostrado, como con gran júbilo he visto, con asentimiento del Sr. Nocedal y de otros señores del partido tradicionalista, que no solamente es lícita, sino, en ciertos casos, necesaria la insurrección.

Nocedal interrumpiendo.—Contra el tirano, contra el usurpador.

Valera.—¿Contra el usurpador? ¿De qué? Usurpadora fué entonces Isabel la Católica, la mayor de las glorias de España. ¿Quién más usurpadora que ella? Cíteme el Sr. Nocedal otro rey que haya sido más usurpador que Isabel la Católica. Usurpador fué entonces Alfonso Enríquez, fundador de la monarquia portuguesa, que era súbdito del rey de Castilla, y se rebeló contra él; y sin embargo, Gregorio VII, el más grande de los Pontífices, santificó y canonizó la usurpación: luego Gregorio VII se hace cómplice de la usurpación y del crimen• Usupador fué entonces el fundador de la monarquía carlovingia, y sin embargo, el Papa aprobó, canonizó la usurpación. Ahí tiene el Sr. Nocedal cómo S. S. es más santo y más respetador de la legitimidad que el Papa, y cómo S. S., al hablar de usurpadores, condena á Isabel la Católica, la mayor gloria de España, entre todos los que se han sentado en el trono. ¿Qué quiere decir usurpador? ¿El que reina en nombre de la nación entera? (*Rumores entre los Diputados tradicionalistas.*) De la nación entera, sí; porque basta la mayor parte, porque la mayoría es la que impone la ley en estas cuestiones.

«Y también el P. Vitoria ha previsto este vuestro argumento, y me ha dado armas contra él: *major pars reipublice,* dice, *regem supra totam rempublicam constituere potest.* La mayoría decide en esta cuestión. El P. Vitoria lo declara así. ¿Dice que es menester la unanimidad? No. Esta solamente se da en los concilios ecuménicos, porque el Espíritu Santo acude allí; pero no aquí, donde se tratan cuestiones civiles. ¿Dónde ha visto el Sr. Nocedal la unanimidad? En ninguna parte. Y aun en el Concilio último no ha habido unanimidad: sin duda el Espí-

ritu Santo no ha estado sino en parte, y no en todo el Concilio. La ley de las mayorías, es, pues, la verdadera ley.

»Yo quisiera que el Sr. Nocedal ó cualquiera otro neoca-
tólico que esté en su caso, me dijese cómo es que ha servido á
una usurpadora durante algunos años, porque es claro que
si ahora creen que la legitimidad está en Carlos VII, tienen
que convenir en que ha sido una usurpadora Doña Isabel II, á
quien el Sr. Nocedal ha servido por error de entendimiento ó de
voluntad. Se parece en esto el Sr. Nocedal á San Agustín, que
después de ser maniqueo y de ser pagano, acabó por ser cristiano y Padre de la Iglesia. Incita en esto también el ejemplo
de aquel famoso filósofo, llamado Peregrino, de quien habla
Luciano, el cual, después de haber seguido todas las sectas,
vino, por último, á hacerse cínico, y tomando á Hércules por
modelo, acabó por la mayor locura en que puede incurrirse:
la de quemarse vivo en presencia de los griegos congregados
en los Juegos Olímpicos: fin trágico que no deseo, por cierto,
al Sr. Nocedal.»

. . . .

«Decir (1): el cuerpo al diablo y el alma ponerla en Dios.
Esa división es muy cómoda; es la base de la doctrina del
P. Molinos. Por esa división, sin duda, uno de los grandes
políticos que vosotros admiráis en el día de hoy, apela á la
sandia gracia de condenar la civilización moderna, porque la
gente se lava más en el día, porque es limpia, y ha dicho: ¿Qué
ha de ser de una sociedad donde se lava la gente tanto? De
manera que es menester ser sucio para ser buen cristiano y
buen patricio.»

Hablando de la libertad de la ciencia, y combatiendo el
sentido en que la definían los amigos de Nocedal, decía:-

«¿Quién es el juez entre la verdad y el error? ¿Existe ese
juez, ese gobierno? Entonces vendria una ciencia oficial y diría: esto se enseña porque es verdad, y esto no porque es

_____

(1)   Se dirige á los ultramontanos.

falso: tendríamos al Gobierno convertido en pedagogo, y se acabó la ciencia. Se dice, es la Iglesia la que define la verdad y el error. En esto cabe el distingo que S. S. ha hecho de un modo elegante y elocuente, porque hasta cierto punto es la misma distinción que hacía el ama de huéspedes que tenía yo cuando era estudiante (1).

»Dividía mi ama de huéspedes las cosas, en cosas de tejas arriba y de tejas abajo; era viuda y joven, y dicen que alegre; y dejando las cosas de tejas arriba, á las que tenía el mayor respeto, de las de tejas abajo hacía lo que le daba la gana. Esta distinción es tan arbitraria como la que establece el señor Gómez, porque, al cabo, las tejas se pueden poner más altas ó más bajas, y encima de ellas se ponen también los hombres, y sobre todo los gatos.

»Es muy difícil marcar esa línea divisoria, entre lo que el hombre puede juzgar y lo que no, porque si, como dicen los señores neocatólicos, toda cuestión politica envuelve una cuestión religiosa, no hay cosa que pueda clasificarse entre las de tejas abajo; todo debería quedar comprimido por la Iglesia; la Iglesia intervendría hasta en los estudios de química, de astronomía y de mecánica; podría entender hasta en el arte de cocina, é intervendría en la pintura para determinar el modo de pintar las Vírgenes y los Cristos. Pues bien, señores; el arte, oprimido de esa manera, no es arte, ni la ciencia sin libertad puede ser ciencia.

»En cuanto á la moral, me ha acusado S. S. de que yo quiero un gobierno inmoral, que no se cuide de la inmoralidad privada; S. S. no me ha entendido. ¿Quiere S. S. que volvamos á los gobiernos antiguos, que penetraban en la vida de los ciudadanos, y arreglaban todas sus acciones diciéndoles lo que era moral y lo que era inmoral? Señores, la moral es lo íntimo, y el Gobierno, sin ser moral ni inmoral, no se mezcla en las acciones de los individuos, sino en cuanto están ó no confor-

_____

(1) Alude á D. Valentín Gómez.

mes con las leyes positivas de la sociedad. El hombre puede cometer una acción inmoral sin que el Gobierno tenga nada que ver con ella; él dará cuenta á Dios; pero no tiene que dar cuenta á ningún hombre mientras no rompa la ley positiva y escrita.»

Contiene el discurso párrafos muy interesantes, que sirven para formar concepto del criterio político de D. Juan Varela, poniendo de relieve la figura intelectual de aquel galano escritor.

El aniversario del pontificado de Pío IX.—Castelar y la crisis.

D. Cándido y su hijo D. Ramón Nocedal presentaron, en 16 de Junio de 1871, una proposición para que se felicitase al Papa Pío IX, por haber llegado al vigésimoquinto año de su pontificado, y al apoyarla pronunció D. Ramón un discurso eminentemente político contra los gobiernos liberales, contra las instituciones representativas y contra los progresos de la civilización. El ministro de Estado (Sagasta) la combatió, y al ponerse á votación, en la duda de si se votaba íntegra ó por partes, surgió un incidente que pudo tener desagradables consecuencias. Pidió Canga Argüelles que se leyesen unos párrafos de la Encíclica pasada por Pío IX á los arzobispos y obispos de la cristiandad, con fecha 1.º de Noviembre de 1870, á lo que se opusieron el Presidente y el ministro de Estado (Martos), no considerando la Encíclica citada como documento oficial, por no haber obtenido el pase regio. Hubo protestas entre los diputados de la minoría carlista, grandes rumores entre los bancos de la mayoría y barullo en todo el salón. Canga Argüelles pronunció algunas palabras que Núñez de Arce estimó ofensivas, considerándose inminente un lance personal; los amigos de uno y de otro defendían á su respectivo patrocinado con grandes voces, armando tal confusión, que Olózaga, conceptuándose impotente para calmar aquel desorden, se puso el sombrero y levantó la sesión.

Esto fué á las cinco de la tarde.

Reunido el Congreso en sesión secreta, Canga Argüelles y Núñez de Arce se dieron mutuas explicaciones; el General Serrano echó su jarro de agua fría, para lo que demostraba especiales aptitudes, y se reanudó la sesión á las ocho de la noche, en la mejor armonía, desechándose la proposición de los Nocedales en ordenada y correcta votación.

El 18 de Junio era el día en que se celebraba la exaltación de Pío IX al Pontificado, y los católicos de Madrid hicieron alarde de sus crencias religiosas, adornando sus balcones é iluminándolos durante la noche, lo que produjo, por parte de ciertos elementos díscolos y contrarios, una protesta agresiva, infundiendo la alarma entre los habitantes de la villa. Varias turbas, en crecido número, recorrieron las calles de la población, apedreando los faroles que los católicos habían colocado en sus balcones y ventanas, y ya puede suponer el lector la mala impresión que esto causaría en el público.

El día 19 hizo el Marqués de Sardoal una interpelación al Gobierno, acusándole de falta de energía; Sagasta se defendió manifestando que la cuestión fué más política que religiosa, y que el Gobierno, de no haber ensangrentado las calles de Madrid, no podía haber hecho otra cosa que perseguir y detener cuantos alborotadores fueron habidos.

Cánovas, Alvarez Bugallal, Fabié, Elduayen y el Conde de Toreno presentaron una proposición pidiendo al Congreso que declarara haber visto con profunda indignación los atropellos cometidos; Vega Armijo, Alarcón y Suárez Inclán presentaron otra en el mismo sentido, y llegó á tal grado la excitación de la Cámara, que el Presidente del Consejo de Ministros se vió obligado á decir:

«Aquí ya no se trata de los sucesos deplorables de ayer, ni tampoco se trata de rendir un tributo de respeto al Padre común de los fieles; aquí se trata de derribar y acabar con el Ministerio.»

Y terminó declarando que consideraba esta cuestión como

de Gabinete, con lo que resolvió el conflicto parlamentario y fueron desechadas las proposiciones indicadas.

*
* *

El Gobierno quedó muy quebrantado á consecuencia del incidente promovido por la cuestión del aniversario de la exaltación de Pío IX al Pontificado; pero de tal manera, que hasta se habló de crisis, y los mismos individuos del Ministerio no ocultaron la posibilidad de un cambio de Gabinete. Había comenzado la discusión del proyecto de contestación al discurso de la Corona, el 31 de Mayo (1), y el 16 de Junio quedaban por discutir catorce enmiendas; en su vista, y deseando las oposiciones dejar expedito el camino para cualquier cambio político, á instancias de Rivero, retiraron las enmiendas presentadas, á cambio de que la Presidencia concediera á los que retiraban sus enmiendas, la amplitud necesaria para manifestar cuanto tuvieran por conveniente al discutirse la totalidad del dictamen de la Comisión.

Pero pasada la impresión de los primeros momentos, el Gobierno se rehízo y volvió á cobrar fuerzas, por lo que Castelar dijo en 22 de Junio (2):

«No podemos entrar resueltamente en una franca y extensa interpelación. Ahora llega este gran debate político en que podíamos dilucidar todo género de problemas; ahora, en esta única ocasión de ejercer con amplitud nuestro derecho de crítica, se alza el Ministerio y nos dice: *Sabrán ustedes que me he muerto.* Y cuando uno se encuentra delante de un muerto, sobre todo si el muerto era joven, lo primero que ocurre decir es: ¡Pobrecito! ¡Qué bueno era! (*Risas.*)

»Señores, se tomó por cosa tan formal la muerte del Ministerio, que algunos compañeros, algunos amigos míos de oposición se conmovieron, y teniendo presentadas proposiciones de

(1)   1871.
(2)   1871.

censura, las retiraron á esta sencilla frase: ¿Quién discute con un muerto? Yo, señores, desde este sitio me sonreía; no porque sea cruel; nada de eso. Sonreíame porque me acordaba de un cuento que oí referir á mis abuelos. Eran muy religiosos, y por eso creo no ofender los oídos de cierta fracción de la izquierda.

»Un devoto visitaba su parroquia en Jueves Santo, y escuchaba el sermón de Pasión. La iglesia era un mar de lágrimas; su atmósfera, una tempestad de sollozos. Y el devoto se sonreía con serenidad perfecta. Otro que le observaba, acercóse, y le dijo:—Usted tiene entrañas de cal y canto. ¿No le conmueve la muerte de Nuestro Señor Jesucristo?—No, porque estoy en el secreto.—¿En qué secreto?—En el secreto de que pasado mañana resucita.» (*Risas.*)

Son curiosos los párrafos siguientes del discurso de Castelar:

«Señores diputados: Si á todas las manifestaciones de la opinión se les da un sentido subversivo, no puede haber derechos individuales. ¿Los conserváis? Se pierde la monarquía, porque los derechos individuales, como os anuncié en una sesión célebre, son pólvora que hay bajo el trono. ¿Los abolís? Habéis abolido la legitimidad de la Revolución. De suerte que, si no fuera irreverencia de la Cámara, yo aconsejaría á la situación que entonase á los derechos individuales, al sufragio universal, á la conciliación de los partidos, este antiguo cantar español:

> Ni contigo ni sin ti
> mis penas tienen remedio;
> contigo, porque me matas,
> y sin ti, porque me muero.

»Así, no es maravilla que cada Ministerio sea un caos, y cada ministro el enemigo de su compañero. El ministro de la Gobernación *(Sagasta)* y el ministro de Fomento *(Ruiz Zorrilla),* con ser del mismo partido, no pueden ni ponerse de acuerdo, ni de acuerdo continuar en ese puesto. Hay en el uno, en el ministro de Fomento, el instinto de su partido, que quiere, no atraerse, sino convertir en progresistas los conservadores; y hay en el otro, en el ministro de la Gobernación, instintos exclusivamente gubernamentales, que le llevan á querer convertir los progresistas en conservadores. Pero estamos vengados del señor ministro de la Gobernación: los conservadores le han llamado demagogo.

»Entre el ministro de Hacienda *(Moret)* y el ministro de Ultramar *(Ayala)* sucede lo mismo. Los dos han ocupado idéntico ministerio; pero el uno, economista, representa la transacción con la idea moderna; en tanto que el otro, poeta, representa la política de intransigencia, la política que consiste en conservar allí la Cruz, la Monarquía y la Metrópoli por los medios por que allá fueron llevadas. Y lo que pasa entre el ministro de la Gobernación y el ministro de Fomento, lo que pasa entre el ministro de Ultramar y el ministro de Hacienda, pasa entre el ministro de Estado *(Martos)* y el ministro de Gracia y Justicia *(D. Augusto Ulloa).* Mientras el uno, en presencia del episcopado español, recuerda con orgullo que el Estado ha intervenido en la constitución de la familia y ha roto el yugo de la intolerancia religiosa, el otro, penitente arrepentido, sepulta aquellos proyectos de relaciones entre la Iglesia y el Estado, de que tanto se vanagloriaban los progresistas de la Constituyente, y pide poco menos que de hinojos la absolución para sí, y el óleo con que San Leandro ungió á Recaredo, y San Julián á Wamba, para el monarca de las barricadas y del sufragio universal, para el hijo del excomulgado (1), á quien declara completamente ajeno al nombre y á la política de su padre, á ver si puede por algún medio y de alguna manera reconciliarlo con la Iglesia.»

Hizo Castelar declaraciones importantes:

«Señores diputados: La última negociación entablada para traer al Duque de Aosta al trono de España, fué, por mi cuen-

---

(1)   El excomulgado era Víctor Manuel.

ta, la cuarta. Yo diré cuál fué la primera: la primera fué poco después de aquel 22 de Junio (1) que yo conmemoraba ayer y que recordaba al Sr. Presidente del Consejo, porque constituye una de sus victorias y una de nuestras derrotas. El General Prim, después de sabida la triste catástrofe de Madrid, se dirigió á Italia; el General Prim tuvo una entrevista con hombres importantísimos de aquella nación; se trató ya de que la Casa de Saboya le prestara auxilio para la Revolución española. Hay más, señores diputados: la Casa de Saboya, al comienzo de su reinado en Italia, reciente la toma de Nápoles, gracias á la heroica abnegación de Garibaldi, habíase de tal suerte ensoberbecido, que creía posible mezclarse en los asuntos interiores de España y hasta conspirar con nuestros eternos conspiradores. Lo cierto es que mandó aquí una Embajada secreta, misteriosa; y esta Embajada en Madrid se divirtió más que trabajó, y se fué sin haber hecho cosa de utilidad. El General Prim celebró esta entrevista. Hubo promesas, mas no había recursos.

»Yo no quiero comprometer á un hombre de Estado italiano, el cual tiene mucha influencia allí, y, por consiguiente, no lo nombraré, no diré quién es; pero sí diré que me preguntaba cuando yo fuí á verle, y por cierto con una carta de Mazzini, me preguntaba:—*Dígame usted: ¿el General Prim tiene en el bolsillo la Corona de España?*—No, señor—le decía yo;—la Corona de España es, por desgracia nuestra, patrimonio, hoy, de Doña Isabel II; y si Doña Isabel II cae, será patrimonio mañana del pueblo. Y me replicó:—*Pues cualquiera diría que lleva la Corona de España en su maleta, según la ofrece.* Y, señores, aquí está mi amigo D. José María Orense, que intervino en esta segunda parte para disuadir al General Prim, y que afirmará cuanto yo digo.

»Viene la segunda negociación: el Sr. D. Joaquín Aguirre pasó á Italia, y en Italia volvió á tratar con la Casa de Sabo-

---

(1) De 1866. Hemos hablado de este hecho en *Las Cortes de Isabel II.*

ya ó con sus representantes. La Casa de Saboya volvió á negar todo género de auxilios y de recursos á la Revolución española... Sé muy bien lo que debo á la Presidencia y á la ilustre persona que la ocupa (1), y por lo tanto, no la mezclo en este asunto. Me limitaré á decir... pero no quiero decirlo, y solamente manifestaré que no fué muy favorable su intervención á la Casa de Saboya.

. . . .

«De los tres Generales que habian consumado la Revolución (2), sólo uno estaba impaciente por cierta candidatura, ya olvidada (3), el General que llamaré de mar. Los otros dos, el General Serrano, que había traído el Ejército á la Revolución, y el General Prim que había traído el pueblo, amaban sobre todo la interinidad. Allá en sus adentros, el General Serrano quizá estaba resignado al papel que yo le adjudicara con mi discurso contra la monarquía: al papel de Regente de la minoridad de la República; pero había un patricio, á la sazón Presidente de las Cortes soberanas, hoy ministro de Fomento (4), patricio de rectitud y de consecuencia, que ponía sobre todo interés el interés monárquico, y que sin estimar la dificultad de establecer una libertad próspera después de una tiranía reciente, juzgaba que todos nuestros males se acabarían con el advenimiento del nuevo Rey. Buscar Rey, en cualquier parte, á cualquier precio, fué su política.

. . . .

«Hoy hace cinco años que andábamos á salto de mata el Sr. Martos (5) y yo, huyendo del Sr. Presidente del Consejo de ministros; y á los cinco años, yo veo al Sr. Martos al lado del Presidente del Consejo de ministros en un mismo Gobierno, como si nada hubiera pasado entre ambos, cuando entor-

----

(1) Olózaga.
(2) Serrano, Prim y Topete.
(3) La del Duque de Montpensier, patrocinada por Topete.
(4) Ruiz Zorrilla.
(5) Ministro de Estado.

ces, si al Sr. Martos y á mi nos cogen, de seguro nos fusilan.»

. . . .

«Yo, señores diputados, iba á decir una tontería; iba á decir que yo nunca sería ministro, ni aunque viniera la República federal. Sé que si algo soy, no soy hombre de gobierno. La tribuna, la palabra, la propaganda, me entusiasman, y por nada en el mundo aceptaría un ministerio. Yo no quiero sino un Gobierno que exprese mis ideas, y no prestaría apoyo incondicional, por altas razones de patriotismo y amor á la libertad, á ningún Gobierno que no fuese presidido por los señores Pí y Margall, Orense ó Figueras; pero fuera de eso, no apoyo á ningún Gobierno, ni formaré en ninguna mayoría. Pero yo, señores diputados, disminuyo mi oposición á medida que los Gobiernos se acercan á mí. Yo tengo, si no seria un insensato, yo tengo grados de oposición; yo en esta misma situación reivindico para mí, reivindico para otra minoría, reivindico para el partido republicano el título I de la Constitución. Por consecuencia, yo, sin comprometerme á apoyar incondicionalmente á ningún Gobierno, ni formar parte de ninguna mayoria, prestaría, no apoyo, pero sí benevolencia, á un Gobierno radical. *(Rumores.)* Sí, sí; le prestaría benevolencia, señores diputados, ó mejor dicho, estaría en expectación benévola. Ya me siento, porque he dicho todo cuanto tenía que decir: ya, gracias á Dios, lo he dicho. Con un discurso que empezó ayer á las cinco y concluye hoy á las cuatro y media de la tarde, se prueba esta tesis; que el Rey es indiscutible é indiscutible la Monarquía.» *(Risas.)*

Pronunció Castelar estos párrafos en el debate sobre el proyecto de contestación al discurso de la Corona, debate que terminó el 23 de Junio (1), á la una y media de la madrugada, ganando la votación el Gobierno.

Sin embargo, el General Serrano, Presidente del Consejo de ministros, manifestó antes de comenzar la votación, que la

_____

(1) 1871.

misión del Gabinete terminaba en aquel momento y que iba á presentar la dimisión del Ministerio.

Eu vista de estas declaraciones, Martín Herrera (1) levantó la sesión con la fórmula de que para la primera se avisaría á domicilio.

No se hizo esperar mucho, pues el día 27 Serrano se presentó en el Congreso, otra vez como Presidente del Consejo de ministros y con los mismos compañeros de Gabinete. Dijo que había entregado al Rey la dimisión el 24 por la tarde; que Su Majestad, considerando que no existía cuestión parlamentaria que lo motivara, no se la había querido admitir; que se consultó á los Presidentes de las Cámaras, habiendo éstos consultado á su vez á las mayorías de ambos Cuerpos Colegisladores; y que, por fin de estas discusiones y consultas, se le había encargado otra vez la formación del Ministerio, eligiendo las mismas personas que lo constituían anteriormente.

«Ayer mañana (2)—decía,— á las nueve, fuí á Palacio á poner esto en conocimiento de S. M. *(su insistencia en retirarse)*, y rogué encarecidamente á S. M., indicándole algunos nombres, que tuviera á bien encargar á otra persona la formación del Gabinete. A la una y media se presentó en la Presidencia del Consejo de ministros el General Rosell, primer ayudante del Rey, á decirnos, de orden de S. M., que subsistían las mismas causas, y que, no habiendo una cuestión parlamentaria, nos rogaba, y si era preciso, nos ordenaba, que nos presentáramos aquí.»

Tenía razón Castelar cuando contó el cuento del Jueves Santo, de que hacemos mención en este mismo capítulo.

Iudemnización á Luis Blanc.—La nota discordante de Gasset y Artime.— El cuadro de Carducho.—Las 129 gracias.

Las Cortes Constituyentes votaron una ley concediendo 100.000 escudos, 250.000 pesetas en moneda corriente, para

(1)   Que actuaba de Presidente.
(2)   26 Junio.

indemnizar á siete periódicos políticos secuestrados por el Gobierno á raíz de los sucesos del 22 de Junio de 1866. Estos siete periódicos fueron *La Iberia, Las Novedades, La Nación, La
Soberanía Nacional, La Discusión, La Democracia* y *El Pueblo.*
Pasó algún tiempo, y D. Luis Blanc, que había sido propietario de un periodiquito también secuestrado en aquella fecha y
con igual motivo, aprovechándose de la jurisprudencia senta-
da, acudió á las Cortes en demanda de otra indemnización, á
lo que se opusieron algunos señores.

Rivero Cidraque (1) expuso que, reconociendo los servicios
que hubiera podido prestar á la causa de la Revolución el señor Blanc, llamaba la atención de la Cámara sobre el hecho
de conceder una indemnización á un periódico clandestino.
«La publicación de un periódico clandestino—decía— constituye un delito en todas las situaciones politicas; es una cosa
reprobada por las leyes, cualesquiera que sean las circunstancias políticas que le rijan: por pública honestidad, no puede
traerse al Congreso para ser motivo y causa generadora de una
pensión de gracia, y las más vulgares nociones de la politica
y moralidad pública impiden que un Congreso, que una Asamblea política, que un Cuerpo legislativo, pueda conceder una
pensión con este motivo; eso no es posible, eso es monstruoso,
eso no puede ni debe ser.»

Núñez de Velasco defendió á Luis Blanc diciendo, entre
otras cosas: «Yo he visto al Sr. Blanc después de condenado á
presidio, con el pelo enteramente rapado, con la cara afeitada,
con el traje de presidiario, con la manta al hombro. Yo le he
visto así en el Saladero (2); yo le he visto así venir de Alcalá
para ir á Cartagena, con las sandalias casi destrozadas, con
los pies ensangrentados, con la mirada abatida; yo le he visto
traspasado de dolor, por tener que abandonar á su mujer, á su
madre y á su hijo. ¡A su mujer, señores diputados, á quien

---

(1)   5 Julio 1871.
(2)   La cárcel que estaba entonces en la plaza de Santa Bárbara.

tuvo que darle el día en que fué á presidio, dos pesetas! ¡La mitad de su capital!»

Gamazo dijo: «Declaro, señores diputados, que mi único objeto, al pedir la palabra en este asunto, era hacer constar públicamente que en el estado económico del país, que en la situación que todos lamentamos, no se puede cometer la que yo considero falta, de regalar, no digo la cantidad que se propone como indemnización, pero ni siquiera una sola peseta.»

La indemnización propuesta en favor de Luis Blanc importaba 17.000 pesetas, y fué aprobada; pero no ya con motivo de haberle secuestrado el periódico, sino para resarcirle de los *perjuicios sufridos por causa de la libertad.*

La coalición de los tres partidos unionista, progresista y radical, arrastró, desde los primeros momentos del triunfo de la Revolución, una existencia anémica y enfermiza. Los que habían gobernado y perseguido al elemento liberal bajo el reinado de Isabel II, mostrábanse siempre refractarios á fundir sus ideas con la nueva savia que los demócratas deseaban ingerir en la Administración del Estado; así es, que una vez D. Manuel Silvela, otra D. Antonio Ríos y Rosas y otra D. Cristino Martos, con causas fundadas ó con pretextos parlamentarios, andaban continuamente interponiendo obstáculos al Gobierno, cualquiera que fuese la influencia que en él predominara.

Esta vez le tocó á D. Eduardo Gasset y Artime, director de un periódico de gran circulación, dar la nota discordante. Tratábase de conceder al ministro de Hacienda ciertos medios para cubrir el déficit del Tesoro, ante la imposibilidad material de aprobar los presupuestos de 1871 á 1872, puesto que habían de regir desde 1.° de Julio, y había comenzado ya el periodo económico legal.

El día 7 de dicho mes se levantó Gasset á combatir el presupuesto de Hacienda, y dijo que ya días antes había tenido este propósito, pero que había ofrecido desistir. «¿Y por qué lo ofrecí? Porque desde el Sr. Presidente del Consejo hasta mis amigos, los señores ministros que representan mis opiniones y se sientan en el banco azul, todos consideraron necesario el mantenimiento de la coalición, y decían que el sostener aquí estas ideas que yo había sostenido en la sesión secreta de la mayoría, era ocasionado á producir conflictos que podrían traer el rompimiento de la coalición. Aquella situación ha variado; yo me encuentro hoy desligado de aquel compromiso, puesto que el fundamento del Congreso era el siguiente:

«Usted y otros amigos aprueben el dictamen de la mayoría de la Comisión, y el pensamiento del señor ministro de Hacienda, porque de otro modo se retira el señor ministro de Hacienda, y retirándose éste, nos marchamos uno, dos ó tres ministros, y se descompone el Ministerio.»

. . . .

«La conciliación está rota; lo está porque no la queréis vosotros, ni la queremos nosotros; porque si la queréis vosotros, no la quiere vuestro partido que está fuera de aquí, y si la quiere alguno de nosotros, no la quiere tampoco, fuera de aquí, nuestro partido. Y si no la queremos es porque la primera condición que necesita hoy nuestro país es la de que haya un verdadero Gobierno, y eso no es posible mientras exista la coalición.»

Alvareda, que era de la mayoría, y Martos, ministro de Estado, ambos pertenecientes al grupo radical en que figuraba Gasset, desautorizaron á éste, no queriéndose hacer solidarios del acto político realizado; y el Presidente del Consejo pidió á los amigos del Ministerio que votasen el proyecto de autorizaciones sostenido por el ministro de Hacienda, para legalizar la situación económica de la Nación. Rogó también á la Cámara que se echara tierra al debate político iniciado por Gasset, y la cosa quedó en tal estado, pero la coalición herida de muerte.

El diputado Sr. Casanueva, interpelando al Gobierno sobre la incautación por el Estado del Convento de las Salesas, destinado hoy á Palacio de Justicia, hubo de llamar la atención de la Cámara acerca de la desaparición de un cuadro que, pintado por Carducho, existía en el Monasterio de Santo Domingo el Real, y que habiéndolo entregado á un delegado del Gobierno civil, «la comunidad ignoraba lo que había sido de aquel cuadro».

Cuando Casanueva explanó su interpelación, hallábase enfermo Moreno Benítez, y no pudo contestarle; pero tres semanas después, restablecido de su dolencia, quiso éste poner en claro los hechos, por haber ocurrido durante la época en que había ejercido el cargo de Gobernador civil de esta provincia, y debía, por lo tanto, declarar el sitio en que se hallaba el cuadro de Carducho (1).

«Sabido es—dijo Moreno Benítez — que cuando el Gobierna provisional dió el decreto sobre reducción de conventos en 18 de Octubre de 1868, se confiaba á los Gobernadores el encargo de ejecutarlo: sabido es también que yo dispuse que entre los conventos que habían de ser trasladados, lo fuese el de Santo Domingo el Real (2), y pasé la comunicación conveniente y atenta á la superiora del convento, después de haberla pasado al Arzobispo y á las personas que debían entender en el asunto. Después supe, como las autoridades saben esas cosas, que un cuadro notable, conocido en la iglesia, había desaparecido, que no estaba allí, y que ese cuadro de mérito representaba la Concepción, pintada por Carducho.»

El Gobernador quiso enterarse del paradero del cuadro, y á vuelta de varias comunicaciones, mediadas entre él y la superiora del convento, se vino á poner en claro que el lienzo de Vicente Carducho se había recogido dentro de clausura, como

(1) 8 Julio 1871.
(2) Estaba en la Cuesta de Santo Domingo ocupando una gran extensión de terreno, en la cual se abrió la actual calle de Campomanes.

garantía de cierto dinero entregado á la comunidad, exhausta de recursos en aquellos días. Moreno Benítez, al saber esto, quiso librar al cuadro de su inminente desaparición, interesando al Gobierno para que se buscase el medio de rescatar aquella obra de arte, abonando á las monjas la cantidad que habían recibido á préstamo. Moreno Benitez pidió el cuadro; la superiora le negó; el Gobernador volvió á insistir; no se le contestó, y así las cosas, un día, sin más orden ni aviso, «sin que nadie se presentara á entregar el cuadro, fué éste llevado al Gobierno civil de la provincia por cuatro mozos de cordel.»

«Entonces—añadió,—cumpliendo con lo que previene el mismo decreto que he citado antes, ó una orden superior, y correspondiendo esto, como objeto de arte, al ministerio de Fomento, dirigí una comunicación al Sr. Merelo, nuestro compañero, director entonces de Instrucción pública, diciéndole que allí tenía un cuadro, procedente de Santo Domingo el Real, y que esperaba que el ministerio dispusiera de él. El Sr. Merelo me contestó diciendo, que el ministerio autorizaba para recogerlo á D. Cosme Algarra, director del Museo Nacional. En su consecuencia, el Sr. Algarra se presentó en el Gobierno, se hizo cargo del cuadro, y entregó un recibo, del que tengo copia; y en uno de sus renglones dice: *un cuadro de lienzo, de Nuestra Señora de la Concepción, coro de ángeles y santos adorando, procedente de Santo Domingo el Real: 2,45 metros de alto y 1,60 metros de ancho.* El cuadro está en el Museo Nacional desde entonces.»

Así terminó el incidente del cuadro de Carducho.

El General Contreras presentó, en 13 de Julio (1), una proposición pidiendo al Congreso que se sirviera declarar haber visto con disgusto la concesión de empleos graciables al Ejér-

(1) 1871.

cito, realizada desde el 16 de Noviembre anterior, sin causa
que la justificase y con infracción de la ley de ascensos. Según
relación nominal, que entregó á los taquígrafos para que figurase en el *Diario de las Sesiones*, habían obtenido esta gracia
las clases siguientes:

Mariscales de campo	2
Brigadieres	4
Coroneles	17
Tenientes coroneles	12
Comandantes	18
Capitanes	17
Tenientes	28
Alféreces	16
Cadetes y sargentos	7
Administración y Sanidad Militar	8
Total	129

Decía Contreras:

«Los oficiales de filas, esos beneméritos militares que son
siempre los que llevan el peso del servicio, tanto en guarnición como en campaña, esos son los que sufren más las couse-
cuencias de estos atrasos, porque no tienen más protección
que la de su abnegación y su buena conducta. Sabido es que
todas las naciones tienen arreglado el orden de ascensos en
sus ejércitos, que asegura el porvenir de sus oficiales. Conti·
nuando el régimen de desórdenes y arbitrariedad que se sigue, estén seguros los alféreces que no llegarán á comandantes.

»Es necesario ya que cese el escandaloso proceder de dar
los destinos sin más razón que porque quiero y me da la
gana. Yo creo, con buena fe, que los agraciados reunirán todas aquellas circunstancias que se requieren para los ascensos;
que serán valerosos, leales y fieles; pero como yo no puedo
negar esta circunstancia á los demás oficiales generales, jefes

y oficiales, porque sería hacerles un perjuicio grave, precisamente cuando recae en ellos la antigüedad, y los ascendidos son los más modernos, no puedo menos de llamar la atención de la Cámara sobre este asunto.»

El General Serrano, Presidente del Consejo de ministros, defendió con grandes apuros el caso de las 129 gracias, y desdiciéndose de lo que había manifestado en otra ocasión, se aventuró á declarar:

«En este país, por las convulsiones políticas que en él ha habido, por el estado turbulento en que hemos vivido, por las continuas revoluciones que nos han agitado, no ha sido posible hacer justicia imparcial y recta á todo el mundo.

»Si lo hubiera sido, si las circunstancias por que ha atravesado el país hubieran sido otras; si los militares no fueran hombres políticos; si no vinieran al Congreso y al Senado sino cuando alcanzasen las más altas categorías en la milicia, cuando llegaran á ser senadores, y lo fueran por sus cualidades civiles, porque un militar no debe ser promovido á General porque sepa mandar con decisión y arrojo un batallón de soldados, pues esta clase de servicios debería la patria recompensarlos de otra manera, y sólo debería serlo el que fuera capaz de arrostrar la inmensa pesadumbre, la inmensa responsabilidad que tiene el mando supremo de un Ejército en campaña, el que se distinguiera en la guerra por sus planes y operaciones militares, el que conociera perfectamente la legislación militar del país, y tuviera en circunstancias extremas la prudencia, el tino, la habilidad y demás condiciones de mando, así políticas como militares, para conducirse de la mejor manera posible en épocas de declaraciones de estados de sitio, de sediciones y de turbulencias; si nos encontrásemos, repito, en esa situación, sería más fácil y practicable atender á la antigüedad para la provisión de todas las vacantes que ocurriesen en el Ejército, excepto en la clase de Generales, como he dicho, porque éstos deben ser elegidos por sus cualidades civiles, no por sus cualidades militares.»

El General Serrano había dicho lo contrario en otra ocasión, de que ya hemos hecho mérito en estas crónicas.

La proposición de Contreras contra las 129 gracias fué desechada por gran mayoria de votos.

El Viaducto de la calle de Segovia.—Contra el ministro de Hacienda. Se rompe la coalición.

Por una de las condiciones del contrato para la construcción del Viaducto de la calle de Segovia se estipulaba que serían introducidos libres de derechos, á su importación en España, el material de hierro y los útiles necesarios para el montaje, siendo de cuenta del Ayuntamiento de Madrid el pago á la Hacienda de los respectivos derechos, llegado que fuese el cumplimiento del contrato. La situación precaria que esta Corporación venía experimentando desde tiempo atrás; su escasez completa de recursos en aquel momento, y la imperiosa necesidad de llevar á cabo una obra de tanta importancia para el vecindario, indujeron á la Comisión llamada á informar en el asunto, á proponer el siguiente proyecto de ley: «Se autoriza al ministro de Hacienda para que admita al Ayuntamiento de Madrid la cantidad á que ascienda el pago de los derechos arancelarios que adeuden á su introducción en España el material de hierro, con destino al Viaducto de la calle de Segovia, y los útiles necesarios para el montaje, como partida de cargo en la liquidación general de créditos y débitos entre el Estado y la Corporación.»

Los Sres. D. Eusebio Pascual y Casas y D. Joaquín Escuder se levantaron (1) para protestar contra el proyecto de ley y contra la construcción del Viaducto. El Marqués de Sardoal la defendió, poniendo de relieve las grandes ventajas que la obra iba á producir á la población. Contó que, en tiempo de Isabel II se había proyectado ya construir este

----

(1) 13 Julio 1871.

puente, pero la política creyó ver aquí un plan estratégico, á fin de unir el Palacio Real con el cuartel de San Francisco, y hubo necesidad de desechar la idea, cediendo ante la presión de la opinión pública equivocada. Desaparecidas aquellas circunstancias, se resucitó el pensamiento en beneficio del vecindario, convencida la Corporación municipal de que el Viaducto era conveniente y necesario.

Exponiendo la situación difícil por que atravesaba aquélla, decía Sardoal: «Todos sabéis las inmensas cuadrillas de trabajadores que, á expensas del Ayuntamiento, cobraban un jornal en aquellos días (1); todos sabéis cuál era entonces la situación del Ayuntamiento, que carecía de recursos en momentos en que la alarma había cundido, en que los capitales se habían retirado, en que sólo el patriotismo de Madrid supo alejar una gravísima cuestión social que nos amenazaba; todos sabéis que aquellos sacrificios se han traducido para el Ayuntamiento en una deuda abrumadora (2), cuyos intereses ascienden á una cifra bien superior á la que representa el importe de derechos cuya exención se pide.»

El proyecto fué aprobado, y Madrid tiene que agradecer al Marqués de Sardoal el interés que se tomó en la construcción del Viaducto de la calle de Segovia.

Allá por el mes de Mayo de 1871 pidió D. Francisco Silvela al ministro de Hacienda (3) que se sirviera remitir al Congreso un expediente sobre contrata de 11 millones de kilogramos de tabaco *Virginia*, en la cual contrata había, según el diputado interpelante, un vicio de tramitación; y era que, ha-

---

(1) Alude al invierno de 1868 á 1869. Hemos tratado este asunto en el artículo *Otra vez los consumos.*

(2) El empréstito Erlanger.

(3) Moret.

biéndose celebrado dos subastas, se prescindió de la tercera sin acuerdo del Consejo de ministros (1).

La petición de Silvela no era más que un ardid político para inutilizar al ministro de Hacienda, y ver si de camino podía inutilizar al Ministerio.

Moret llevó al Congreso el expediente y reclamó (2) que se nombrase una Comisión, sin tener en cuenta los antecedentes políticos de las personas que habían de formarla, á fin de que, en término breve, emitiera dictamen. «No de otro modo—decía—se puede y se debe resolver una cuestión que interesa sobre todo á la honra y á la dignidad de un hombre que en su conciencia está tranquilo.»

La Comisión se declaró abiertamente hostil al ministro, como no podía menos, pues estaba compuesta de enemigos políticos suyos: Ríos y Rosas, D. Cándido Nocedal, Cánovas del Castillo, Alonso Colmenares y D. Estanislao Figueras. Sólo Echegaray miró el asunto con serenidad de ánimo y disintió de sus compañeros, quienes sostuvieron en su informe las faltas que Silvela había indicado.

Moret (3) se defendió brillantemente, diciendo, entre otros argumentos incontestables, que, después de haber celebrado dos subastas, el decreto de 1852 le autorizaba á contratar privadamente, teniendo muchísimas razones para huir de la subasta tercera: la premura del tiempo, la urgencia del servicio, la absoluta necesidad de tabaco que tenían las fábricas, por cuya falta decaía visiblemente la renta, y la consideración de que una tercera subasta haría subir el precio, perjudicando los intereses públicos. «Si en estos momentos—decía—olvidé un trámite de pura fórmula, el de dirigirme al Consejo de ministros, no creo, señores, que, á sangre fría, podáis dar excesiva importancia á este olvido.»

---

(1) Corrió la misma suerte otro expediente, no de tanta importancia, sobre contrato, también de tabaco, de Puerto Rico.

(2) 4 Julio.

(3) 14 Julio.

Algún tiempo después, pero no mucho, porque aún no se había realizado la Restauración, hallándose el autor de estas crónicas sirviendo un insignificante destino en la Dirección de Rentas, tuvo ocasión de examinar detenidamente el dichoso expediente de la contrata de los once millones de tabaco *Virginia*, y, mediante las explicaciones del oficial que lo había despachado (que si no recordamos mal se llamaba D. Antonio Cabrerizo), pudimos convencernos de la buena fe del ministro, consignando en estas crónicas, valga por lo que valiere, nuestro modesto parecer.

Ardanaz, Elduayen, Ríos y Rosas, Silvela, todos reconocieron la *honorabilidad*, como decía este último, del Sr. Moret, y el Presidente del Consejo de ministros se levantó, en nombre de sus compañeros de Gabinete, *para tender una mano de amigo al Sr. Moret, con más sinceridad, con más cordialidad que nunca.*

El juego les salió un poco desigual á las oposiciones, pues si bien Moret presentó la dimisión, le sustituyó interinamente en Hacienda D. Práxedes Mateo Sagasta, y con esto se le echó un remiendo á la situación. Sagasta tenía recursos para todo.

El diputado Secretario D. Antonio Ferratges leyó en el Congreso, próximamente á las tres y veinte minutos de la tarde del 20 de Junio de 1871, la siguiente comunicación:

«Presidencia del Consejo de ministros.—Excmo. Sr.: Tengo el honor de manifestar á V. E que el Gabinete de que soy Presidente se encuentra en crisis, por cuyo motivo los señores ministros no podrán asistir á las sesiones del Congreso. Dios guarde á V. E. muchos años. Madrid, 20 de Julio de 1871.—Francisco Serrano.—Excmo. Sr. Presidente del Congreso.»

Sánchez Ruano quiso hablar; Martín de Herrera, que actuaba de Presidente, no le dejó, y en medio de una grande agitación, entre las protestas y rumores de las minorías, se levantó la sesión á las tres y media de la tarde.

Cinco días duró la crisis: hasta el 25 no se presentó á las Cortes el nuevo Ministerio, compuesto única y exclusivamente de *cimbrios*, como entonces se llamaba á los que Prim había bautizado con el nombre de *radicales,* y que ahora tomaban el de *progresistas demócratas.*

La conciliación se había roto; los unionistas ó conservadores estaban vencidos.

Ruiz Zorrilla quedó de Presidente del Consejo de ministros y ministro de la Gobernación, formándose el Gabinete del siguiente modo: D. Fernando Fernández de Córdoba, Marqués de Mendigorría, ministro de la Guerra é interino de Estado; D. Eugenio Montero Ríos, de Gracia y Justicia; D. Servando Ruiz Gómez, de Hacienda; D. José María Beranger, de Marina; D. Santiago Diego Madrazo, de Fomento, y D. Tomás María Mosquera, de Ultramar.

Hemos dicho que se había roto la coalición, y quizá la frase no exprese con exactitud el estado de la política en aquella época, pues la coalición venía ya profundamente resentida desde el día en que dijo Prim: *«¡Radicales, á defenderse!»*; y, si hemos de puntualizar bien el concepto de la coalición, se puede afirmar que ésta no tuvo nunca la cohesión de ideas, la compenetración de aspiraciones, que requiere todo Gobierno y que necesita la mayoría parlamentaria que le apoya.

Gasset había dado por rota la coalición; eran notorias las intransigencias de los unionistas, unidos en espíritu con los verdaderos conservadores Cánovas, Bugallal y Elduayen; y ya tenía declarado Serrano, pocos días antes, que se deseaba la caída del Ministerio que él presidía; así es que, deseoso de aclarar una situación tan nebulosa para la política, presentó la dimisión del Ministerio. ¿Por qué se decidió el Rey Amadeo á entregar el Gobierno al partido radical prescindiendo del partido conservador? Contaron minuciosamente lo sucedido el Duque de la Torre, Sagasta, Martos y Ulloa, y sus manifesta-

ciones nos sirven para reconstituir la historia de aquel aconte-
cimiento político y formar juicio acerca de las causas que lo
motivaron.

Los unionistas y los radicales de la mayoría se hallaban en
completo desacuerdo, pues mientras unos se escandalizaban
del *matrimonio civil*, los otros lo consideraban como uno de los
timbres gloriosos de la Revolución. Esta disparidad de criterio
político repercutió fatalmente en el seno del Gabinete, y allí
mismo hubo quien se inclinó á la idea de que la coalición debería darse por terminada. No existía una causa parlamentaria, ni un acto ministerial que produjera la desavenencia entre
los individuos que formaban el Ministerio; pero faltaba la unidad de pensamiento que debía informar la marcha del Gobierno, compuesto de elementos cada día más heterogéneos y contrarios, y en vista de esta dificultad, el Duque de la Torre cor-
tó por lo sano.

El Rey volvió á encargar á éste formar Ministerio, y el
Duque intentó hacerlo con la base de la coalición; pero se negaron á entrar los demócratas, y entonces se concretó á buscar
la resolución del problema, con los antiguos progresistas y con
los hombres procedentes de la *Unión liberal*, á los que se llamaba conservadores, como hemos dicho. El asunto marchaba
bien, y el Gobierno estaba en vías de constituirse, cuando Sagasta, que era la clave del nuevo Ministerio, supo que no solamente los demócratas iban á combatirle, sino muchos de sus
amigos, asiduos concurrentes á la *Tertulia progresista* (1), el
sexto estado, como la llamaba un orador. La coalición, pues,
se hacía ya imposible. Sagasta se hallaba enfermo en cama;
muchas de las conferencias que celebró, inclusas las del Duque
de la Torre, tuvieron lugar en su alcoba; pero, impaciente por
cambiar impresiones con los hombres importantes de su parti-

---

(1) Casino ó círculo político de este partido. Se hallaba en el piso segundo de la casa donde está el Círculo de la Unión Mercantil, en la calle
de Carretas.

do, abandonó el lecho y quiso convencerse por sí propio del estado de la política. La enfermedad y la evidencia adquirida de que todos deseaban el rompimiento de la coalición produjeron en Sagasta un estado tal de ánimo, de decaimiento moral, que el Duque de la Torre, después de haberle oido hablar, se fué á Palacio y declinó la honra de formar Gabinete. Los conservadores no quisieron constituir Gobierno por sí solos, y no hubo más remedio que llamar á los *cimbrios*, presididos por D. Manuel Ruiz Zorrilla.

Terminada la presentación del nuevo Ministerio, y después de algunas aclaraciones de Ríos y Rosas, Escosura, Montero Ríos y Alvarez Bugallal, se suspendieron las sesiones hasta el 1.º de Octubre.

Sagasta y Ruiz Zorrilla quedaron enemistados para siempre.

Los dos rivales.—La causa del General Piim.—Intimidades políticas.

Reanudáronse las sesiones de Cortes el día 2 de Octubre (1), y bajo malos auspicios, porque se habian cerrado hasta el día 1.º, y el retraso de veinticuatro horas motivó una intérpelación de Alvarez Bugallal. Martín Herrera, que actúaba de Presidente, manifestó que la causa de no haber comenzado las sesiones el día anterior, fué porque era domingo, y además porque llegaba el Rey de fuera, teniendo el Gobierno que recibirle en la estación del ferrocarril. Ruiz Zorrilla, Presidente del Consejo de ministros, añadió otra razón más: la de recoger la firma de S. M. para presentar los presupuestos generales del Estado en el mismo día en que comenzasen las sesiones. El Congreso se conformó con las explicaciones dadas por ambos Presidentes, y se aprobó el acta de la sesión anterior.

Vamos al segundo tropiezo, que fué más grave y de verdadera trascendencia.

El pobre Olózaga, ya hemos dicho que estaba decadente; al-

(1) 1871.

guna falta de tacto político que tuvo durante su permanencia en el sillón presidencial de la Cámara, dió ocasión á que se entibiase el prestigio que un dia infundió por su talento y sus grandes dotes oratorias á los diputados de todos los partidos. Ya tenía sesenta y seis años, estaba muy delicado de salud, y decidió volverse á su Embajada de París, donde lo pasaba admirablemente, pues sentía pasión por aquella capital y por las costumbres francesas. El 13 de Agosto firmó el Rey el nombramiento de D. Salustiano; el 13 de Agosto resultó una fecha fatídica para el Presidente del Consejo de ministros.

En el capítulo anterior quedó consignado el antagonismo latente que existía entre Sagasta y Ruiz Zorrilla, antagonismo que se hizo público al aceptar éste el encargo de formar un Ministerio homogéneo radical, contra el parecer del otro, que defendía la coalición. No sabemos si Sagasta la defendía *per se* ó *per accidens*; es decir, si consideraba la coalición realmente necesaria á la política española, ó la tomaba como bandera para formar un partido frente al que capitaneaba D. Manuel Ruiz Zorrilla.

El caso fué, que, al elegirse Presidente para el Congreso en sustitución de D. Salustiano, y contando Sagasta con fuerzas suficientes para dar la batalla, se presentó candidato frente á D. Nicolás María Rivero, que era el que proponía el Gobierno. Sagasta obtuvo 110 votos y Rivero 109. La lucha era reñida. No habiendo obtenido mayoría absoluta D. Práxedes, se procedió á segunda votación, y los amigos de éste trabajaron su candidatura con tal acierto, que le consiguieron 123 votos contra 113 que obtuvo Rivero.

Acto seguido se levantó Ruiz Zorrilla, y dijo: «He pedido la palabra para suplicar al Sr. Presidente (1) que tenga la bondad, consultando antes al Congreso, de suspender la sesión, no sólo por el día de hoy, sino también por el de mañana, si así

---

(1)   Martín Herrera, porque Sagasta no se presentó aquel día en el Congreso.

lo cree conveniente, atendiendo á que el Gobierno que tengo
la honra de presidir va á presentar la dimisión.»

Las oposiciones aplaudieron.

«He sido, soy y seré, en el tiempo que me quede de vida
pública, monárquico constitucional; pero monárquico constitucional con la Constitución de 1869, sin arrepentirme de nada
de lo que ella consigna, sin pensar en falsearla en ninguno de
sus principios, ni en ninguna de sus prescripciones, dispuesto
á vivir y á morir con ella.»

Y se suspendieron las sesiones hasta el día 6, en que se
presentó el nuevo Ministerio, constituído del modo siguiente: D. José Malcampo y Monge, Presidente del Consejo de ministros, ministro de Marina é interino de Estado; D. Eduardo
Alonso Colmenares, Gracia y Justicia; D. Joaquín Bassols y
Marañoso, Guerra; D. Francisco de Paula Candau, Gobernación; D. Telesforo Montejo y Robledo, Fomento; D. Santiago
de Angulo, Hacienda, y D. Víctor Balaguer, Ultramar.

Este día, al pronunciar Sagasta el discurso de rúbrica, con
motivo de tomar posesión de la silla presidencial, trató de
cohonestar en buena forma el papel que había jugado en la
batalla, y luego Malcampo hizo también alguna referencia,
aunque con delicadeza, al Ministerio que había presidido Ruiz
Zorrilla.

Quiso D. Manuel contestar á las alusiones de que había sido
objeto, y pidió para ello la palabra; pero Sagasta objetó que
el caso estaba fuera del Reglamento, y creía necesario con-
sultarlo á la Cámara.

Molestado por esto Ruiz Zorrilla, dijo:

«Creía yo que era costumbre usar de la palabra en estos
momentos por los que han sido ministros; pero no queriendo
crear embarazos al nuevo Ministerio, puesto que el Sr. Presidente encuentra inconvenientes, y yo he de tener ocasión de
hablar, renuncio á que se me dé la palabra.» Y se sentó.

Sagasta y Ruiz Zorrilla se declararon en esta sesión guerra sin cuartel.

Aunque no venía á pelo, dijo un día (1) D. Miguel Morayta:

«Los periódicos se lamentan hoy de un hecho, si no inaudito, porque en España nada hay inaudito, al menos de un hecho importante: de haberse trasladado al Juez que entiende en una célebre causa (2), contra su voluntad, sin haberlo él solicitado, á una Audiencia, sin que esta traslación sea un ascenso en su carrera (3).

»Sabido es que la maledicencia pública dice que esta causa célebre va arrojando mucha luz; que se va sabiendo de ella más de lo que á muchas personas les conviene; y como se relaciona con los registros en determinadas casas, con los edictos en la *Gaceta* llamando á altísimas personas, no falta quien supone, y cuenta que yo no soy de éstos, que es molesto un Juez que ha descubierto lo que algunos no quieren que se sepa, y que para esto ha sido preciso trasladar á ese Juez, á fin de que venga otro nuevo que desconozca la causa, que no la pueda estudiar quizá nunca, y queden, en consecuencia, una porción de hilos que hoy tiene en la mano el Juez sin poder conducir al fin apetecido.»

El ministro de la Gobernación (4) protestó contra las indicaciones que había hecho Morayta, y el de Gracia y Justicia (5) explicó la traslación del Juez, en estos términos (6):

«Preveía el Consejo de ministros que habiendo transcurrido ya cerca de diez meses desde que ese procedimiento se incoó, no dando resultados prácticos, ó había poca fortuna en las investigaciones, ó torpeza en el Juez encargado de dirigirlas (7), ó quizá fueran ciertos los rumores que corrían, de que

----

(1)   16 Octubre 1871.
(2)   La del General Prim.
(3)   Los Jueces de primera instancia de esta Corte tenían la categoría de Magistrados de Audiencia de fuera de Madrid.
(4)   Candau.
(5)   Alonso Colmenares.
(6)   17 Octubre 1871.
(7)   No hemos querido averiguar el nombre del Juez.

en esa causa se quebrantaba el sigilo, y los criminales se apoderaban de los menores detalles y de todas las particularidades del sumario para cerrar el paso á una conveniente indagación; de todos modos, comprendía el Consejo de ministros que tampoco debia dar pábulo á la maledicencia pública en cuanto revelaba que de esa causa estaba el Gobierno haciendo un arma de partido.

»He aqui las consideraciones por qué el Consejo de ministros me encargó que conferenciase con el Juez de la causa y con el Presidente de la Audiencia. Después de las conferencias y de las explicaciones que di en el Consejo, éste se persuadió de que podían existir los motivos que he apuntado, y entonces discutió muy detenidamente sobre la conveniencia de eucomendar el proceso á un Juez que viniese á él con la frente serena, libre de prevenciones, dispuesto á sacar, de todos los datos que se hubiesen reunido en el sumario, la investigación adelante.

»Se pensó en un Juez que reuniera condiciones especiales; se repasaron muchos de los expedientes que existían en el ministerio de mi cargo; se tuvieron en cuenta indicaciones de ministros anteriores, y, en efecto, se vió que el Juez que reunía condiciones de inteligencia, de instrucción, de laboriosidad y hasta, séame permitido decirlo, de habilidad jurídica para el esclarecimiento de los hechos obscuros y dificultosos, era el de primera instancia de Pamplona.»

Añadió que á éste se le había encomendado la causa del general Prim; que protestaba de las inculpaciones que Morayta había dirigido al Gobierno, y que éste tenía por lema la frase latina *Fiat justicia et ruat cœlum*. Desgraciadamente, los buenos propósitos de Alonso Colmenares no llegaron á cumplirse; después de cuarenta años, por lo que respecta en concreto á la causa del general Prim, ni la justicia fué hecha, ni se desplomó el cielo, dejando incumplido el precepto latino invocado por Alonso Colmenares.

Bien merece ese proceso que algún aficionado á la investigación de curiosidades se entretuviera en estudiarlo para esclarecer un punto tan nebuloso de la Historia de España. Cierto que el trabajo requiere vocación especial, pues entonces tuvimos ocasión de ver el legajo que formaban los autos, y tenía más de medio metro de altura.

*
* *

Había en aquel tiempo una asociación, de carácter socialista, titulada *La Internacional de trabajadores,* que hacía una propaganda eficaz en favor de sus ideales. El 16 de Octubre (1) explanó una interpelación, contra esta sociedad, el diputado Jove y Hevia, y con este motivo terciaron en el debate algunos oradores como Escosura, D. Fernando Garrido, Castelar, Alonso Martínez, Nocedal, Esteban Collantes, D. Gabriel Rodríguez, Alvarez Bugallal y Salmerón, consiguiendo hacer, entre todos, un estudio completo de aquella asociación, de su historia, de sus aspiraciones y de sus resultados.

Pero no va por este lado nuestro propósito. Aprovechando la coyuntura que la discusión ofrecía, las oposiciones no se descuidaron en mortificar al Gobierno y á los hombres de la situación. Dijo Salmerón, en un inciso, que *en cierta ocasión se ofreció á los republicanos participación en el Gobierno por el General Prim.*

Topete protestó, contando lo que había pasado. El caso fué que llegaron á sus oídos algunas noticias relacionadas con ciertas gestiones que se estaban haciendo entonces, á fin de procurar una inteligencia con los republicanos, y, alarmado por ello, pidió á Prim que reuniese el Consejo de ministros. Así lo hizo el General, y, una vez ante sus compañeros, dijo: «Se ha reunido el Consejo para tranquilizar á un amigo, que cree, por ciertas palabras que ha oído en los pasillos del Congreso, que existe una cuestión grave, respecto á la cual no hay

_____
(1) 1871.

más sino que un señor ministro, llevado de su gran iniciativa,
con un grande y patriótico pensamiento, ha tenido conversaciones con algunos señores diputados republicanos, con el deseo de unir á todos los hombres que han contribuido á la Revolución, indicando muy conveniente la entrada en el Ministerio de los Sres. Figueras y Pi y Margall. Pero esto no ha
pasado de ser una conversación particular, un *pour-parlers*, y,
por consiguiente, puede estar completamente tranquilo el señor Topete». Luego añadió éste: «La persona á quien se refería el General Prim en estas palabras era entonces ministro
de Gracia y Justicia, y ha sido hace poco Presidente del Consejo de ministros, el Sr. Ruiz Zorrilla».

Figueras confirmó el hecho, haciendo constar que *no hubo,
en realidad, más que una conversación amigable.*

Ruiz Zorrilla añadió:

«Cuando yo tuve la conversación con el Sr. Figueras fué
en el momento de votarse la Regencia. Yo era entonces ministro de Fomento, é iba á dejar de serlo porque concluía el
Poder ejecutivo y empezaba el Ministerio del Regente. Yo le
dije al Sr. Figueras, llamándole á mi casa: «Ustedes pueden
»prestar un gran servicio á la Revolución; ustedes deben estar
»convencidos de que el triunfo de la República es imposible;
»ustedes deben entrar á formar parte del Gobierno de la Re-
»gencia; ustedes pueden ayudarnos á practicar los principios
»proclamados por la Revolución de Setiembre.» Después de
estas indicaciones, y después de otras razones á que yo acudí
para que el Sr. Figueras se convenciera de que debía acceder
á mis ruegos, el Sr. Figueras me contestó, y en esto apelo á
su testimonio: «Si en vez de llamarse Regencia el Poder que
ustedes han establecido se llamara de otra manera, todavía yo
podía meditar, podía pensar en proponer á mis amigos si con-
venía ó no que entrasen en el Gobierno.»

Figueras, según confesión suya, quizás hubiera transigido,
si el Poder creado por los hombres de la Revolución, en lugar
de llamarse *Regencia,* se hubiese llamado *Directorio;* pero To-

pete tocó á rebato en Consejo de ministros, y la atracción de algunas personalidades de la oposición se hizo imposible.

Ni Salmerón ni Topete poseían aquello que Cánovas llamaba el arte de la política.

Últimos incidentes de la legislatura de 1871.

Moncasi, Pasarón y Lastra, Romero Girón y otros presentaron (1) una proposición incidental, concebida en estos términos, sencillos al par que elocuentes:

«Pedimos al Congreso se sirva declarar que ve con disgusto la continuación de este Ministerio, que no representa ninguno de los partidos de la Cámara, ni se apoya en ninguna de las fuerzas políticas de la nación, ni puede, por consiguiente, resolver ninguna de las cuestiones que afectan al país.»

Como voto de censura, habrá pocos que le aventajen en lo despectivo de la forma.

El primer firmante de la proposición atacó duramente al Gobierno, y, entre otras cosas, le dijo: «Señores ministros: De poco sirve que lo seáis, si es que lo sois, porque si á vuestro partido no se lo parecéis, si no sois en ese banco nuestra legitima representación, si no contáis con todo nuestro apoyo para hacer triunfar en las Cámaras y en el país nuestra política, es preciso que confeséis conmigo que os falta una de las principales, una de las más grandes condiciones para ser Gobierno perfectamente parlamentario; y esa representación, doloroso me es decirlo, esa representación, señores ministros, no la tenéis.»

Moncasi declaró que en una de las últimas votaciones sólo habían votado con el Gobierno 57 diputados del partido progresista-democrático, habiéndose abstenido de votar ¡100! individuos del mismo partido.

(1) 13 de Noviembre.

Candau, ministro de la Gobernación, hizo con habilidad la defensa del Ministerio, y pidió que la proposición de Moncasi se tomara en consideración, á fin de promover un amplio deba-te político, como lo consiguió, pues descontando los 57 com-prometidos personalmente con el Ministerio, todos deseaban su caída.

Ciertas discusiones son como las cerezas, por lo que se en-redan, y ésta se enmarañó de un modo grave con motivo de una fiase intencionada que dejó escapar Navarro y Rodrigo: «Cuando se trate—dijo—de la cuestión de Cuba (1), se sabrá quiénes han tenido esperanza en la salvación de aquel país, y en la fuerza y vitalidad del nuestro para conservar adherida á Castilla la Isla de Cuba; entonces se averiguaría si se había ó no propuesto la venta de Cuba.»

Topete, Ruiz Zorrilla, Ayala y Becerra se levantaron para sincerarse ante la Cámara, con frases enérgicas, de que ni ellos, ni sus amigos, durante el tiempo que habían sido minis-tros, tuvieron nunca el propósito de enajenar aquella parte del territorio español.

Ruiz Zorrilla excitó al Sr. Ardanaz, ponente cuando en el Ministerio-Regencia se trató de la cuestión de Cuba, para que declarara lo que hubiera pasado en Consejo de ministros, pues él, sin duda, guardaría las actas de aquellas discusiones.

«Conservo en mi poder—contestó el aludido—los documen-tos á que se refiere, documentos que nadie ha visto, y que na-die verá tampoco, para no faltar al deber de ser fiel guardador de los secretos del Gobierno, y cumplir con lealtad el compro-miso solemne de reserva que todos los individuos del Gobierno contrajimos en aquellas críticas circunstancias.» En breves pá-rrafos defendió Ardanaz á las personas aludidas, pero no negó el hecho, y aunque el Congreso quedó convencido de que ni Topete, ni Ruiz Zorrilla, ni Ayala, ni Becerra, ni otros más que no se hallaban presentes, habían propuesto la venta de la

---

(1) Cuya insurrección presentaba mal aspecto.

Isla de Cuba, subsistió para muchos la duda de si algún político influyente pudo concebir ese pensamiento, haciendo que llegase, en una ó en otra forma, hasta el Consejo de ministros, cuyas actas, con caballerosidad tan discreta, guardaba don Constantino Ardanaz.

Navarro y Rodrigo la tomó contra Ruiz Zorrilla, y no le escaseó censuras ni diatribas. Decía en un párrafo:

«González Brabo, llamado por la Reina *(Isabel II)* para oir su opinión en una crisis, le dice que es necesario llamar al General O'Donnell, y á los dos días es ministro de la Gobernación con el General Narváez. ¿No os parece ver al Sr. Ruiz Zorrilla, viniendo enfermo de Tablada (1) para defender la conciliación, porque era el único modo de salvarnos; y á los ocho días, haciendo el sacrificio de su salud y de su apacible retiro de Tablada, tronar contra la conciliación y presidir un Gabinete homogéneo? González Brabo combate un día á la *Unión liberal*, porque supone que es la reacción, y llega al poder para perseguir á la *Unión liberal*, porque la cree la verdadera demagogia, y entronizar una solución semiabsolutista. ¿No os parece ver aquí al Sr. Ruiz Zorrilla halagando á la *Unión liberal* para hacer la Monarquía, y después, cuando la Monarquía está hecha, perseguir de muerte á la *Unión liberal*, porque la cree un peligro, y supone que la Monarquía se va á salvar mejor con una situación semirepublicana? ¡Ah! Si el Sr. Ruiz Zorrilla tiene tantos y tantos puntos de semejanza con el Sr. González Brabo, yo hago una apelación suprema á su patriotismo y á la rectitud de su carácter, que reconozco en absoluto, para que procure no ser, cuando de nuevo ocupe la Presidencia del Consejo de ministros, lo que fué González Brabo para la desdichada Reina Isabel: la fatalidad que se atraviesa en el camino de la Casa de Saboya.»

Los Nocedales presentaron una proposición pidiendo al Congreso se sirviera declarar que quien coartase la libertad de

---

(1) En la provincia de Burgos, donde tenía una quinta de recreo.

fundar asociaciones religiosas, de cualquier género que fuesen, contrariaba la Constitución; y el Gobierno simpatizó con esta proposición, como había simpatizado anteriormente con la interpelación de Jove y Hevia sobre *La Internacional*, de cuyo asunto ya hemos dado cuenta; de suerte, que las orientaciones del Ministerio iban tomando un carácter retrógrado que servía de blanco seguro é infalible á la oposición de ideas avanzadas.

La proposición iba encaminada al restablecimiento de las comunidades religiosas suprimidas por la Revolución, y para dar la batalla al Gobierno la apoyaban los radicales y los republicanos. Romero Robledo y Albareda presentaron una proposición incidental de *no ha lugar á deliberar*, que dió ocasión al primero para pronunciar su famoso discurso de 17 de Noviembre (1), donde demostró su facilidad de palabra y la riqueza de su ingenio.

Cuando Malcampo vió el pleito perdido mandó extender el decreto de suspensión de las sesiones de Cortes, y se fué á Palacio á recoger la firma del Rey, quedando Romero con el encargo de entretener la discusión hasta que el otro volviese.

Llevaba ya un rato hablando Romero cuando el Presidente (2) le advirtió que habían pasado las horas de reglamento, y Nocedal pidió que se preguntase al Congreso si se prorrogaba la sesión.

«Puede hacerse la pregunta—dijo el diputado antequerano;—pero estoy fatigado, y no es artificio: yo no me propongo pedir descanso, entre otras cosas, porque no soy hombre importante. Además, estoy sudando, según todos pueden ver, y me resta aún mucho que decir.»

Se acordó la prórroga, pues los de la conjura, que eran los radicales, los tradicionalistas y los republicanos, querían á todo trance cansar por falta de fuerzas físicas á Romero, quien ya había manifestado hallarse enfermo. Parece que, una vez conseguida la prórroga, muchos diputados abandonaron el salón,

---

(1) 1871.

(2) Martín de Herrera á la sazón.

y el orador les increpó con fino humorismo porque se iban á comer, diciendo que cuando hubiesen satisfecho *las groseras necesidades de este cuerpo humano* volverían muy descansados á relevar á los que quedaban de guardia. Sin embargo, ya que para él no habia consideración ni piedad, diría todo lo que tenía que decir *hasta que echara los pulmones hablando.*

Su discurso se encaminaba principalmente á criticar los actos de Ruiz Zorrilla y sus propósitos de deshacer la coalición.

A las siete pidió un descanso con objeto de tomar alimento, y no le concedieron más que un cuarto de hora, tiempo insuficiente para comer, según él mismo dijo al reanudarse la sesión.

Siguió hablando un rato largo, y, como pretexto para descansar, pidió que se leyera el manifiesto del Gobierno provisioual, que es bastante largo; un antiguo discurso de Ruiz Zorrilla y otro de Romero Ortiz. Cuando se acabaron de leer estos documentos dijo Romero que iba á continuar su discurso, *ya que los señores radicales habrían descansado y comido perfectamente,* y siguió esgrimiendo sus armas contra Ruiz Zorrilla y contra la ruptura de la coalición.

Defendió á Sagasta, diciendo:

«Y no quiero dirigirme al Sr. Ruiz Zorrilla y á sus amigos para preguntarles cómo podian consentir que se llamara traidor y resellado al Presidente de esta Asamblea, al sentenciado á muerte por liberal, al periodista consecuente, al amigo de confianza de Prim, de Calvo Asensio y de todos los hombres importantes del progresismo. Es extraño que el partido progresista, que ha hecho siempre objeto de su veneración y de su cariño al Sr. Sagasta, haya vivido engañado hasta que al Sr. Ruiz Zorrilla, con otros amigos flamantes, se les ocurrió salir por esas calles denostándole, insultándole, llamándole traidor, resellado, desafecto y no sé cuántas cosas más (1). ¿El

_____

(1) Se refiere á una manifestación pública que, en favor de Ruiz Zorrilla, se verificó en Madrid á la subida del Ministerio Malcampo.

Sr. Poveda se ríe? Su Señoría era, según creo, íntimo amigo del Sr. Sagasta, y es posible que fuera uno de los que gritaban con más ardor en la manifestación.»

Este debate tuvo gran resonancia: tomaron parte en él Romero Ortiz, Alvarez Bugallal, Gullón, Ríos y Rosas, Gamazo, Moreno Nieto, Ruiz Zorrilla, Topete, Martos, Elduayen, Montero Ríos, el Duque de la Torre, Castelar y Candau; hubo protestas, barullo, desorden y sueño, porque acabó á las siete y cuarto de la mañana del 18 la sesión que habia comenzado á las dos de la tarde del 17 de Junio.

La proposición de Romero fué desechada por 174 votos contra 118, y acto seguido leyó Malcampo el decreto de suspensión de sesiones, que le tenia en el bolsillo, firmado por el Rey, desde las primeras horas de la noche.

Malcampo no presentó la dimisión, como la gente esperaba, sino que resistió un mes más en el Poder, hasta que, según se decia, el Rey le indicó, por medio de una carta, la necesidad de volver á reanudar las sesiones, y, no atreviéndose á presentarse otra vez en las Cortes, puso en manos de S. M. la renuncia del cargo.

Tras de muchas conferencias, consultas, conciliábulos, idas y venidas de unos y de otros, se atrevió Sagasta á formar Gabinete, y lo consiguió en 21 de Diciembre (1) con los señores siguientes: D. Bonifacio de Blas, Estado; Alonso Colmenares, Gracia y Justicia; Angulo, Hacienda; D. Eugenio Gaminde, Guerra; Malcampo, Marina; D. Alejandro Groizard, Fomento, y Topete, Ultramar, quedándose el propio Sagasta con la cartera de Gobernación.

Como se ve por las personas que formaban el Ministerio, éste no era más que la continuación del anterior, con la variante del Presidente del Consejo de Ministros. Tenía la ventaja de que los unionistas le ofrecían su apoyo; pero, como decia muy

(1) 1871.

bien el periódico *Gil Blas,* venia á resultar que el partido unionista se apoyaba á sí mismo.

Por Real decreto de 6 de Enero de 1872 se declaró terminada la legislatura de 1871.

Dos sesiones borrascosas.—El acta de Sevilla.—Crisis prematura.

Sagasta retrasó un mes la apertura de Cortes; pero no tuvo otro remedio que abrirlas (1), á sabiendas de que iba á tener que cerrarlas.

El primer día de sesión explicó los motivos de la crisis, y aludiendo al voto de censura que se había propuesto para el anterior Gobierno, dijo que no significaba más que la incompatibilidad de aquel Congreso con todo Ministerio homogéneo. Expuso las tendencias liberales del Gabinete que presidía, tributando un elogio á Malcampo por haber descendido á encargarse de una cartera, abandonando la Presidencia del Consejo de Ministros. Presentó, con demostraciones numéricas, el estado de la Hacienda; habló de la cuestión religiosa, sin inclinarse hacia ningún criterio radical, y trató de la insurrección de Cuba con gran patriotismo.

Como tenía el decreto de disolución en el bolsillo, declaró que el Gobierno no contaba con mayoría propia parlamentaria; confesión que produjo fuertes rumores, porque la atmósfera estaba candente, y todos habían acudido á la sesión con ánimo de librar un batalla.

La cuestión de Cuba produjo una acalorada discusión, llegando al extremo de decir Diaz Quintero que debía cederse la Isla; hasta Moret, que no alardeaba de instintos belicosos, anunció una interpelación sobre los asuntos políticos de la Isla de Cuba.

Habiendo transcurrido en dimes y diretes las horas de se-

_____

(1) El 22 de Enero de 1872.

sión, se pidió por algunos que ésta se prorrogase, y habiéndose opuesto otros, se armó tal barullo que el Presidente del Consejo de ministros exclamó: ¡Jamás se ha visto lo que está aquí sucediendo!

En la sesión siguiente (1), con motivo de la aprobación del acta de la anterior, volviéronse á enfurecer los ánimos y, vinieran ó no á cuento, se dijeron por unos y otros los conceptos más atrevidos.

Ruiz Zorrilla.—He pedido la palabra, en primer término, para hacer constar mi voto con el de la mayoria (2) de la Cámara en la votación nominal de la sesión última; y como es posible que no haya otra ocasión de hacer uso de la palabra, diré, para explicar este voto, que significa el recuerdo de ciertas palabras pronunciadas en una noche célebre, de *¡Radicales, á defenderse!* Como significa también el recuerdo de otras palabras no menos célebres, pronunciadas en otro día funesto para el antiguo partido progresista, hoy partido radical: *¡Dios salve al país! ¡Dios salve á la dinastía! ¡Dios salve á la libertad! (Al terminar estas palabras resonó en los bancos de la izquierda una salva de aplausos.)*

. . . .

Abarzuza.—El Rey ha roto con el Parlamento. Hoy acaba la dinastía de Saboya.

Becerra, que actuaba de Presidente.—Mientras yo ocupe este puesto no permitiré que se diga nada contra la Constitución ni contra las leyes.

Muro.—Se dirá en las barricadas.

. . . .

Rivero.—Yo me lamento de lo que aquí está pasando, y bueno seria que no hubiéramos dado este espectáculo al país, porque este espectáculo y esta división tienen para los pueblos libres desenlaces funestos.

. . . .

_____

(1)   24 de Enero de 1872. El 23 fué domingo.
(2)   La mayoría votó que no se prorrogase la sesión.

Con estos murmullos es imposible que yo hable, aunque tuviera los pulmones y la garganta de hierro.

· ·

En presencia de un decreto de disolución debo decir que sí, como muchos temen, viene á matar todos los derechos consignados en la Constitución, entonces yo concluyo diciendo: ¡Viva la libertad! (*Muchos diputados:* ¡Viva!)

El Conde de Toreno.—Aquellos obstáculos tradicionales que hacian cantar la *Salve,* que amenazaban con sangre, que encendían la tea de la discordia, no estaban donde se suponia, no eran lo que por la revolución fué removido. Aquellos obstáculos subsisten: ahí los tenéis. (*Señalando á los bancos de los radicales. Barullo indescriptible.*)

· ·

Figueras.—No espere de mí el Congreso que venga á excitar las pasiones; voy á calmarlas hablando del acta (1). Los interruptores pueden tener propósitos de excitar las pasiones porque les convenga cimentar la nueva dinastía con sangre. (*Interrupciones y confusión.*)

Hoy se ha arrojado un guante al país; le recogeremos, pero no ahora; está en nuestra dignidad, está en el interés de nuestro partido señalar el día y la hora del combate que daremos en su tiempo y sazón. (*Grandes aplausos en los bancos de los republicanos.*)

· ·

Ruiz Zorrilla.—Su señoría (*alude á Rios y Rosas*) no tiene derecho á dudar de mi mayor antigüedad en el dinastismo, habiendo votado al Rey, habiendo ido á Italia á ofrecerle la corona que sobre sus sienes habían puesto las Cortes Constituyentes.

Martos.—La conducta del Monarca (2) no la juzgo ni puedo juzgarla; pero sí tengo perfecto derecho para decir lo que

---

(1) Era la cuestión de que se estaba tratando.
(2) Por lo que se refería á la disolución de Cortes, que ya se había leído en el Senado.

me parece de esta disolución con respecto á las circunstancias en que la disolución se trae, con respecto al estado del pais, con respecto á los peligros que pueden venir y con respecto, sobre todo, al Ministerio que la aconseja, la obtiene y se dispone á hacer uso de ella.

Ríos y Rosas.—No hay derecho á juzgar esos actos del Monarca sino cuando estén ejecutados y consumados; que lo contrario no se ha hecho, ni se puede hacer nunca, sin invadir, sin impedir, sin usurpar las prerrogativas de la Corona. ¿Qué virtualidad, que energía tendrá esa prerrogativa si al tiempo de ejercerla la oponéis vuestro veto? ¿Estamos aquí en Polonia? Si es verdad que el Gobierno tiene en su cartera el decreto de disolución de Cortes, lo que estamos haciendo aquí hace cuatro horas es un acto de invasión de usurpación á las prerrogativas de la Corona.

. . . .

Ha recordado el Sr. Sorui que cuando yo tuve la honra de ocupar aquel sitio (*señalando á la Presidencia*), hubo alguien que en las conversaciones familiares quiso compararme á los domadores de fieras. No recuerdo si S. S. fué diputado entonces: si no lo fué, no tengo que darle ninguna explicación, porque yo no he inventado el apodo, ni me lo he colgado, ni se lo he colgado á S. S. en la parte que pudiera afectarle. (*Risas.*)

. . . .

Cánovas del Castillo.—El decreto de disolución de Cortes, emanado de la Corona, ha sido ya leido en el otro Cuerpo colegislador; el otro Cuerpo ya no existe: aquí hay una Cámara única que será siempre facciosa dentro de la Constitución vigente.

Cánovas con su talento consiguió apaciguar los ánimos, y cuando estuvo la Cámara tranquila, el Secretario Rios Portilla preguntó si se aprobaba el acta, obteniendo una contestación afirmativa.

En seguida Sagasta leyó el decreto disolviendo las Cortes.

Se había tardado cuatro horas y cuarto en aprobar el acta de la sesión anterior, sin hablar del acta de la sesión anterior.

* *

Convocadas nuevas Cortes para el 24 de Abril (1), se verificó la sesión de apertura dicho día en el Senado, con asistencia del Rey, ejecutándose el ceremonial de costumbre, que hemos descrito en el curso de estas crónicas.

Al discutirse las actas del Congreso, la señalada con el número 91, correspondiente al segundo distrito de Sevilla, por la que se proclamaba diputado á D. Práxedes Mateo Sagasta, Presidente, á la sazón, del Consejo de ministros, las oposiciones combatieron el dictamen de la Comisión que, naturalmente, era favorable al diputado electo (2).

Castelar pronunció uno de aquellos discursos grandilocuentes que contribuyeron á darle su merecida fama de orador parlamentario, y estuvo inexorable contra Sagasta. Dijo que había perdido su prestigio el antiguo director de La Iberia, porque ya no había podido salir diputado por la Rioja, ni por Logroño, los distritos donde tenía historia política, habiendo tenido que ir á buscar el acta á Sevilla, cometiendo para ello, á juicio del orador, todo género de coacciones. Dijo también que todos los hombres importantes de Europa tenían sus distritos naturales: Gladstone, en Grenwich; Bright, en Manchester ó Birminghan; Tiers, en Paris, y Gambetta, en Marsella, y que Sagasta, á pesar de su importancia y de sus amigos, no había podido salir diputado por Zamora, por Logroño ni por Madrid. ¿Por qué? «Porque los hombres públicos no son aquello que quieren; son aquello que les obliga su historia: el partido progresista cree, y la conciencia española con el partido progresista, que el Presidente del Consejo de

---

(1) De 1872.
(2) Para esta legislatura se adoptó el Reglamento de 1847.

ministros no es más que una degeneración de González Brabo, que ha caído, como éste en 1843, bajo el peso de la reacción, y ha entregado su vida, su historia entera, á los enemigos encarnizados de nuestros derechos.»

Castelar no se contentó con mortificar á Sagasta por su
acta de Sevilla, sino que censuró también en general el sistema seguido en las elecciones verificadas en la Península, y
contó el caso, negado luego por el Presidente del Consejo, de
que al terminar la elección en un pueblo denominado Tremp,
de la provincia de Lérida, habían telegrafiado á Madrid, diciendo: *Hecha en Tremp la trampa.*

Después que Castelar hubo terminado su discurso, dijo Sagasta que una vez, siendo ministro de Estado, recibió de Chi-
na una comunicación sin importancia, envuelta en una precio-
sa bolsa de seda, y ésta encerrada en una caja primorosa, que
á su vez venía dentro de otra de no menos primor. Y concep-
tuando Sagasta que el discurso del orador republicano se fundaba únicamente en generalidades políticas, se preguntaba *si
el Sr. Castelar se habría aficionado á las costumbres chinas.*

Sagasta quedó admitido diputado en 1.º de Mayo.

Se prestó á muchos comentarios, entre los contertulios de
las mesas de café, el asunto de la Caja de Ultramar. El 11 de
Mayo (1), el diputado Moreno Rodríguez preguntó si el Gobierno, con destino á los asuntos de elecciones, había echado
mano de dos millones de reales, 500.000 pesetas, del fondo
existente en la Caja de Ultramar. El Presidente le contestó que
sí era cierto lo de haber sacado fondos de la Caja referida, pero
no con destino á elecciones, sino para cubrir los gastos impres-
cindibles que ocasionaban las circunstancias extraordinarias
en que se encontraba el pais, aludiendo á la conspiración al-

_____

(1)   1872.

fonsina, á la insurrección carlista y á la guerra de Cuba. Volvió Moreno Rodríguez á insistir otro día, y no satisfaciéndole la contestación que le diera Romero Robledo, ministro de Fomento, presentó una proposición pidiendo que se remitiese al Congreso el expediente que se hubiera seguido para hacer aquella transferencia de crédito.

El asunto iba adquiriendo grandes proporciones. El día 14 del citado mes de Mayo, Romero Girón presentó una proposición pidiendo que se nombrara una comisión especial para examinar el expediente en cuestión. Romero Girón dijo que el crédito de Gobernación para gastos secretos, que importaba 60.000 duros, estaba agotado, y que siendo esto un hecho, resultaba muy extraño que en tiempo de elecciones se hubiera acudido á realizar una transferencia de dos millones de reales de la Caja de Ultramar, que era un depósito del sobrante de los alcances de aquellos que se reclutaban para la bandera de las Antillas, y allí fallecían (1).

Romero Robledo, invitó á Moreno Rodríguez á que fuera con él al ministerio de Estado, pues allí constaban los datos oficiales sobre conspiraciones y sobre los graves motivos que obligaron al Gobierno á disponer de aquellos fondos; pero la invitación no fué aceptada, pues las oposiciones querían que los documentos fueran llevados al Congreso. Estos eran reservados, y Sagasta no se atrevía á autorizar que se hiciesen públicos. Sin embargo, venciendo este temor, decidió remitirlos á la Cámara, como lo verificó, pero á las pocas horas mandó retirarlos, y el día 22 (2), al abrirse la sesión, previa la venia del señor Presidente, hizo Sagasta la siguiente declaración:

«Señores diputados: el Gobierno, por un exceso de delica-

---

(1) A fin de que el Ministerio de la Gobernación reintegrara á la Caja de Ultramar los dos millones de la transferencia, se presentó á las Cortes, en 16 de Mayo, un proyecto de ley concediendo un crédito de 500.000 pesetas, como ampliación del de 300.000, que figuraba para gastos secretos de dicho Ministerio.

(2) De Mayo de 1872.

deza, disculpable cuando se trata de asuntos de honra, y cediendo á los deseos de un señor diputado, trajo al Congreso, no sólo el expediente que ese señor diputado deseaba, sino ciertos documentos que le justificaban, y de carácter completamente reservado. El Gobierno creyó que podia satisfacer los deseos de un representante del país sin comprometer el secreto de unos documentos que afectan altos intereses del Estado; pero al tener conocimiento de que esa reserva no ha podido llevarse á cabo, el Gobierno los retira; y atendiendo á que de cualquier modo, aun en aquella creencia que tenía el Gobierno de buena fe, se haya equivocado, porque no ha resultado lo que deseaba; y considerando que los Gobiernos no deben equivocarse y son responsables de sus errores, el Gobierno presentará inmediatamente la dimisión en manos de S. M.»

La inversión de la mayor parte de aquellas 500.000 pesetas parece que se relacionaba con el descubrimiento de los hilos de la conspiración alfonsina, quedando incólume la honradez de todos los individuos que componían el Gabinete.

El 26 de Mayo (1) nombró el Rey, Presidente del Consejo de ministros al Duque de la Torre, supliéndole interinamente el Contralmirante Topete, por hallarse aquél al frente del Ejército del Norte combatiendo la insurrección carlista. A Ulloa se le nombró ministro de Estado; á Groizard, de Gracia y Justicia; á Candau, de Gobernación; á Elduayen, de Hacienda; á Balaguer, de Fomento, y á López de Ayala, de Ultramar.

Todos comprendían que este Gobierno nacía muerto; pero las circunstancias excepcionales en que se hallaba la política no permitieron al Rey seguir otro camino.

El convenio de Amorevieta.—Otra crisis.—Rivero, Presidente.—La cuestión de los artilleros.—El collar del ministro de Gracia y Justicia.

A poco de abrirse la sesión del 29 de Mayo, el Presidente interino del Consejo de ministros, Sr. Topete, se levantó á

---

(1)   1872.

manifestar que, antes de que algún señor diputado pudiera pedir explicaciones sobre cierto documento conocido ya del público, lo haría presente al Congreso, no pudiendo exponer juicio alguno hasta no conocer todas las circunstancias que lo habían motivado, y cuantos datos se estimaban necesarios para apreciar la importancia que parecía tener.

Este documento era el llamado *Convenio de Amorevieta*, un pacto, transacción ó indulto, estipulado entre el General Serrano, Jefe del Ejército del Norte, y la *Junta foral* de la provincia de Vizcaya, para terminar la guerra carlista que amenazaba, cual la del año 1833, asolar al pais (1). Preguntó Ruiz Zorrilla si el Gobierno autorizaba el acto realizado por el Duque de la Torre, y Topete contestó con evasivas, sin atreverse á dar una contestación decisiva. Indecisión poco disculpable, porque el General Serrano era el Presidente del Consejo en propiedad, y los ministros no debieron titubear un instante en aceptar la responsabilidad de lo que aquél hiciera, siendo á la par ministro de la Guerra. Ya se lo echaron en cara al Gobierno; pero éste no se espontaneó hasta que vino á Madrid el General Serrano y explicó detalladamente todos los pormenores relativos al asunto.

Dijo el Duque que, encargado por el Gobierno de dirigir las operaciones del Ejército del Norte, secundado con valor y acierto por los Generales Moriones y Primo de Rivera, había conseguido, merced á movimientos militares coronados por la suerte, inutilizar las facciones navarras y vizcaínas, cuyo decaimiento moral era notorio, en presencia de las operaciones realizadas por las tropas liberales. Contó Serrano que durante un rato que estuvo alojado (2) en casa del Sr. Urquizu, carlista influyente en aquella comarca, logró convencerle de las ventajas que para todos produciría la terminación de la guerra,

---

(1) El documento corrió autografiado por las calles de Madrid, sabiéndolo el público casi al mismo tiempo que el Presidente del Consejo de ministros.

(2) En Elorrio.

y haciéndose eco dicho señor de las palabras del Duque, se decidió á servir de intermediario con un hermano que tenía en las filas carlistas, y con la Diputación foral á guerra, para firmar el convenio ó indulto que se conoce con el nombre de Amorevieta, porque en este lugar de la provincia de Vizcaya hubo de celebrarse.

Indulto era, en efecto, más que convenio, pues de sus cuatro artículos, tres se refieren exclusivamente á indultar á los que, en una ó en otra forma, habían tomado parte en la insurrección.

Los jefes y oficiales procedentes del Ejército quedaban autorizados para volver á las filas con los empleos que tuviesen al tomar parte en el levantamiento; pero hay que advertir que en este caso no se encontraban más que un comandante y un alférez.

Las oposiciones suponían que el Duque de la Torre había infringido la Constitución al dar el indulto sin el asentimiento de las Cortes, y tuvieron que levantarse á defender á Serrano, Sagasta, Alonso Martínez y López Domínguez, acordando el Congreso aprobar la conducta del General Serrano por 140 votos contra 22 (1).

Desgraciadamente, el convenio de Amorevieta sirvió para poco.

**

Había sesiones dobles, es decir, por la tarde y por la noche; en la primera se discutía el proyecto de contestación al discurso de la Corona, y en la segunda el dictamen de la Comisión sobre un proyecto de ley para saldar la deuda flotante del Tesoro.

Sagasta, en la sesión de tarde del 10 de Junio, pronunció uno de sus discursos parlamentarios de más importancia, por los asuntos de que se ocupó y por la sencillez y franqueza con

_____

(1) 3 Junio 1872.

que hubo de expresar sus opiniones. Hizo la historia del partido liberal desde el momento de la Revolución; describió, con
gran copia de datos, la ruptura de la coalición; explicó los hechos que ocasionaron la presentación de su candidatura para
la Presidencia del Congreso, y, echando sobre Ruiz Zorrilla
toda la responsabilidad de aquella ruptura, manifestó que
cuando le encargó el Rey de formar Gabinete, acordándose de
los ofrecimientos de Ruiz Zorrilla, lo primero que hizo fué ir
á casa de éste y decirle: «Tengo encargo de formar Ministerio,
y vengo á que lo formemos los dos.» Pero Ruiz Zorrilla se
negó.

Tuvo una nota cómica para exponer su criterio respecto á
la diferencia que, según él, existía entre el sistema preventivo
y el sistema de precaución.

«Visitaba un viajero un convento; estaba examinando la
fachada, que era arquitectónica, monumental, y observó que á
cada extremo de ésta había un gran balcón; el uno tenía un
antepecho magnífico, de piedra de sillería, perfectamente la-
brado, y el otro no tenia antepecho ninguno. El viajero le dijo
al lego:—Diga usted: ¿cómo es que este balcón tiene antepecho y no lo tiene el otro, disminuyendo así la armonía de la
fachada?—¡Ah! señor—contestó el lego,—es que por ese balcón se cayó y se desnucó un fraile, y la Comunidad mandó
construir ese antepecho.—Pues entonces, ¿por qué no se ha
construido el otro?—preguntó el viajero; á lo que el lego
contestó:—Porque estamos esperando á que se caiga y se des-
nuque otro fraile. (Risas y aplausos.) Pues en este cuento veis
lo que es prevención y lo que es precaución: prevención es el
antepecho, que, sin quitar la libertad al fraile para asomarse
al balcón, le quita el peligro de caerse; precaución seria tapiar
el balcón para que no se asomara.»

Aprobado el día 11 de Junio el proyecto de ley para saldar
la deuda flotante del Tesoro, el 12 manifestó Topete que el Ministerio había presentado la dimisión, y el 14 se dió cuenta de
la formación del nuevo Ministerio, que había sido constituí-

do el 13 (día aciago) en la forma siguiente: Ruiz Zorrilla, Presidencia y Gobernación; Fernández de Córdoba, Guerra y Presidente interino durante la ausencia de Ruiz Zorrilla, que estaba fuera de Madrid; Martos, Estado; Montero Ríos, Gracia y Justicia; Beránger, Marina; Ruiz Gómez, Hacienda; Echegaray, Fomento, y Gasset, Ultramar.

El mismo día 14 se suspendieron las sesiones de Cortes y el 28 fueron disueltas, convocándose para el 15 de Setiembre.

La poca duración del Ministerio del Duque de la Torre se explica porque aquel Gobierno había sido formado para salir de la difícil situación que se había creado á la política con la dimisión de Sagasta, dejando recién abiertas unas Cortes constituídas bajo su influencia. Serrano vino á disgusto, y aprovechó la primera ocasión para dimitir.

El día 30 de Mayo (1), con motivo de ser el cumpleaños de S. M. el Rey, se dió en Palacio una comida de 60 cubiertos, á la que asistió, con otros hombres importantes, D. Manuel Ruiz Zorrilla, celebrándose después, y como por casualidad, en aquellos salones, una larga conferencia entre Don Amadeo, su esposa, Doña María Victoria, y el jefe del partido radical. Mucho se comentó esta conferencia, ó, mejor dicho, conversación, y ya periodistas y políticos hacían conjeturas favorables al advenimiento al poder del partido radical, cuando el 1.º de Junio quedaron todos sorprendidos, al ver que Ruiz Zorrilla presentaba la renuncia de diputado y salía de Madrid al día siguiente, con dirección á su quinta de Tablada, diciendo que abandonaba la política.

El día 14 de Junio cambiaron por completo las circunstancias, sin que el cronista haya podido averiguar los motivos, y se encargó Ruiz Zorrilla de la formación del Ministerio. Arcanos de la política. Las circunstancias eran muy difíciles, y el nuevo Presidente del Consejo no supo dominarlas.

*
* *

_____

(1) De 1872.

El 15 de Setiembre (1) se abrieron, en efecto, las Cortes, en el Palacio del Congreso, con el ceremonial que ya conoce el lector, leyendo Don Amadeo el discurso de la Corona, henchido de promesas y esperanzas que, desgraciadamente, no se realizaron, como veremos en el curso de estas crónicas.

Las desavenencias entre los partidos políticos se habían exacerbado, al punto de que no tuvieron representación en estas Cortes ni el Duque de la Torre, ni Topete, ni Sagasta, ni Malcampo, ni Cánovas del Castillo, figuras principales, cuya ausencia del Parlamento producía hondo disgusto á los partidarios de las ideas y del espíritu que informaban la política de aquellos hombres ante los que se habían cerrado las puertas de la Cámara.

La marejada contra el Gobierno era grande, y amenazaba tomar proporciones alarmantes.

Se nombró á Rivero Presidente del Congreso; y Rivero era hombre enérgico, pero á veces se excedía en los arranques de carácter, y solía disgustar á las oposiciones. Vaya un ejemplo:

Cierto día, el diputado Ruban Donadeu pidió la palabra *para dirigir una pregunta al Sr. D. Eduardo Gasset y Artime, ministro de Ultramar y director del periódico «El Imparcial».*

—Aquí no se hacen preguntas á los directores de periódicos; se hacen á los ministros, al Gobierno—contestó Rivero.

—Pues voy á dirigirlas. Los editores de Barcelona extrañan, y yo con ellos, que en esas Antillas que se llaman Puerto Rico y Cuba se haya prohibido la circulación...

—¿Obras en Cuba? ¿Es verdad? Pues se pondrá en conocimiento del señor ministro.

—Está perfectamente en su derecho el Sr. D. Nicolás María Rivero...

—El Presidente de la Cámara.

(1) De 1872.

—El Presidente, como diputado, tiene un nombre.

—El Presidente aqui se llama Presidente.

—Pues me reservo hacer la pregunta...

—No vuelva S. S. á insistir ni hablar sentado: al Presidente se le habla siempre de pie. Basta.

Y se terminó el incidente.

Otras veces gustaba su inflexibilidad.

El diputado Olavarrieta, que era oficial de Voluntarios de la Habana, dijo, contestando á Salmerón, á propósito de ciertos conceptos que éste había emitido respecto de aquella Institución armada:

«¿Qué diría S. S. si yo dijera que algunos pudieran atribuirlo (1) á una obcecación de S. S., tal vez á malos informes, que algunos amigos que le rodean le hayan podido dar, ó quizá halagado por el oro filibustero?»

Al oir esto los diputados republicanos se levantaron de sus asientos, protestando ruidosamente.

Rivero.—¡Orden! ¿Cómo han creído los señores diputados de la izquierda que el honor de un compañero suyo estaba encomendado á otro que al Presidente? ¿Cómo han podido creer que este magistrado del Congreso había de permitir que se dijera que había aquí quien hablara movido por el oro? *(Aplausos.)* ¡Orden! ¡Callad! Tened la virtud del silencio, que es una gran virtud. No me basta retirar una expresión, sino frase por frase, palabra por palabra, de tal manera, que no saldrá de aquí ningún diputado si no queda satisfecho el honor al cual S. S. ha aludido de un modo tan poco digno.

Olavarrieta dió todo género de explicaciones, repitiendo como un doctrino las palabras que le apuntaba Rivero, y éste se ganó una salva de aplausos.

Último ejemplo:

El diputado Somolinos pidió la palabra para hacer una

_____

(1) Los conceptos que había emitido Salmerón respecto de los voluntarios.

pregunta, y comenzó diciendo: «El señor ministro de la Guerra dice...»

Rivero.—No dice nada: es S. S. el que pregunta.

Somolinos.—Pues bien; pregunto y afirmo...

Rivero.—Pregunte S. S. nada más. El Reglamento es una formalidad para todos.

Somolinos.—Yo no sé cómo voy á preguntar.

Rivero.—S. S. puede preguntar preguntando, como aquel sabio demostraba el movimiento moviéndose.

* *
*

Tanto se habló por aquel tiempo, tanto preocupó la opinión pública, tan contrarios pareceres ofreció la cuestión llamada de los artilleros, que no debemos pasar en silencio el incidente promovido con tal motivo en el Congreso, y á fin de no incurrir en el error, dejando inclinar nuestro ánimo en uno ni en otro sentido, intentaremos reconstituir el hecho aprovechando los antecedentes que en la sesión (1) expusieron don José Fernando González y D. José Navarrete, diputados republicanos, el General Córdova, ministro de la Guerra, y don Manuel Ruiz Zorrilla, Presidente del Consejo de ministros.

Parece que el capitán de Artillería D. Baltasar Hidalgo, habiendo simpatizado con las ideas revolucionarias del partido progresista, pidió la licencia absoluta á fin de quedar en libertad de acción y tomar parte activa en la sublevación que se realizó el 22 de Junio de 1866 (2), y aseguró Ruíz Zorrilla, que Hidalgo no tomó parte, directamente, ni en la insurrección de los sargentos del cuartel de San Gil, ni mucho menos en el sangriento suceso que allí se desarrolló, ocasionando la muerte de algunos oficiales de aquel honroso cuerpo del Ejército; pero es indudable que los individuos del arma de Artillería tuvie-

---

(1) De 16 de Noviembre de 1872.

(2) Véase nuestro libro *Isabel II, íntima.*

ron desde entonces ciertos y no disimulados resquemores hacia el que antes había sido su compañero.

Así las cosas, y dejando correr los años, sucedió que don Baltasar Hidalgo, ya Mariscal de Campo, fué designado para desempeñar la Capitanía general de las Provincias Vascongadas, y al tomar posesión de su destino, dejaron de presentarse á él los oficiales de Artillería de Vitoria, que es donde tenía su residencia el Capitán general, y dejaron de presentarse alegando que se hallaban enfermos.

Parece también que el citado General dispuso quedasen arrestados en el Hospital militar los oficiales enfermos, y no habiendo local á propósito para ello, pues los oficiales que se hallaban en este caso eran cuatro, pidió autorización para trasladarlos al Castillo de la Mota, de San Sebastián. El Gobierno le contestó que *puesto que en el Hospital militar no había local donde colocarlos, pasasen arrestados á sus casas*, porque el destino de un oficial á un castillo significaba una penalidad. Hidalgo contestó con el siguiente despacho telegráfico: «Acatando su orden, y no permitiendo mi dignidad el ejecutarla, ruego á V. E. presente á S. M. la dimisión de mi cargo y la renuncia de mi empleo de Mariscal de Campo; en el concepto de que, para que tenga efecto aquella orden, entrego hoy el mando al Brigadier de Ingenieros, y marcho esta noche á esa Corte, donde presentaré por escrito á V. E. mi dimisión y renuncia, y volveré probablemente, y como particular, por mi honra abandonada.» Hablaron Vidart, Nouvilas y Lagunero, se leyó una larga é interesante carta de Hidalgo, fechada en París el 28 de Octubre de 1867, explicando los hechos ocurridos en el cuartel de San Gil el 22 de Junio del año anterior, y vindicando el Presidente del Consejo de ministros la conducta del Capitán general de las Provincias Vascongadas, quedó, por el momento, terminado el incidente.

.•.

Antes de la ley orgánica del Poder judicial, concurrían los ministros de Gracia y Justicia al acto solemne de la apertura de los Tribunales, que tenía lugar en el Supremo, con el uniforme que es propio de su cargo, y hallándose Montero Ríos al frente de aquel ministerio, ocupándose de la redacción de la citada ley orgánica, de acuerdo con el Presidente del Tribunal Supremo, D. Pedro Gómez de la Serna, al redactar el art. 210 determinó que, cuando el ministro de Gracia y Justicia presidiese el Tribunal Supremo, no llevara más uniforme que la toga con el distintivo que dispusiese una Real orden; algún tiempo después apareció ésta, disponiendo que el distintivo mencionado había de ser un collar á semejanza del que usaba el Presidente del Tribunal Supremo.

Interpeló el diputado Zugasti á Montero Ríos, sobre la construcción del collar, y Montero Ríos contestó (1) dando minuciosos detalles de las vicisitudes por que pasó la construcción del collar y de la forma de su abono (6.000 duros) al platero Moratilla. Parte se pagó con el producto de la venta de las leyes que se publicaban por el Ministerio de Gracia y Justicia, en una imprenta que sostenía el mismo con los fondos de Cruzada; y parte, por cuenta de una cantidad que existía en la Caja de Depósitos, importe de los que se hacían para interponer el recurso de casación en lo civil, y que se declaraban caducados cuando el recurso era desestimado por la Sala primera del Tribunal Supremo. Esa cantidad no figuraba en las cuentas generales del Estado; estaba á disposición de la Sala de Gobierno del Tribunal Supremo, y se la destinaba á las atenciones extraordinarias de Justicia.

Excusado parece añadir, que la gente joven aprovechó el asunto para sacar algún chiste respecto al collar del señor Ministro de Gracia y Justicia.

---

(1) 18 Noviembre 1872.

Disolución del Cuerpo de Artillería.—Proclamación de la República.
La Asamblea nacional.

El Gobierno quiso abordar francamente el problema de la
abolición de la esclavitud en Puerto Rico; pero disintieron en
la forma de resolverlo los ministros de Hacienda y Ultramar,
Ruiz Gómez y Gasset, que pretendían la abolición gradual,
mientras Ruiz Zorrilla y los demás individuos del Gabinete
opinaban por la total é inmediata: dimitieron, pues, aquéllos,
y fueron reemplazados por Echegaray, que pasó á Hacienda,
y Mosquera á Ultramar, ocupando la cartera de Fomento don
Manuel Becerra.

Ruiz Zorrilla caminaba con dificultades, cuando apareció
otra insuperable, que había de producir un conflicto: la cuestión de los artilleros.

En sesión de 7 de Febrero (1), el diputado republicano don
José Fernández González explanó una interpelación al Gobierno sobre las noticias que corrían de que, habiendo sido
nombrado el General Hidalgo para un cargo en Cataluña, los
jefes y oficiales del Cuerpo de Artillería, inmediatamente que
tuvieron noticia de este nombramiento, presentaron la renuncia de sus empleos.

Ruiz Zorrilla confesó que era cierta la excitación de los
artilleros. Dijo que al iniciarse la primera etapa de la cuestión, cuando el nombramiento del General Hidalgo para la
Capitanía general de las Provincias Vascongadas, y en vista
de la actitud del Cuerpo de Artillería, él, como particular, no
como ministro, había propuesto la formación de un Jurado de
honor, á lo que se negaron los jefes y oficiales. Añadió que el
Cuerpo de Artillería carecía de razón en aquellas circunstancias, pues entre las fuerzas que mandaba el General Hidalgo
en su nuevo destino no las había del arma que protestaba.
Quiso demostrar que era una cuestión política, en la que el

_____

(1) 1873.

Gobierno no tenía más que dos caminos: ó abandonar el Poder, ó conceder la licencia absoluta á los artilleros.

El ministro de la Guerra (1) estaba resuelto á todo. Dijo, contestando á González:

«La actitud del Cuerpo de Artillería no podrá ser un peligro para la libertad, y, por consiguiente, no lo será para el país. ¿Qué actitud tomará el Cuerpo de Artillería? El Cuerpo de Artillería cambiará su organización, y los oficiales dimisionarios serán reemplazados por otros oficiales. Hay en el mismo Cuerpo de Artillería elementos para formar una excelente artillería, que combata siempre por la libertad, por el orden y por las leyes. Yo espero y creo que desapareciendo del Cuerpo de Artillería todos los privilegios, que desapareciendo de él una organización antigua, que enlazándose y uniéndose, como sucede en las demás armas, con los elementos populares y los elementos de más elevada jerarquía, se formará una artillería tan buena como lo es la actual, pero que esté además identificada con las instituciones, y sobre todo, no pueda ofrecer para el país ni para los representantes de la nación ninguna sospecha de peligro.» Con estas palabras quedó disuelto el Cuerpo de Artillería, y el Gobierno obtuvo un voto de confianza por 191 diputados contra dos.

«Cuando es público—dijo Figueras (2)—y sabido de todos que se trata de una crisis de la institución, es en verdad vergonzoso que el Gobierno no esté sentado en el banco azul para responder á las interpelaciones que tienen el derecho, el ineludible deber de dirigirle los diputados.» Le he llamado ya una porción de veces—contestó Rivero,—y esta será la última.

En efecto, hacía rato que había comenzado la sesión y no estaba ninguno de los señores ministros en su puesto. Por fin

_____

(1) Córdova.
(2) 10 de Febrero de 1873.

aparecieron dos ó tres, y tomando el Presidente del Consejo de Ministros la palabra, confesó que el Rey Don Amadeo I había manifestado su resolución de renunciar á la Corona de España; que habiéndosele rogado que desistiera de su propósito, pidió un plazo de cuarenta y ocho horas para dar una contestación definitiva, y que mientras la renuncia no fuera oficial, no se debía tomar acuerdo alguno por la Cámara.

Figueras, en vista de la gravedad de las circunstancias, pidió que se declarara el Congreso en sesión permanente, dando con esto lugar á un debate, en el que terció Castelar, censurando al Gobierno y á Don Amadeo I.

«Los periódicos lo han dicho (1)—exclamaba,—el telégrafo lo ha referido, el Ministerio lo ha contado pública y solemnemente. Podéis doleros, yo doy á la lealtad todos sus derechos; podéis quejaros, yo doy al desengaño desahogo para toda suerte de quejas; yo creo que es justo, que es legítimo vuestro dolor; pero, monárquicos, debéis decirlo como los ángeles de la leyenda alemana: no tenéis Rey, estáis huérfanos. La verdad es que un poder de esa grandeza, de esa fuerza, de esa inmanencia social, no puede anunciar que se suspende, que se retira, que nos deja, que renuncia á sus derechos, sin que inmediatamente engendre en el ánimo de todos la parcialidad, en el seno de todos los ciudadanos, en la conciencia pública, hasta en las calles, un movimiento que es superior á la voluntad de los hombres. Pues qué, señores diputados, ¿se puede dejar la patria, venir á esta tierra de la caballerosidad y del heroísmo, ceñirse aquella corona que llevaron Fernando III y Carlos V, llamarse Jefe de esta grande, de esta extraordinaria nación, y luego decir, por motivos que yo respeto, por razones que no discuto: Pues sabed que no tenéis Jefe, que no tenéis Rey, que no tenéis dinastía, que no tenéis estabilidad en el Gobierno, que no tenéis orden legal, que todo está destruído, porque una genialidad de mi corazón de joven y

----

(1)   Lo de la renuncia de la Corona.

una ignorancia quizá del pueblo que rijo, me obligaron á la renuncia, aunque esta renuncia traiga consigo todas las complicaciones posibles?»

Aunque Ruiz Zorrilla y Martos (1) eran contrarios á la proposición de Figueras, creyeron oportuno ceder, y quedó el Congreso en sesión permanente sin deliberar, permaneciendo dentro del edificio la Mesa y cincuenta señores diputados.

Reanudada la sesión á las tres de la tarde del día 11, el diputado Secretario, Moreno Rodríguez, leyó la renuncia de Don Amadeo de Saboya. En ella decía que había venido á España animado del mejor deseo, *pero que entre tantas y tan opuestas manifestaciones de la opinión pública, le era imposible atinar cuál resultaba la verdadera, y más imposible todavía hallar el remedio para tamaños males.*

Aquel Rey, desconociendo el país, las costumbres y el carácter de nuestros políticos, dejó que desmayara su ánimo ante la inmensa avalancha de graves cuestiones que sobre él arrojaba el destino, y arrepentido quizá de haber aceptado la Corona de un reino en los momentos difíciles de su reconstitución, sintió la nostalgia de su patria. Así como José Bonaparte soñaba en 1810 con su quinta de Mortefontaine, Amadeo, sobrecogido por el continuo batallar de los partidos españoles, que con las armas, con la pluma y con la palabra se agitaban á su alrededor en lucha incesante, ponia su pensamiento y su deseo en vivir tranquilo bajo el cielo azul de Italia.

Se venía diciendo de tiempo atrás que el Rey pensaba renunciar la Corona, pero se conceptuó esta noticia como una de tantas versiones falsas que corren frecuentemente entre el vulgo; y fué, sin duda, que Don Amadeo hubo de franquearse con algún servidor palatino, dejando entrever su desaliento; de esta impresión cierta y positiva del monarca, se sacó la conjetura, después justificada, de que quería abandonar el suelo español.

_____

(1) Éste, ministro de Estado.

Si llegaron á conocimiento de la virtuosa consorte del monarca las aventuras galantes que del Rey se contaban, y cuyos indicios se traslucían hasta en público, pudo tal vez aquella augusta señora influir en el ánimo de su esposo, alentando su predisposición á la renuncia.

La renuncia, pues, no sorprendió á los que seguían atentamente la marcha de la política.

Por acuerdo común de ambos Cuerpos Colegisladores se reunieron aquella misma tarde en el Congreso los senadores y los diputados para formar una sola Asamblea, y nos contaba un amigo, que fué para él un momento solemne el de ver entrar al Senado, precedido de sus maceros, en el salón de sesiones del Congreso. «Entonces—decia el amigo indicado—nos dimos cuenta de la gravedad de las circunstancias y de que en aquellos momentos no sabíamos lo que iba á ser del pais. Aunque tarde, nos convencimos de que se había equivocado el General Prim. Esas frases de fino pero irónico humorismo que D. Juan Valera suele dejar escurrir en la conversación de amigos íntimos juzgando los actos personales de tan efímera monarquía, han tenido desgraciadamente su justificación.»

La Asamblea nacional encargó á Castelar la redacción del mensaje de contestación al Rey, y al poco rato lo leyó el autor, mereciendo la aprobación de todos.

Se presentó una proposición, no de muy correcto estilo, como verá el lector, firmada por Pi y Margall, los dos Salmerones (D. Nicolás y D. Francisco), Figueras, Molina y Fernández de la Cuevas, en que se decía lo siguiente: «La Asamblea nacional reasume todos los poderes, y declara como forma de gobierno de la nación la República, dejando á las Cortes Constituyentes la organización de esta forma de gobierno.»

Tras breve discusión, fué aprobado por 258 votos contra 32, votando en pro Becerra, Martos, Escosura, Duque de Veragua, Marqués de Sardoal, Puigcerver, Cañalejas (D. Francisco de Paula), Echegaray, Primo de Rivera, Marqués de Benameji y Romero Girón.

Puesto á votación el nombramiento del Poder Ejecutivo, quedó constituido en la forma siguiente: Presidente, Figueras; Estado, Castelar; Gobernación, Pi y Margall; Gracia y Justicia, Nicolás Salmerón; Hacienda, Echegaray; Guerra, General Córdova; Marina, Beránger; Fomento, Becerra, y Ultramar, Francisco Salmerón.

Se suspendió la sesión á las dos y media de la madrugada del día 12, reanudándola á las tres de la tarde para la votación de Presidente de la Asamblea, siendo elegido Martos por 222 votos contra 20 de Rivero. Éste había perdido ya su prestigio personal.

Al reunirse en una Asamblea general los dos Cuerpos Colegisladores, Rivero, Presidente del Congreso, por tener más edad que Figuerola, Presidente del Senado, quedó presidiendo la Cámara única, y poseído de la posición en que las circunstancias le habían colocado, quiso realizar un acto que le ocasionó las censuras de sus compañeros. Leída la renuncia de Don Amadeo, los ministros abandonaron el baneo azul, y Rivero les dijo: «Señores ministros anteriores: en nombre de la patria, en nombre de la Asamblea nacional, os mando que os bajéis á vuestro banco á desempeñar las funciones de Gobierno.» Protestaron Ruiz Zorrilla y Martos, alegando que ellos habían entregado el Poder á las Cortes, y habiendo dicho Rivero con el tono autoritario que le era característico: «Mando á los señores ministros que bajen á su banco», Fernández de las Cuevas preguntó: «¿Quién le ha dado al Presidente la dictadura?» Y Rivero tuvo que callar.

La última sesión de las Cortes de Don Amadeo de Saboya, comenzó el lunes 10 de Febrero de 1873, á las dos y cuarto de la tarde, se suspendió á las nueve de la noche; continuó á las tres de la tarde del día 11, para dar cuenta de la renuncia del Rey y proclamar la República; se volvió á suspender á las nueve y cuarto, abriéndola á las doce de la noche; otra suspensión á las dos y media de la madrugada del 12; continuación á las tres de la tarde; y terminó la sesión permanente, no ya como Congreso, sino como Asamblea nacional, á las ocho de la noche del mencionado día 12 de Febrero de 1873.

El Congreso, reflejo fiel de los sentimientos del país, no demostró pesadumbre por la ausencia de Don Amadeo, ni entusiasmo por la proclamación de la nueva forma de gobierno; ni aquél dejaba gratos recuerdos, ni ésta ofrecía esperanzas halagüeñas.

*
* *

Por un lado, los descontentos; por otro, las conspiraciones alfonsinas, y por otro la guerra carlista, habían creado en España un estado de intranquilidad y de zozobra imposible de describir. El ministro de Estado (1), queriendo calmar los ánimos, un tanto decaídos, de los representantes del país, afirmó solemnemente (2) que no existía indisciplina en el Ejército y que el Gobierno estaba resuelto á mantener el orden. «Yo no era ciertamente ministro—decía,—yo no tenía parte directa ni indirecta en la situación que ha pasado, y cuando algunos de mis correligionarios acudieron á las armas, yo les dije en momento decisivo y solemne: «Si esa sublevación triunfara, estaría entre los vencidos, porque me encuentro resuelto á mantener con todas mis fuerzas el principio de autoridad y de legalidad dentro de la democracia y de la República. Si esto hice yo en la oposición, cuánto no estaré decidido á hacer en el Gobierno, en este Gobierno en que tengo una inmensa responsabilidad material ante mi Patria, ante la Europa, ante la conciencia humana, ante la Historia.»

El lector comprenderá que cuando Castelar hizo estas declaraciones, es porque tenía necesidad de hacerlas y que el estado de opinión de la política le obligaba á ello. Pero no resulta esto lo más grave, sino que dentro del propio Gobierno no había unidad de miras y, por lo tanto, tuvo que presentar la dimisión en 24 de Febrero.

----

(1) Castelar.
(2) 22 Febrero 1873.

Componían el Ministerio hombres del partido radical y hombres del partido republicano, resultando de esto una discrepancia de criterio en ciertos asuntos que hacía no ya difícil, sino imposible, su continuación en el poder.

Aquel día, mejor dicho aquella noche, quedó nombrado el Ministerio en la forma siguiente: Presidente, Figueras; Estado, Castelar; Gobernación, Pi y Margall; Hacienda, Tutau; Gracia y Justicia, Salmerón (Nicolás); Guerra, Acosta; Marina, Oreiro; Fomento, Chao, y Ultramar, Sorní (1).

Este Ministerio era esencial y genuinamente republicano, quedando, por lo tanto, el partido radical, el partido republicano nuevo, excluido del Gobierno. ¿Por qué? Martos lo explicó en su discurso de 8 de Marzo.

«Yo sé que es pensión de los partidos políticos lo que suele llamarse ingratitud, mal llamada ingratitud, porque este es un movimiento natural en la vida de los partidos; todo partido que nace y que llega al Gobierno auxiliado por otro partido, tan pronto como puede aspira al exclusivo dominio del gobierno, no tanto porque los hombres aspiren por sí propios á los beneficios del poder, sino porque es natural y justo y legítimo que aspiren los partidos á la completa posesión, por sus ideas, de las esferas del poder; así es, señores, que aquello que resulta ingratitud para los unos, es ley de natural expansión y de legítimo desarrollo en su movimiento de vida con los otros; y de esta suerte, nosotros, los antiguos *cimbrios* (2), de los cuales apenas queda ya tristísima memoria, nosotros fuimos ingratos con la antigua *Unión liberal*, ingratos para con ella, lógicos para con nosotros mismos; y ahora, el antiguo partido republicano aparece ingrato para con nosotros, lógico para consigo propio; sólo que aquí la lógica y la ingratitud han aparecido demasiado pronto.»

---

(1) Llamaban á este Ministerio el de *los pájaros* por la onomatopeya que resultaba pronunciando de cierto modo el apellido de algunos Ministros. Tu tau, Tu·tau... Sor-ní, Sor-ní... Pi, Pi, Pi... Chao, Chao, Chao.

(2) Radicales.

No puede exigirse critica **más** imparcial.

Y por esto se formó el Ministerio homogéneo, de que hemos dado cuenta anteriormente; pero, no contando con una mayoría propia y segura, presentó un proyecto de ley para disolver la Asamblea nacional, convocando Cortes Constituyentes, que habían de reunirse con fecha 1.º de Mayo. Esto no le gustó á la Comisión nombrada para dictaminar, y no fijó plazo á la apertura de Cortes, sino que lo dejó á la iniciativa de la Asamblea, para cuando estimase *que las elecciones pudieran verificarse en condiciones que quedase garantida la libertad del sufragio*. Primo de Rivera presentó un voto particular, fijando el plazo en 1.º de Junio, y admitido por el Gobierno, fué aprobado en 11 de Marzo, merced á los votos que le otorgó el partido radical, por no crear obstáculos, sin embargo de haber hecho declaraciones importantes, por boca de Martos, respecto á la disparidad de criterio que separaba á radicales y republicanos.

Martos hizo renuncia de la Presidencia de la Cámara; las discusiones no iban bien encauzadas; los grupos parlamentarios aparecían sin rumbo fijo; los espíritus díscolos aprovechaban todas las ocasiones para producir desorden, y el Gobierno había perdido su prestigio, de tal suerte, que el Presidente del Poder Ejecutivo, D. Estanislao Figueras, hubo de decir (1), á proposito de una proposición sobre suspender inmediatamente las sesiones:

«Creo que está en el ánimo de todos los señores representantes que forman la Asamblea, lo que voy á decir. El Gohierno no puede vivir en perpetua crisis, y en perpetua crisis vive, por causas que todos los señores representantes conocen; el Gobierno necesita unidad de acción, necesita gran rapidez y energía como medio de gobernar; cree el Poder Ejecutivo que tiene necesidad absoluta de que esta proposición sea tomada en consideración y luego aprobada. No extrañarán, pues, los seño-

---

(1) 22 Marzo.

res representantes que el Gobierno haga de esta proposición cuestión de gabinete; de suerte que, si no es tomada en consideración, ó siéndolo, es después rechazada, se retirará inmediatamente de este sitio.»

Como no había quien se encargase de formar Ministerio en aquellas difíciles y azarosas circunstancias, la Asamblea concedió á Figueras lo que pedía, y después de aprobar la ley suprimiendo las matrículas de mar, la abolición de la esclavitud en Puerto Rico y el nombramiento de una Comisión permanente, compuesta de la Mesa y veinte individuos representantes de todas las fracciones políticas, se suspendió la Asamblea nacional, á dos de la madrugada del 22 de Marzo de 1873, al grito de ¡Viva la República!, lanzado por Milans del Bosch.

Las Constituyentes de la República.—Desunión de los republicanos.—La abnegación de Castelar.—El 3 de Enero de 1874.

El día 1.º de Junio de 1873 se abrieron las Cortes Constituyentes de la República, leyendo el Presidente del Poder Ejecutivo (1) un discurso que rompió la fórmula de este linaje de documentos, puesto que, en vez de exponer los propósitos del Gobierno para en lo sucesivo, explicaba su gestión durante el interregno parlamentario, depurando las causas ocasionales de los actos políticos del Ministerio. Así, hablando de la Comisión permanente de que se ha hecho mención en el capítulo anterior, decía:

«La ley de convocatoria (2) fué votada, y el Gobierno se consagró por completo al cumplimiento estricto de la ley. Pero quedó una Comisión permanente, sin otra facultad que convocar la Asamblea en circunstancias extraordinarias, y desde el primer día, sin otro propósito ni otro pensamiento que apla-

(1) Figueras.
(2) Para las Cortes Constituyentes.

zar las elecciones, desconociendo los artículos constitucionales, y barrenando una ley dada pública y solemnemente por
las Cortes. Así es que en el largo litigio entre el Gobierno y la
Comisión, el Gobierno representó siempre la legalidad. Y la
Comisión se creyó á sí misma toda la Cámara, cuando en realidad no tuvo nunca el pensamiento de sus fundadores tanta y
tan desmedida importancia.

»La única facultad de la Comisión permanente era convocar la Asamblea, y aun esta facultad no tenía carácter discre-
cional; estaba sometida á condiciones restrictivas; no podía la
Comisión convocar la Asamblea sino en circunstancias extraordinarias. La hora de reunir los comicios se acercaba. La soberanía del pueblo iba á dar su fallo inapelable. Y en estos momentos la Comisión se congrega; pretende aplazar las elecciones; reunir la Asamblea en el mismo día de la convocatoria,
sin ninguna previa formalidad, sin ningún aviso á los diputados ausentes; da mandos militares fuera de su autoridad y
de su competencia, al mismo tiempo que la Milicia Nacional,
citada á espaldas del Gobierno, se reúne en actitud hostil,
prorrumpe en gritos amenazadores, dispara sobre los soldados
del Gobierno, y muestra que, en vez de buscar una solución,
buscaba un conflicto.

»Nosotros vimos en aquel momento supremo, desde las
alturas del poder, bajo el peso de nuestra responsabilidad,
tremendas batallas en las calles de Madrid; nueva indisciplina
en el Ejército; la guerra civil del Mediodía sumada á la guerra
civil del Norte; las ciudades en rebelión; las provincias dis-
gregadas; las Juntas revolucionarias, que tanto nos costara
disolver, renacidas; la Patria amenazada de desmembración;
la libertad de dictadura, y resueltamente nos decidimos á disolver la Comisión en nombre del respeto debido á la voluntad de la Asamblea, en defensa de la soberanía popular.»

Puntos de semejanza tuvo la suspensión de la Comisión
permanente, con lo que se llama golpe de Estado, pero el
Gobierno demostró con aquel acto que tenía las suficientes

energías para oponerse á toda presión, de cualquier fuerza que procediese, aun á trueque de perder su popularidad.

Por eso dijo Castelar otro día (1):

«Aquí se nos ha tachado, dirigiéndose casi exclusivamente á mí, de conservadores. No me extraña la tacha; hace mucho tiempo que yo la esperaba, y no la temo.

»¿Cómo el que ha estado por espacio de veinte años delante de poderes antiguos, tan gloriosos, tan fuertes como la Monarquía, como la teocracia, como la nobleza, oyéndose llamar demagogo sin temor alguno, ha de temer ahora que las impaciencias juveniles le llamen conservador y reaccionario? (Aplausos.)

»No temo la palabra, estoy acostumbrado á luchar con los fuertes, y si los fuertes son ahora las pasiones revolucionarias, con las pasiones revolucionarias lucharé; que no me ha dado la Naturaleza la palabra para ser cortesano de ningún ciego y desatentado poder. (Aplausos.)

»Hace diez y seis años decia yo en una lección del Ateneo, terminando un curso, á la juventud que me escuchaba: ¿Sabéis cuál es mi deseo? Pues mi deseo es que la generación que viene me llame conservador, y que la generación que ha de venir en pos de esta, cuando yo sea viejo, me llame reaccionario. Con esto demostraba yo que tenía fe en el progreso humano y en el cambio de las ideas; porque si soy conservador, si soy reaccionario, yo me examino, y yo no me encuentro cambiado. Demócrata era y demócrata soy; federal era y federal soy. Y tengo que decir que hoy me parecen tan pequeños los poderes antiguos, tan mezquinas las ideas reaccionarias, que creo imposible toda restauración. No temo que la República perezca por las asechanzas de sus enemigos, mientras temo mucho que se pierda por las imprudencias y por la temeridad de los republicanos.» (Aplausos.)

En seis días quedó constituído el Congreso: el 7 se votó

_____

(1) 21 Junio.

el Presidente, que fué elegido D. José María Orense, y se designó como foma de gobierno la República democrática federal.

Presentó el Ministerio la dimisión, á fin de que, constituído el Congreso, éste eligiera el que conceptuara más á propósito, y se acordó encargar á Pi y Margall que propusiese los individuos que habían de formar el Poder Ejecutivo. Don Francisco cumplió el encargo, y presentó, á las nueve de la noche del día 8, los nombres de los sujetos que creía más adecuados para formar el Gobierno, en esta forma: Presidencia y Gobernación, él mismo; Estado, Cervera; Gracia y Justicia, Pedregal; Guerra, Nicolás Estébanez; Fomento, Palanca; Hacienda, Carvajal; Marina, Oreiro, y Ultramar, Sorui.

Pedregal, Cervera y Palanca no eran hombres conocidos de la generalidad, en aquella época, y fueron puestos en tela de juicio por sus compañeros de representación parlamentaria. Del primero se dijo en sesión que no tenia otros méritos que ser, en su provincia (1), un abogado notable y un buen padre de familia. Daba la circunstancia de que, como se habia averiguado, en los centros políticos y redacciones de periódicos, los nombres de los ministros que proponía D. Francisco, algún chusco hizo fijar en las esquinas de las calles de Madrid grandes carteles en que se leía esta pregunta: *¿Quién es Pedregal?* De esto se habló en el Congreso; varios diputados bromearon sobre la escasa importancia política de los ministros que proponía Pi y Margall, y vióse obligado el autor á retirar su propuesta. En su vista, pasó el Congreso á votar el nuevo Ministerio, obteniendo el siguiente resultado: Presidencia y Gobernación, Pi y Margall; Guerra, Estébanez; Ultramar, Sorní; Estado, D. José Muro; Marina, D. Federico Anrich; Gracia y Justicia, D. José Fernando González; Hacienda, don Teodoro Ladico, y Fomento, D. Eduardo Benot.

Tan desconocidos como Pedregal resultaban algunos de

---

(1) Oviedo.

estos señores, pero como la institución política era nueva, nuevos tenían que ser los individuos que se hicieran cargo del poder en los primeros momentos, y casi se entregaba al azar la elección de las personas que compusieran el Gobierno, abrigando muchos de los diputados el temor de que no tuvieran acierto en la práctica los que en la teoría hubiesen conquistado el beneplácito de sus compañeros de café y de tertulia.

Además, no tenían confianza unos en otros; Pi y Margall lo dijo bien claro, al exponer su programa en la sesión de 13 de Junio (1):

«Antes de venir al Parlamento, había ya presumido que el partido republicano se dividiría en fracciones; pero no pude jamás calcular que se dividiera antes de que se discutieran las altas cuestiones políticas ó las económicas, que son tan graves como las políticas. No comprendo, francamente, que cuando no hemos tocado todavía ninguna cuestión importante, cuando no hemos examinado ninguna de las bases sobre que hemos de asentar la constitución definitiva de la República, estemos ya divididos, y haya cierto encarnizamiento entre los unos y los otros, como si se tratara, no de hijos de una misma familia, sino de grandes é implacables enemigos.»

Esto era de fatal augurio para que prosperase la nueva forma de gobierno.

D. José Maria Orense, de suyo quisquilloso, cierto día, que se levantó de mal humor, hizo renuncia de la Presidencia de la Cámara, viniendo á ocupar su puesto D. Nicolás Salmerón.

El Ministerio últimamente nombrado duró poco, y en uso de las facultades que la Cámara había conferido (2) á Pi y Margall, Presidente del Poder Ejecutivo de la República, don Francisco admitió las dimisiones que los Ministros le habían presentado, y nombró (3) en su reemplazo: á D. Eleuterio Mai-

---

(1) 1873.
(2) En 21 de Junio de 1873.
(3) 28 Junio.

sonnave para Estado, á D. Joaquín Gil Berges para Gracia y Justicia, al General D. Eulogio González para Guerra, á don Federico Anrich para Marina, á D. Ramón Peréz Costales para Fomento, á D. Francisco Suñer y Capdevila para Ultramar, y á D. José Carvajal para Hacienda.

Explicó Pi y Margall la crisis (1) manifestando que los ministros dimisionarios habían creído advertir en la Cámara síntomas de falta de confianza política, y que, impelidos por un exceso de delicadeza, habían rehusado continuar desempeñando sus carteras; y confesó, también el Presidente que en la formación del nuevo Ministerio esquivó solicitar el concurso de los diputados de la extrema izquierda, porque habiendo votado en contra al concedérsele la autorización mencionada en 21 de aquel mes, suponía que no iban á revocar su opinión. Declaró D. Francisco que su programa estaba reducido á dos palabras: *orden y progreso*; «pero—decía dirigiéndose á los diputados amigos—si en vez de estar entretenidos en miserables cuestiones personales, no os elevais á la alta esfera de los principios y buscáis en vuestro patriotismo y amor á la República los grandes medios que deben conduciros á consolidarla y establecerla para siempre, los esfuerzos del Gobierno serán completamente estériles.»

Los republicanos todos desoyeron el llamamiento que les hiciera aquel ilustre y honrado patricio, y los tristes presagios que Castelar les había anunciado llegaron á confirmarse poco tiempo después.

Pi y Margall no se pudo sostener en el Gobierno, y eso que anduvo buscando el apoyo de la izquierda republicana, como él mismo se determinó á declarar en una sesión. Nombrado en 11 de Junio, se ve obligado á dimitir el 18 del mes siguiente, teniendo que hacer confesión de su falta de carácter y del poco prestigio que entre los republicanos merecía, re-

_____

(1)   28 Junio.

conociéndole todos, sin embargo, un talento profundo, una ilustración asombrosa y una honradez acrisolada.

Veamos el documento que presentó á las Cortes haciendo renuncia del Poder:

«Por decreto de las Cortes de 21 de Junio último, se me autorizó para resolver por mí mismo las crisis que ocurriesen en el Ministerio que presidía. Ha llegado el caso de hacer uso de esta autorización, y no he podido resolver la presente crisis con arreglo á lo que me prescribían mi razón y mi conciencia. Entendía yo que, dada la gravísima situación del país y los grandes peligros que amenazan la República y la Patria, sólo era posible un Ministerio en el que, aunadas en un sentimiento común todas las fracciones de la Cámara, cupiese á hacer frente á las necesidades de la guerra y á contener el movimiento de disgregación que ha empezado en algunas provincias. No me ha sido posible realizarlo. Poco afortunado para llevar á cabo mi pensamiento, que después de todo puede ser desacertado; blanco en las mismas Cortes, no ya de censura, sino de ultrajes y calumnias; temeroso de que por querer sostenerme en mi puesto se me atribuyera una ambición que nunca he sentido, y se comprometiera, tal vez, la causa de la República, renuncio, no sólo la autorización para resolver la crisis, sino también el cargo de Presidente del Gobierno, á fin de que las Cortes, descartada mi persona, que ha tenido la desgracia de excitar en ella tan vivas simpatías como profundos odios, puedan constituir tranquilas un Gobierno capaz de remediar los males presentes y conjurar los futuros. Madrid, 18 de Julio de 1873.—*Francisco Pi y Margall.*»

Las Cortes eligieron, en esta última fecha citada, á D. Nicolás Salmerón por 119 votos contra 93 que obtuvo Pi y Margall; de suerte que las fuerzas estaban divididas, y que, una vez descartado Figueras, con su fuga á Francia, quedaban en el Parlamento haciéndose la guerra, guerra encarnizada como decía el ministro dimisionario, Salmerón, Castelar y Pi y Margall. Habían olvidado el adagio francés *l'union fait la force*.

Salmerón nombró Ministro de Estado á D. Santiago Soler y Plá, de Gracia y Justicia á D. Pedro José Moreno Rodríguez, de Guerra al General González Iscar, de Marina á Oreiro, de Gobernación á Maisonnave, de Fomento á D. José Fernando González, de Hacienda á Carvajal y de Ultramar á don Eduardo Palanca.

Respecto de estos cambios de Gobierno, decia Esteban Collantes (1):

«Hay en España otra desgracia muy grande para los hombres públicos, y es cuando se forman Ministerios no estando conformes los ministros en un sistema cualquiera; porque en ese caso, el asistir á los Consejos de ministros es el mayor tormento en que se puede encontrar un hombre. Para gobernar á los pueblos se necesita tener un sistema, y los que lo tienen dentro de su cabeza, y tienen corazón para realizarle, consideran el Poder como una gran cosa. Lord Palmerston (ya difunto), Thiers, Guisot, Bismark, que son ó han sido la gloria de Europa, no abandonan el Poder á tres tirones. La carga es pesada, pero es honrosísima, y todo el mundo la lleva con gusto.

»Lo que sucede donde hay verdaderos gobiernos y verdaderos hombres de Estado, es que alguna vez se retiran de la vida pública, y el que se retira lo hace formalmente; y no como aquí, que cuando dicen que se retiran es que se escouden, porque las cosas no van bien para sus intereses, y luego vuelven á aparecer cuando les conviene (1).

»Yo he sostenido en otras ocasiones, y repito ahora, que no nos faltan oradores insignes, ni literatos, ni hombres de Estado como los que tienen otras naciones; lo que aquí nos falta es lo que el Sr. Castelar apetece: orden, quietud, reposo. En

(1) 4 Julio 1873.

(2) Se refería á Figueras, que al dimitir la Presidencia del Poder Ejecutivo, en Junio anterior, se marchó á Francia; caso que le censuraron sus mismos correligionarios.

lugar de ser una especie de diluvio, como lo están siendo, las ideas y las opiniones, y la agitación de esas mismas opiniones, lo que debéis pedir es un Gobierno que dure diez años, que ese Gobierno os traerá paz, tranquilidad, Ejército y Hacienda; pero si en lugar de esto hay un Ministerio que dure ocho días, por más que se formase de las personas más ilustradas y más sabias, ese Ministerio no podrá ser otra cosa que la desdicha de nuestro país. Esto lo he predicado muchas veces, no sólo á mi propio partido, sino á los partidos de oposición.»

Las atinadas observaciones de Esteban Collantes no sirvieron para nada: el árbol estaba torcido y ya no era tiempo de enderezarle. El 5 de Setiembre presentó Salmerón la renuncia del Poder Ejecutivo, diciendo en un mensaje á las Cortes: «No creyéndome en las graves circunstancias presentes con la representación adecuada á las imperiosas exigencias de la opinión pública para salvar la situación que el país atraviesa, cumplo el deber de resignar ante las Cortes Constituyentes el cargo de Presidente del Poder Ejecutivo que se dignaron conferirme en 18 de Julio último.»

Y en vista del doble fracaso de Pi y Salmerón, las Cortes eligieron en 6 de Setiembre á D. Emilio Castelar por 133 votos contra 67 de Pi. Con el cambio de Gobierno, entraron: en Marina, Oreiro; en Hacienda, Pedregal (que ya averiguamos quién era, y resultó un buen hacendista); en Gobernación, Maisonnave; en Fomento, Gil Berges; en Ultramar, Soler y Plá, y en Guerra, interinamente, el de Marina, reemplazándole en propiedad, dos días después, el General D. José Sánchez Bregua.

Castelar, con objeto de poder dedicarse á la reorganización del pais, suspendió las sesiones de Cortes en 20 de Setiembre, prometiendo abrirlas en 2 de Enero de 1874.

Las sesiones de esta época carecen ante el lector del atractivo que tenían las Constituyentes de 1869, donde Moret, Montero Ríos, Echegaray, Cánovas del Castillo, Figuerola, Posada

Herrera, Sagasta y Martos, para quienes el Parlamento se había cerrado, supieron enaltecer en alto grado la tribuna española. La gente nueva, desconocedora de los resortes de la polémica, pero tenaces en hacerse oir, no consiguieron interesar con su obstruccionismo intransigente y su carencia'de sentido práctico.

Entre los diputados nuevos figuraban, con otros que no recordamos, Aniano Gómez y Diego López Santiso. Aquél era un obrero de Béjar, de regular ilustración, y que entre sus compañeros de taller había adquirido fama de orador. Se expresaba correctamente y con cierta facilidad, pero no se atrevió en el Parlamento á pronunciar discursos largos ni á intervenir más que en cuestiones incidentales y breves. Aniano Gómez vino con grandes ánimos, que se redujeron considerablemente al entrar en el salón de sesiones. Consiguió llamar la atención por su aspecto físico, pues se presentó en el Congreso con traje de obrero y una melena desgreñada bastante larga, lo que le daba cierto aspecto de republicano rojo francés de 1848.

Santiso valía más. Era dueño de una tienda de comestibles establecida en la plaza de Antón Martín, esquina á la calle de la Magdalena; á una cultura administrativa bastante completa, unía un talento natural muy desarrollado, y muchos grados de sindéresis para juzgar las cuestiones que se discutían en la Asamblea; pero era un díscolo como Ríos y Rosas, y tenía el prurito de hacer á todo la oposición.

Hasta las eminencias que ocuparon la silla presidencial parece que se achicaron al subir á aquel alto y honroso puesto, y escatimaron las frases ingeniosas, las sutilezas y hasta los donaires que en otro tiempo derrocharon Presidentes como Argüelles, en 1836; Olózaga, en 1842; Cortina y D. Pedro José Pidal, en 1843; Castro y Orozco, en 1844; Mon, en 1847; Mayans, en 1851; Martínez de la Rosa, en 1852; Madoz, en 1854; Bravo Murillo, en 1858; Ríos y Rosas, en 1863; el Conde de San Luis, en 1868; Rivero y Ruiz Zorrilla, en 1869, y Martos, en 1873, durante el funcionamiento de la Asamblea nacional (1).

Hubo en estas Cortes falta de dirección y, por lo tanto, desorden; poca oportunidad en la presentación de asuntos y en la discusión de éstos, olvidando ó desconociendo quizá lo que había sucedido por idéntica causa en las Constituyentes de 1854 á 1856. El mismo O'Donnell llegó á confesar en el Senado que las Cortes *del bienio,* como se las llamaba, pudieron haber dado un resultado satisfactorio para el país si hubieran tenido una buena dirección.

Aquí, en España, que estamos obsesionados por todo lo francés, bueno ó malo, con tal de que venga del otro lado del Pirineo, no hicimos en esta época sino copiar servilmente, por efecto de las circunstancias, lo que había sucedido en París cuando la Revolución de 1848: Castelar fué nuestro Lamartine; los cantonales hicieron á maravilla el papel de los rojos, y el General Pavía el de Napoleón III, aunque de reducidas proporciones y en una modestísima esfera.

Pero estas consideraciones son ajenas á nuestro ministerio de cronista; volvamos, pues, á seguir el hilo de la narración.

La situación del país aparece descrita con propiedad en el mensaje que leyó á las Cortes Castelar, al abrirse la sesión del 2 de Enero de 1874, para dar cuenta á la Asamblea de la conducta del Gobierno en el interregno parlamentario:

«En el funestísimo período—decía—en que una parte considerable de la nación se vió entregada á los horrores de la demagogia; dividiéndose nuestras provincias en fragmentos donde reinaba todo género de desórdenes y tiranías, las Cortes ocurrieron al remedio de este grave daño creando poderes vigorosos y fuertes.»

Se refería Castelar á la insurrección cantonal, que á la sazón no había terminado; en otro párrafo lo confirma, lamentándose del hecho:

---

(1) Ocuparon la Presidencia de las Constituyentes de la República Orense, Salmerón y Castelar.

«Desgraciadamente, la criminal insurrección, que ha tendido á romper la unidad de la Patria, esta maravillosa obra de tantos siglos, apoderándose de la más fuerte entre todas nuestras plazas (1), del más provisto entre todos nuestros arsenales, de los más formidables entre todos nuestros barcos de guerra, mantiene al abrigo de inexpugnables fortalezas su maldecida bandera, que todavía extiende sombras de muerte sobre el suelo de la República y esperanzas de resurrección en las pasiones de la demagogia. La falta de tropas y de recursos ha retardado la toma de la plaza, que no puede menos de caer pronto á los pies de esta Asamblea, si se tiene en cuenta la actividad y la pujanza de los sitiadores, el decaimiento y la penuria de los sitiados.

»Este sitio (2) ha apenado á la nación por sí y por la directa complicidad que ha tenido con el aumento de las fuerzas carlistas y con los progresos de sus numerosas partidas. Mientras los cañones separatistas disparaban sus balas al pecho de nuestro Ejército, casi le herían por la espalda las huestes rebeladas en armas contra la civilización moderna, y en tanto número esparcidas por los antiguos reinos de Valencia y Murcia. La guerra carlista se ha agravado de una manera horrible: todas las ventajas que le dieron la desorganización de nuestras fuerzas, la indisciplina de nuestro Ejército, el fraccionamiento de la Patria, los cantones erigidos en pequeñas tiranías feudales, la alarma de todas las clases y las divisiones profundísimas entre los liberales, ha venido á recogerlas y á manifestarlas en este adversísimo período.

»Las Provincias Vascongadas y Navarra se hallan poseídas casi por los carlistas, y las ciudades levantan á duras penas sobre aquella general inundación sus acribillados muros. El Maestrazgo se encuentra henchido de facciones; los campos de Aragón y Cataluña talados é incendiados, presa de esta gue-

---

(1) Cartagena.
(2) El de la plaza de Cartagena.

rra calamitosa, implacable; por todas partes, como si el suelo estuviera atravesado de corrientes absolutistas, se ven brotar partidas, mezcla informe de bandoleros y facciosos. Las consecuencias de los errores de todos se han tocado á su debido tiempo.»

Tan pesimista fué el espíritu que informó el mensaje, que allá, al final, quiso D. Emilio conceder una esperanza, y dijo que «la situación iba mejorando, porque los motines diarios habían cesado; los Ayuntamientos no se declaraban independientes del Poder central; las Diputaciones no se convertían en jefes de la fuerza pública, y que nadie se atrevía á despojar de sus armas al Ejército, ni éste las arrojaba para entregarse á la orgía y al desorden». Esto siempre era un consuelo.

Terminada la lectura del Mensaje, se presento una proposición firmada por Martín de Olías, Morayta y D. Francisco de Paula Canalejas (1), pidiendo al Congreso declarase haber oído con gusto las manifestaciones del Jefe del Gobierno. Fué tenazmente discutida por Corchado, Benítez de Lugo, Rubau Donadeu, D. Angel Torres y Labra, quienes pusieron á Castelar cual dijeran dueñas, tachándole de conservador, y dando á entender que había buscado alianzas con agrupaciones políticas que no eran partidarias de la República. En cambio, le defendieron abiertamente Gómez Sigura, Andrés Montalvo y Becerra, y, *sub conditione*, Romero Robledo, León y Castillo y Esteban Collantes.

Censuraron los de la izquierda republicana á Castelar porque, según ellos, se había excedido en el uso de las atribuciones que la Cámara le concedió para gobernar al cerrarse las Cortes, y en este sentido también acentuó su oposición D. Nicolás Salmerón, confesando, sin ambajes ni rodeos, que estaba en disidencias con el Presidente del Poder Ejecutivo.

Castelar contestó á todos en un discurso memorable, henchido de amargas quejas, y haciendo renuncia del poder:

---

(1) Nuestro antiguo profesor de Literatura en la Universidad.

«¡Quién me había de decir á mí—exclamaba,—que al cabo de tantos años, el Sr. Labra, monárquico dignamente hasta la última hora de la Monarquía, y ahora desinteresado republicano, había de venir á decirme que yo inspiro recelos á un partido por el cual he pasado toda suerte de amarguras, y he sido condenado á garrote vil por la tiranía de los Borbones! Grandes, grandes penas me han tocado en la vida pública; pero, francamente, no esperaba ésta.

»Yo no he sido nunca sospechoso al partido republicano en la oposición y en la desgracia; le soy sospechoso cuando el partido republicano tiene el Poder; cuando es el árbitro de la fortuna, de los tesoros de la Nación; cuando reparte todos los honores; y si aquí soy sospechoso, es porque le digo que él solo no puede salvar la República; que está hondamente dividido y perturbado; es porque le digo la verdad, como se la dije á los Reyes, y porque le digo que él no gobernará como no condene enérgicamente y para siempre á esa demagogia. *(Señalando los bancos de la extrema izquierda.)* ¿Quién se extraña de que yo represente en el partido republicano el elemento conservador? Pues qué, ¿yo no he sido toda mi vida del elemento conservador por excelencia del partido republicano? ¿Ha tenido este carácter mío ni un solo día de eclipse? Veintidós años tenía; luchas se empeñaban entre *La Discusión* y *La Soberanía Nacional.* ¿Dónde estaba yo? Con el más moderado de aquellos periódicos, con *La Discusión.*

»Vino más tarde la lucha que ahora nos divide, la lucha que ahora nos separa, y en aquel gran debate, mientras unos republicanos se encontraban de parte de la utopia socialista, y prometían no sé qué edenes que no han podido traer á la tierra, á pesar de haber estado en el Gobierno (1), yo me encontraba liberal individualista defendiendo la propiedad, eminentemente conservadora.

---

(1) Alude á Pi y Margall.

»Vino la República, no traída por los republicanos, que no tienen derecho á llamarse fundadores de la República; la República la trajeron los radicales. ¡Ah! Yo podría perder todas las memorias, pero no perdería nunca la memoria que está en el corazón, la memoria del agradecimiento.

»Así es, Sres. Diputados, que yo entré á formar parte, con grande satisfacción, de un Ministerio en que había elementos radicales; y la noche triste, la más triste de la República, la del 24 de Febrero, en que aquella coalición se rompió, yo le dije á la mayoría republicana con toda la sinceridad de mi carácter, con toda la vehemencia de mi palabra; yo le dije el abismo á que se arrastraba y á que arrastraba á la República. Y ya estamos en el fondo de ese abismo. Yo le dije que teníamos pocos hombres que pudieran representar grandes agrupaciones; que estos hombres se gastarían muy pronto; que el Poder los había de desacreditar injustamente uno á uno, y que el día en que desaparecieran tres ó cuatro de estos hombres, como los pueblos latinos aman todavía las personificaciones antes que las ideas, el día en que estos tres ó cuatro hombres (1) estuviesen imposibilitados ó desacreditados, moriría con ellos la República.

»Pues ya estamos desacreditados todos. (*Unos Diputados gritan que no; otros que sí; voces, ruido, confusión. Castelar domina el barullo con su potente voz.*) Todos sin excepción. Meceos en vuestras ilusiones; somos más impopulares que los moderados, que los conservadores y que los radicales. ¿No veis que nuestra impopularidad está más reciente? ¿Que nuestros errores se tocan más de cerca? ¿Qué va á pasar á esta República que ha consumido sus dinastías de pensadores, sus dinastías de filósofos, sus dinastías de economistas, sus dinastías de oradores? ¿Dónde está el sucesor? ¿Dónde está el hombre

---

(1) Figueras, Pi y Margall, Salmerón y Castelar.

que va á llevar sobre sus hombros la pesada carga de este
monte Atlante que se llama la República?

. . . .

»El Sr. Labra me decia esta noche: ¿Por qué no habéis
imitado la conducta del Rey Don Amadeo de Saboya, que se
fué antes de violar los derechos individuales en España? El Rey
Don Amadeo de Saboya procedió noblemente; pero, permita-
me el Sr. Labra que le diga que no le interesaba tanto España como á mí, y que él podía irse á otra tierra donde encon-
traria los huesos de sus padres; pero yo tengo que quedarme á
morir, si es preciso, para que no perezca en nuestras manos, en
manos de los republicanos, la salud, la integridad y la totalidad de la patria. (*Grandes aplausos.*) Yo me quedé, no solamente por republicano, me quedé por español.

. . . .

»¿A quién he engañado yo? ¿Qué fórmula no he planteado?
¿Os dirigíais á una esfinge ú os dirigíais á un repúblico que había dicho aquí todo lo que pensaba hacer? Dijo que pensaba
restablecer la Ordenanza, y la restableció; que pensaba vigori-
zar la disciplina, y la vigorizó; que pensaba sacar con mano
fuerte las reservas, y las sacó; que pensaba aplicar la pena de
muerte, y la aplicó; que pensaba dar los mandos militares á
los Generales de todos los partidos, y á los Generales de todos
los partidos ha dado los mandos militares. ¿Quién puede decir
que he sido desleal?

. . . .

»Si la República de mis ideas y de mis ensueños hubiera de
realizarse, yo os aseguro que habría pocas repúblicas más her-
mosas en el mundo. Yo la pondría todas las preseas y todas
las galas del arte; yo agotaría todos los medios de mi imaginación; yo haría una República en que todos los hombres prac-
ticaran todas las virtudes, y en que no hubiera más guerra que
el trabajo, que al fin levantara el planeta como una hostia con-
sagrada á Dios en la inmensidad de los cielos.»
(*Murmullos de aprobación.*)

Defendió con argumentos de hombre de Estado sus trabajos para reorganizar el Ejército y sus benevolencias en la cuestión religiosa, haciendo resaltar el espíritu eminentemente conciliador y práctico en que se había inspirado. Y terminó diciendo:

«Puesto que soy sospechoso al partido republicano, puesto que soy un dictador estéril, puesto que traigo los partidos enemigos de la República á este sitio, puesto que me he convertido en cometa sin órbita, yo os pido, ya que tratáis de sustituirme, que me sustituyáis pronto. Porque si algo me apena, es el poder, y si algo me halaga, es el retiro, en donde tendré la seguridad de haberos dado la paz y el orden posible; ¡y quiera Dios que os le conserve! Pero no os le conservará si no seguís mi política, porque mi política es la natural, y podréis maldecirla; no sustituirla. Ante la guerra, no hay más que una política: la política de la guerra.»

La única manera de restablecer el orden, resentido en los organismos todos de la nación, estaba en seguir los procedimientos iniciados por Castelar, y los que le combatieron más atendían á sus egoísmos personales ó de escuela que á los intereses de la patria. Aquella profesión de fe, conservadora dentro del espíritu democrático de la República; aquella valentía con que desafió Castelar, en la memorable noche del 2 de Enero, la impopularidad y el anatema de sus correligionarios, es un acto de sublime abnegación que merece consignarse con caracteres de oro en nuestra historia parlamentaria.

Desgraciadamente, las Cortes no se hallaban á la altura que exigía el estado del pais: la guerra carlista en el Norte, la sublevación cantonal en el Mediodía, los alfonsinos conspirando, las arcas del Tesoro exhaustas, el Ejército indisciplinado, y, para colmo de desventuras, los filibusteros allende los mares alzados en armas contra la madre patria: en tal situación, únicamente la unión y el patriotismo de todos los republicanos podía salvar á España; unión y patriotismo de que teníamos ejemplo memorable en las Cortes de Cádiz. Figueras nos abandona en los momentos más críticos; Pi y Margall, que le sucede, se confiesa vencido; Salmerón, después, se atemoriza ante las dificultades que le interceptan el camino, y Castelar, el único que con instinto de gobernante supo hacer frente á las adversidades políticas que le rodeaban, obtuvo un voto de censura por la Cámara Constituyente (1).

Cuando vemos hoy en el monumento levantado á la memoria de Castelar la figura del ilustre tribuno en actitud de dirigir la palabra al Congreso, consagramos siempre un recuerdo cariñoso, como españoles, á la alteza de miras que guió sus discursos en aquella triste noche del 2 de Enero.

Aceptada la dimisión del Poder Ejecutivo á las cinco y cuarenta minutos de la madrugada del día 3 de Enero, se suspendió la sesión, á fin de que los señores diputados se pusieran de acuerdo para nombrar la persona que había de sustituir en el Gobierno á D. Emilio Castelar.

Cuando se reanudó la sesión á las siete menos cinco, ya tenian conocimiento los diputados de que el General D. Manuel Pavía y Rodríguez de Alburquerque se había propuesto extender la sentencia de muerte de aquellas Cortes. Se sabía que la guarnición de Madrid preparaba un golpe de Estado; que el Duque de la Torre, en combinación con elementos del partido radical, y estimando que en el camino emprendido por la Asamblea no se conseguiría nunca la pacificación del país, quería disolver las Constituyentes y nombrar un Ministerio compuesto de los antiguos partidos que contribuyeron á la Revolución, con la base de la Constitución de 1869, aceptando la forma de gobierno republicana.

Pero las noticias no habían llegado claras y concretas á los oídos de los diputados, que discurrían por los pasillos ó descansaban en el salón de conferencias: unos consideraban

---

(1) La proposición de Martín de Olías, de que hemos dado cuenta, y que constituía un voto de confianza á Castelar, fué desechada por 120 votos contra 100.

los temores de la sublevación faltos de toda verosimilitud, atribuyéndolos á despecho de los amigos de Castelar; otros, los pesimistas, conceptuábanlo como hecho consumado, y suponían que las calles de Madrid estaban ya ensangrentadas por la lucha del Ejército contra el pueblo. De todas suertes, la intranquilidad, la zozobra se había apoderado del espíritu de los representantes de la nación, y con más ó menos confianza, con más ó menos sobresalto, los individuos de las distintas fracciones que componían la Cámara sentían esa comezón, ese malestar que presagia los grandes acontecimientos cuando las circunstancias vienen acumulando factores para producirlos.

Comenzó, como hemos dicho, la sesión á las siete menos cinco de la mañana, y acto continuo se procedió á la votación de Presidente del Poder Ejecutivo; pero al terminar ésta y cuando iba á procederse al escrutinio, Salmerón ocupó el sitial de la Presidencia, é interrumpiendo el acto, dijo, demostrando en su acento el disgusto de que se hallaba poseído, pues su semblante, de común ceñudo, no dejaba entrever las impresiones de su espíritu:

—Señores diputados: hace pocos minutos que he recibido un recado del Capitán general de Madrid, por medio de dos ayudantes, para decirme que desalojara el local en un término perentorio, ó que, de lo contrario, lo ocupará á viva fuerza.

Las palabras, de Salmerón produjeron la protesta de todos, y la protesta el alboroto consiguiente que con gran trabajo pudo dominar la Presidencia.

Habiéndose suspendido el escrutinio, manifestó Castelar que debía proseguir como si nada ocurriera fuera de aquel recinto. «Puesto que todavía tenemos aquí la libertad de acción —decía,—continuemos el escrutinio, sin que por esto el Presidente del Poder Ejecutivo tenga que rehuir ninguna responsabilidad. Yo, señores, no puedo hacer otra cosa más que morir aquí el primero con vosotros. (Aplausos y bravos.)

—¿Hay armas?—preguntó Benot, el autor de La Arquitectura de las lenguas.—Vengan. Nos defenderemos.

—Que se destituya al General Pavía—dijo D. Eduardo Chao,—y que se le forme consejo de guerra.

—En este momento—contestó Sánchez Bregua levantándose (1),— voy á extender el decreto.

—Y que se lo lleve una comisión de varios diputados—añadió Canalejas.

—Eso no—se apresuró á decir Castelar.—No puedo consentir que al llevarle puedan exponerse...

—Venga el decreto—exclamó Chao, que tenia en su cara, habitualmente, un gesto parecido al de Salmerón.—Yo se lo llevo.

En esto apareció, sobresaltado, en medio del hemiciclo, el diputado D. Enrique Calvo, dando la triste noticia de que fuerzas militares habían entrado en el edificio, preguntando á los porteros dónde estaba el salón de sesiones.

Momento de confusión que se dominó rápidamente, ocupando los diputados sus asientos á excitaciones de Salmerón, que conservaba la serenidad; pero poco después penetró en el salón la fuerza armada, á la que apostrofaron los diputados con expresivas y enérgicas palabras.

—¡Qué vergüenza!—exclamó Castelar, juntando las manos, y se dirigió á la puerta de salida, seguido de los demás diputados.

Al ver esto el jefe de la fuerza militar, creyó innecesario insistir, y ordenó que los soldados se replegasen en la galería.

En aquel solemne momento se oyeron algunos disparos.

El reloj del salón de sesiones señalaba las siete y media de la mañana.

Por generación espontánea, quedó aquel mismo día constituído un nuevo Poder Ejecutivo de la República, con las siguientes personas: Presidencia, Serrano; Estado, Sagasta; Gracia y Justicia, Martos; Guerra, General Zabala; Marina,

(1) Era ministro de la Guerra.

Topete; Hacienda, Echegaray; Gobernación, García Ruiz; Fomento, Mosquera, y Ultramar, Balaguer.

El día 8 de Enero de 1874 promulgó este Gobierno un decreto que decía así:

«La pública opinión, *sirviéndose del brazo providencial del Ejército*, ha disuelto las últimas Cortes Constituyentes. El país ha prestado á este acto su más unánime asentimiento; el Poder Ejecutivo de la República acepta toda su responsabilidad, y, en su consecuencia, decreta lo siguiente:

Artículo 1.º Se declaran disueltas las Cortes Constituyentes de 1873.

Art. 2.º El Gobierno de la República convocará Cortes ordinarias tan luego como, satisfechas las necesidades del orden, pueda funcionar libremente el sufragio universal.»

No habiendo, sin duda, podido quedar satisfechas las necesidades del orden, las Cortes no volvieron á abrirse hasta el 15 de Febrero de 1876, en que Don Alfonso XII, sirviéndose también del brazo providencial del Ejército, vino á ocupar el Trono de España.

Concluyeron, por lo tanto, en 3 de Enero de 1874 las *Cortes de la Revolución*, cuyas crónicas quedan con este capítulo terminadas.